ROBERT HABECK

Von hier an
anders

ROBERT HABECK

Von hier an anders

anders

Eine politische Skizze

Kiepenheuer & Witsch

Aus Verantwortung für die Umwelt hat sich der
Verlag Kiepenheuer & Witsch zu einer nachhaltigen
Buchproduktion verpflichtet. Der bewusste
Umgang mit unseren Ressourcen, der Schutz
unseres Klimas und der Natur gehören zu unseren
obersten Unternehmenszielen.

Gemeinsam mit unseren Partnern und
Lieferanten setzen wir uns für eine klimaneutrale
Buchproduktion ein, die den Erwerb von
Klimazertifikaten zur Kompensation des
CO_2-Ausstoßes einschließt.
Weitere Informationen finden Sie unter:
www.klimaneutralerverlag.de

Verlag Kiepenheuer & Witsch, FSC® N001512

1. Auflage 2021

© 2021, Verlag Kiepenheuer & Witsch, Köln
Alle Rechte vorbehalten
Covergestaltung: FAVORITBÜRO, München
Covermotiv: © Urban Zintel
Gesetzt aus der Arno Pro und Transat Text
Satz: Buch-Werkstatt GmbH, Bad Aibling
Druck und Bindung: CPI books GmbH, Leck
ISBN 978-3-462-05219-0

it's hard to listen while you preach

U2, Every Breaking Wave

Inhalt

Vorwort: In der Wandelhalle

Dies ist ein persönliches Buch über ein politisches Problem. Und so beginne ich persönlich.

Am Morgen des 12. März 2020 stieg ich in Hamburg um. Ich kam aus München, hatte den Nachtzug genommen und wartete auf den Regionalzug nach Flensburg. Ich war in der Woche zuvor im bayerischen Kommunalwahlkampf unterwegs gewesen, die Säle und Bierzelte voll, die Euphorie so groß wie bei der erfolgreichen Landtagswahl eineinhalb Jahre zuvor. Der eigentliche Schlussspurt stand aber erst noch bevor. Eine große Bühne auf dem Münchner Marienplatz war bestellt, in den Geschäftsstellen der Partei lagen jutebeutelweise Flyer und Sonnenblumensamen für den Haustürwahlkampf.

Und dann mussten wir das alles wegen Corona absagen.

Ich nahm stattdessen ein paar Internet-Wahlaufrufe auf, machte mit der Münchner Spitzenkandidatin Katrin Habenschaden ein Instagram-Live-Gespräch und stieg um 22.50 Uhr in den wie immer ausgebuchten österreichischen Nachtzug nach Hamburg. Als der Zug losfuhr, stand ich allerdings allein im Dreierabteil. Und so blieb es. Niemand stieg mehr zu. Ich ahnte, dass meine Mitreisenden aus Sorge, Vorsicht und Rücksicht zu Hause geblieben waren.

Diese Nachtfahrt im ausgebuchten, aber leeren Zug war wie ein Vorbote für das, was kommen sollte. Ich erinnere diese merkwürdigen Stunden auf dem Weg in den Norden. Unter mir rumpelte Deutschland, und ich wusste nicht, ob ich mich freuen sollte, früher nach Hause zu kommen, oder ärgern, dass der Wahlkampf, meine, unsere Arbeit, im vollen Lauf gestoppt worden war. Ich fragte mich, was geschehen würde. Worauf wir zusteuerten. Messen, Konzerte, öffentliche Veranstaltungen waren schon abgesagt, und damit war ein Großteil des gesellschaftlichen Lebens, das unser Land prägt, plötzlich angehalten. Über allem lag eine Ahnung, dass noch mehr folgen würde. Aber was? Wie groß würde es werden? Wie gravierend? Und diese Ahnung paarte sich – wie wahrscheinlich bei den meisten Bürgerinnen und Bürgern – mit einem gewissen Unglauben, weil alles, was kommen würde, so undenkbar schien.

Seit ein paar Tagen geisterte die Forderung durchs Land, Kindergärten und Schulen flächendeckend zu schließen. »Corona-Ferien« hieß das in den Kommentaren, ein Wort, das Bilder von fröhlichen Kindern hervorrief, die sich über ein bisschen unerwartete Freizeit freuen.

Aber wie unmöglich erschien schon dies: alle Schulen dicht, so ganz außer der Reihe. Wenn man am Kabinettstisch sitzt, versucht man normalerweise, die Auswirkungen von Gesetzesentwürfen oder Verordnungen in ihrer gesamten Komplexität abzuwägen. Manchmal brauchen Politiker*innen sehr viel Zeit für diese Abwägung, überlegen hin und her und wieder hin – um dann zum Beispiel die Einführung einer CO_2-Steuer von 10 Euro pro Tonne in zwei Jahren zu beschließen. Oft genug werden Entscheidungen auch schlicht gar nicht getroffen, beispielsweise als letztes europäisches Land ein Tempolimit einzuführen. Oder so weichgespült, dass faktisch nichts entschieden oder gelöst ist, beispielsweise die Wahlrechtsreform zur Verkleinerung des Bundestages. Und manchmal werden getroffene Entscheidungen sogar noch einmal aufgeschoben, wie das Verbot, männliche Ferkel ohne Betäubung zu kastrieren.

Jetzt aber musste nach kurzer Beratung eine Entscheidung getroffen werden, deren Auswirkungen noch niemand hatte zu Ende denken können. Am Mittwoch, dem Tag meiner Abreise aus München, befand Gesundheitsminister Jens Spahn flächendeckende Schulschließungen noch als zu folgenschwer. Doch schon am Donnerstag würde die Welt eine andere sein: Bayern würde konkret die Vorbereitungen dafür treffen, die anderen Länder im Stundentakt folgen, am Montag würden die ersten Krippen, Kindergärten, Grundschulen, Hauptschulen, Gemeinschaftsschulen und Gymnasien dicht sein. Restaurants, Läden, Sport- und Spielplätze würden kurz darauf schließen, die Bundesländer Ausgehbeschränkungen und Kontaktsperren verhängen – ein ganzes Land wie eingefroren, um dem Virus seinen Weg möglichst schwer zu machen.

Aber das wusste ich in dieser Nacht vom 11. auf den 12. März natürlich noch nicht. Ich lag im Zug, mit dem seltsamen Gefühl, auf dem Weg von einer Welt in eine nächste zu sein. Eine Welt, auf die weder das Land noch die Gesellschaft vorbereitet waren und von der ich nicht wusste, wie schnell in ihr politisch Undenkbares Wirklichkeit werden würde.

In Hamburg musste ich umsteigen. Ich stand auf der Gleisüberführung bei der Wandelhalle, lehnte am Geländer und schaute auf den Bahnsteig runter, wo bald mein Zug nach Flensburg bereitgestellt werden würde. Es war einer jener merkwürdigen unwirklichen Momente, in denen ich versuchte umzuschalten. Die Wochen zuvor waren eine einzige Hast gewesen. Jeden Tag vier Veranstaltungen, jede Nacht woanders, kreuz und quer durch Bayern und ganz Deutschland. Dutzende von Nächten in Hotels, in denen ich trotz Fitnessraum und Minibar nie zu Hause sein werde, Laufstrecken in fremden Städten, Arbeit im Zug, Telefonkonferenzen in den Umsteigezeiten an Bahnhöfen, weil nur dort das Mobilfunknetz stabil ist, die Nachtzüge der Österreichischen Bundesbahn, die mir so manches Hotel und erst recht so manchen Flug ersparten (und die aus unerklärlichen Gründen nicht mehr von der Deutschen Bundesbahn selbst betrieben werden).

Meine Arbeit, ja meine Vorstellung von Politik ist, die Distanz zwischen Menschen, die Distanz zwischen den Typen, die man aus dem Fernsehen kennt, und denjenigen, die von politischen Entscheidungen betroffen sind, zu verringern, nahbar zu sein, Nähe zuzulassen, Kontakte und Begegnungen zu ermöglichen und zu erleben. Die Geschichten der Menschen, ihre Hoffnungen, Nöte und Schicksale politisch zu übersetzen und politische Entscheidungen zu vermitteln – am besten durch Unmittelbarkeit. So habe ich als Minister in Schleswig-Holstein versucht zu arbeiten – direkte Debatten mit jenen, deren Leben sich verändern würde, weil Windräder oder eine Leitung für erneuerbaren Strom in ihrer Nähe errichtet, weil Atomkraftwerke zurückgebaut oder Gewässer, Tiere, die Artenvielfalt besser geschützt werden sollten und das zum Beispiel die Arbeit in der Landwirtschaft beeinträchtigt. Und so haben wir auch die Arbeit an der Spitze der Grünen angelegt. Wir wollten unsere politischen Linien nicht am Berliner Schreibtisch entwerfen, sondern im Gespräch prägen. Nicht »die da oben«, »die in der Blase« sein, sondern zuhören, offen für Gegenargumente sein, uns selbst überprüfen.

Seit 2018 bin ich in zig Winkeln der Republik unterwegs gewesen, von Ostsachsen bis in den Ruhrpott, von Südbayern bis in meine Heimat, habe mit Schäfern gesprochen, mit Arbeiternehmer*innen der alten Industrien und ihren Chefs, auf Bauerndemos, mit wohlwollenden und kritischen Bürger*innen, mit treibenden und skeptischen, fragenden und antwortenden, zugewandten und feindseligen, freundlichen und wütenden. Ich habe von Bauern erklärt bekommen, dass sie wieder Hafer anbauen, weil die Nachfrage nach Hafermilch plötzlich so groß ist. Ich war auf der Tagung der Almbauern, die Angst vor dem Verbot der sogenannten Anbindehaltung haben und deren schweren bayerischen Dialekt ich kaum verstand. Ich war bei den Kohlekumpeln in Ostsachsen, die den Braunkohleausstieg bekämpfen und Angst um ihre Jobs und vor einer Verödung ihrer Regionen haben; ich tourte durch das Ruhrgebiet und redete in langen Kneipenabenden in der Dortmunder Nordstadt, wo so viele Menschen als Geduldete von Abschiebung bedroht sind und trotzdem hart dafür arbeiten, dass wenigstens ihre Kinder deutsche Staatsbürger*innen werden. Reden, fragen, zuhören, sich begeistern lassen und Ängste vor den Veränderungen nehmen, für die meine Partei wirbt – das machte in den letzten Jahren einen Großteil meiner politischen Arbeit aus. Aber der war nun plötzlich ausgesetzt bis zum Zeitpunkt X. Abstand halten statt Distanz verringern, Kontaktsperren statt Kontaktfreude, statt Begegnungen und Nähe nach Möglichkeit zu Hause bleiben, statt Unmittelbarkeit Zoom-Konferenzen. Politische Leidenschaft und Begeisterung brauchen Menschen, die Menschen erleben. Und genau das war jetzt vorübergehend nicht mehr möglich.

In dieser Stimmung lehnte ich im Hamburger Hauptbahnhof über dem Geländer und sah dem Treiben zu. Es wurden minütlich weniger Menschen, schien mir. Ein älterer Mann ging an mir vorbei und zischte mich an: »Erschießen sollte man dich!«

Ich mag es eigentlich, dass man sich im Norden duzt, auch wenn man sich gar nicht kennt. Und ich bin Gegenwind gewohnt. Jedes Foto, das ich auf Instagram hochlade, wird von Spöttern kommentiert. Menschen, die ich noch nie getroffen habe, haben eine Meinung von mir. Das ist mein Beruf seit jetzt bald zwei Jahrzehnten. Und es ist okay.

Aber dieser Satz riss etwas in mir auf: Wo kommt dieser Hass her? Betroffen sind so viele: vor allem Kommunalpolitiker*innen, insbesondere Frauen. Natürlich vertrete ich Positionen, die nicht allen gefallen. Natürlich gab es schon immer Beleidigungen und Beschimpfungen von Politiker*innen – mitunter gerade untereinander. Aber der Satz »Erschießen sollte man dich!« geht doch weit über die übliche politische Ablehnung hinaus. Zumal ja inzwischen Menschen in Deutschland erschossen werden – in Hanau, in Halle, in Kassel, die Opfer des NSU in Nürnberg, München, Hamburg, Heilbronn, Rostock, Dortmund, Kassel, die zahlreichen Angriffe auf Flüchtlingsunterkünfte, der Anschlag auf die Kölner Oberbürgermeisterin Henriette Reker. Es gibt rechtsradikale Netzwerke in Polizei und Bundeswehr. Aus Bundeswehrbeständen sind über hunderttausend Schuss Munition, 62 Kilogramm Sprengstoff und mehr als 100 Dienstwaffen verschwunden. Und auch die mörderische Ideologie des Islamismus zieht ihre Spur durch Europa und Deutschland – der Anschlag auf dem Breitscheidplatz in Berlin, der Mord in Dresden, Ansbach, Würzburg, Hamburg. Dieser menschenverachtende Terror will Angst und Misstrauen schüren und die Gesellschaft spalten. Das fordert uns als offene, vielfältige Gesellschaft in besonderer Weise heraus.

Ich habe mich in all den Gesprächen und Diskussionen

der letzten Jahre um Ausgleich bemüht. Selbst denjenigen, deren politische Haltung ich komplett ablehne, versuche ich mit Respekt zu begegnen. Ich habe während der Ost-Wahlkämpfe bewusst Veranstaltungen in Orten gemacht, wo die AfD stark ist, in Chemnitz, Zwickau, Bautzen, Freital, Görlitz, um die andere Seite mit zu sehen. Auf jeder Bauerndemo von »Land schafft Verbindung«, die vor Veranstaltungen gegen uns protestierten, habe ich geredet und mich mit den Sprechern getroffen, in Landshut wie Hamburg. Wenn AfD-Anhänger*innen in meinen Veranstaltungen waren, habe ich mir ihre Fragen angehört und versucht, ihnen höflich zu antworten. Woher also der Hass, der sich in der im Vorbeigehen gezischten Bemerkung Bahn brach? Was repräsentiere ich, das Menschen fantasieren lässt, mich erschießen zu wollen?

Dieser Hass geht wohl über die einzelne Person hinaus. Gemeint ist ja nicht der Mensch in seiner Individualität, sondern das, wofür er oder sie steht. Und so trifft er viele: die Jugendlichen, die monatelang freitags für Klimaschutz demonstrierten, diejenigen, die sich im Winter 2019/20 dafür aussprachen, zumindest die Kinder aus den elenden Flüchtlingslagern in Griechenland zu holen, diejenigen, die uns erläuterten, wie das Covid-19-Virus andere ansteckt, alle Vertreter*innen des Staates, Wissenschaftler*innen, Polizist*innen, die sich in den Städten und Dörfern dafür einsetzen, dass man anständig und respektvoll miteinander umgeht, Walter Lübcke, den Kassler Regierungspräsidenten, der für die Aufnahme von Geflüchteten eintrat – sie alle wurden für einen kleinen, aber umso aggressiveren Teil der Gesellschaft zu Hassfiguren.

Aber die Frage nach dem Hass geht über extremistische AfD-Anhänger hinaus. Es gibt ihn als sprachliche Enthemmung auf Demonstrationen und in den sozialen Medien. Und er stachelt eine allgemeine Gereiztheit an, die – nach einer kurzen Pause während der Hochphase der ersten Pandemiewelle – wieder mehr zunimmt und die Gesellschaft auseinandertreibt.

Schon bei alltäglichen Anlässen lässt sich das beobachten. Viele kennen wohl den Rechtfertigungsdruck, wenn man zum Beispiel bei einem Familienfest sagt, dass man kein Fleisch mehr isst – oder umgekehrt, wenn man Koteletts grillt und dann die sich vegan ernährenden Enkelkinder zu Besuch kommen. Was eigentlich nur eine belanglose persönliche Information ist, wird plötzlich zum Drama. Wie man arbeitet, wo man lebt, was man einkauft, wohin man in den Urlaub fährt, wird immer mehr Teil einer öffentlichen Zurschaustellung und Bewertung. Sie betrifft SUV-Fahrer, Kreuzfahrttouristen und konventionelle Landwirte, die von der einen Seite abgewertet werden, und sie betrifft die, die für Seenotrettung im Mittelmeer spenden, aufs Fliegen verzichten und mit dem Rad zur Arbeit fahren, von der anderen. Stadtteile stehen für Milieus, Urlaubsziele sind Codes für gesellschaftliche Zugehörigkeit, die einen trinken Dosenbier, die anderen Aperol Spritz – und in den Mikrokosmen und Filterblasen der sozialen Netzwerke werden diese Spaltungstendenzen noch verstärkt. Nichts ist mehr egal. Alles ist übersteigert wichtig. Permanent wird Banales bewertet. Immer soll man etwas müssen.

Seit der Wahl von Donald Trump, dem Brexit und den weltweiten politischen Erfolgen derjenigen, die die liberale Demokratie angreifen, seit der Wahl eines Ministerpräsidenten mit Stimmen der AfD (ja, auch das war im Jahr 2020), seit dem Erstarken von Verschwörungstheorien in Bezug auf »die da oben« und von Stimmen, die die Wirkmächtigkeit von demokratischer Politik insgesamt bezweifeln, rumort in mir die Frage, was eigentlich der Grund für den politischen und kulturellen Rückschlag ist – und wie darauf richtig zu antworten ist. Wie und warum entsteht diese gesellschaftliche Aggressivität? Und wie unterscheiden sich die politischen Konflikte heute von denen vorheriger Jahrzehnte?

Das fundamentale politische Problem, das in all der gesellschaftlichen Gereiztheit und all den Aggressionen sichtbar wird, scheint mir in einer politischen Orientierungslosigkeit zu liegen, die in der Metapher von »auf Sicht fahren« ihren Ausdruck findet und die zu einer Ziellosigkeit führt, die den Sinn und Zweck von Entscheidungen und auch Zumutungen immer weniger erkennbar werden lässt. Opposition wird dabei zum Selbstzweck und sucht sich willkürliche Gründe für die Empörung. So verselbstständigt sich der Vorwurf an das politische Establishment, Streit nur zu inszenieren und in Wahrheit Komplize einer anonymen Machtallianz zu sein. Zunehmend wird es schwerer, einen gesellschaftlichen Grundkonsens herzustellen. Mit seinem Schwinden schwindet aber auch das Vertrauen in eine freiheitliche, rechtsstaatliche, demokratische Ordnung. Und das ist fatal. Denn Vertrauen in unsere politische Ordnung ist die Voraussetzung dafür, dass die Politik auf die großen konkreten Probleme unserer Zeit auch große Antworten geben kann. Und so droht ein Teufelskreis: Ist Politik ängstlich und agiert getrieben, verliert sie noch mehr Vertrauen, und es wird ihr noch weniger zugetraut.

Überraschenderweise scheint die Corona-Krise die Tendenzen, die bereits vorher angelegt waren, zu beschleunigen und zu verstärken. Überraschenderweise, weil sich Deutschland anfänglich doch tatsächlich im Konsens hinter der Regierung versammelt hatte. Erst gingen die Zustimmungswerte für die Union und die Bundeskanzlerin durch die Decke, dann fand die so oft totgesagte Große Koalition zu neuer Eintracht. In einigen politischen Kommentaren wurde daraus die Interpretation, dass die gemeinsame Krisenerfahrung zu einer größeren Gemeinsamkeit des Politischen führen werde. Aber das ist eine Fata Morgana. Was wie eine Phase der Stabilisierung und Restauration einer alten politischen Ordnung aussieht, entpuppt sich nach und nach als Phase der gesteigerten Krisenerfahrung, des beschleunigten Wandels. Mit dem Ende der Sommerferien – als zwar einerseits die Infektionszahlen wieder stiegen, andererseits Geschäfte, Restaurants und Kneipen längst wieder offen hatten, private Feiern und Urlaub möglich waren – entlud sich der Protest gegen die Maßnahmen aus den Monaten zuvor erstmals in großen Demos. Diese waren eigentümlich in Form und Formation, weil plötzlich Regenbogenfahnen neben Reichskriegsflaggen wehten. Aber wenn Corona auch für eine Extremerfahrung des Wandels steht und ein Symbol für die Krisenanfälligkeit unserer Gesellschaft ist, dann sind die Proteste gegen die Maßnahmen unter dem Strich ein Verlangen nach Sicherheit, nach einer Ordnung, die nicht so kompliziert und differenziert ist wie unsere moderne Welt. Nach einer Wahrheit, die über den Debatten steht. Und die kann sowohl völkisch-nationalistisch wie esoterisch-verschwörungsmythisch sein. Auf einer tiefen Ebene eint die Demonstranten der Wunsch, dass der Streit um Meinungen aufhören möge, dass es eine Welt des Schwarz und Weiß geben, etwas Absolutes über dem Diskurs stehen möge. Aber in einer Demokratie gibt es keine vorpolitische Wahrheit. Weder als völkische Wurzel einer ethnisch homogenen Nation noch als metaphysische Wahrheit einer vorzeitigen, höheren Macht. Politik ist ein System. Es schafft Werte, es bildet sie nicht ab.

Es konstruiert seine Geschichten, und wenn Politik gelingt, ihre Geschichte. Das ist ihre Macht. Und wenn man sie gut anwendet, dann schafft sie eine Welt, die mehr Farbtöne hat als Schwarz und Weiß, die mehr kennt als »die« und »wir«, »außen« und »innen«.

Weil aber in einer Demokratie die politische Wahrheit immer neu errungen und begründet werden muss, muss sie auch immer neu hinterfragt werden. Das macht die demokratische Argumentation mühsamer als die behauptete Allwissenheit totalitärer Weltbilder. Totalitäre Weltbilder sind geschlossen, sie können Irritation und Neues nicht zulassen. Diese Welt des Entweder-oder ist die Welt des Populismus. Sie kennt nur Sieg oder Niederlage, Verrat oder Kadavergehorsam. Ein offener Diskurs dagegen kann die Veränderung denken und hat so eine bessere Chance, die Welt und Wirklichkeit zu verstehen.

Der Satz »Mit dem Klima lässt sich nicht diskutieren« bedeutet zum Beispiel nicht, dass nicht mehr diskutiert werden soll. Im Gegenteil. Niemand sollte sich hinter der Behauptung verstecken, die Wahrheit zu besitzen, um nicht mehr argumentieren zu müssen. Bei aller Notwendigkeit, endlich mehr zu tun – auch bei der Bekämpfung der Klimakrise gibt es kein Entweder-oder und keinen Absolutheitsanspruch, sondern es muss um den richtigen Weg gerungen werden. Ja, man schwächt sogar langfristig seine politische Position, wenn man um des kurzfristigen Geländegewinns willen gleichsam auf einen Klimatotalitarismus ausweicht. Denn was für die wirtschaftliche und ökologische Zukunftsfähigkeit stimmt, die eben nur durch das beherzte und entschlossene Handeln und gleichzeitige Moderieren des Wandels gelingen wird, gilt gleichermaßen für die demokratische Grundverfasstheit selbst. Wir brauchen keine höhere Wahrheit oder gar moralische Impertinenz, wir müssen aber verstehen, dass die Zukunft nichts ist, was irgendwie auf uns zukommt. Sondern etwas, was hergestellt und gewonnen werden will.

Viel war in den letzten Monaten von Normalität, alter wie neuer, die Rede. Das Bild, das damit gezeichnet wurde, war das von einem normalen Zustand vor der Krise und einem wieder anzustrebenden Normalzustand nach der Krise, kurz unterbrochen von Shutdown und Wirtschaftskrise.

Aber so fühlt es sich nicht an und so ist es auch analytisch nicht zutreffend. Schon vor Corona liefen die großen Krisen – die Krise des Vertrauens in Politik, des Klimas, des Multilateralismus, der Migrationsordnung, des Finanzsystems, der sozialen Ungleichheit – zeitgleich ab, griffen ineinander, verstärkten sich. Ihre Fliehkräfte zerrten und zerren an den Halteseilen der liberalen Demokratie.

In diesem Buch suche ich nach Antworten, die auch die blinden Flecken meiner eigenen politischen Vorstellungen ausleuchten. Denn gerade die Erfolge der liberalen Demokratie und des Fortschritts, des technischen wie gesellschaftlichen, sorgen dafür, dass diese Erfolge gefährdet sind, ja den Misserfolg in sich tragen (Kapitel I). In die Moderne und unsere kapitalistisch-individualistische Welt ist ein Paradox eingewoben, das vor der Politik selbst, der Repräsentation in den Parlamenten und dem Funktionieren von Parteien nicht haltmacht und das man mit der Metapher eines Paternosters beschreiben kann: Gesellschaftlicher Aufstieg und Abstieg bedingen einander. Das heißt aber auch, dass alle scheinbar einfachen ideologischen, ja populistischen Antworten nicht an die Tiefe des Problems heranreichen (Kapitel II). Diesen der Moderne und vor allem dem globalisierten Kapitalismus immanenten Wider-spruch kann man in allen Sektoren der Wirtschaft aufzeigen, der Urproduktion, der Industrie, den Dienstleistungen – ja selbst der sozialpsychologische Bereich unserer Persönlichkeit ist seit ein paar Jahrzehnten davon erfasst (Kapitel III).

Die Erfolge und Verluste ökonomisch-technologischer Veränderungen in den letzten Jahrzehnten sind aber nicht um-fassend beschrieben, wenn man sie nur auf der ökonomischen Ebene, der Ebene von Besteuerungen, Verteilungsfragen und Ordnungsrecht diskutiert. Ganz wesentlich ist die öko-nomisch-soziale Dimension mit einer normativ-kulturellen verknüpft, ja die eine ist ohne die andere in ihren Effekten überhaupt nicht verständlich. Das subjektive Gefühl der kul-turellen Abwertung oder der Verlust eines gesellschaftlichen Status können stärkere politische Treiber sein als die objek-tive ökonomische Situation (Kapitel IV). Daraus folgt, dass neben den klassischen politischen Instrumenten wie einem guten Sozialstaat, Umverteilung und Ordnungsrecht auch ein neues Zusammenspiel der Gesellschaft organisiert werden muss, eines, das auf der Basis von gegenseitiger Anerkennung bei maximaler Verschiedenheit der Positionen funktioniert. Ich verwende dafür das Hannah-Arendt-Wort vom »Einver-nehmen«. Letztlich geht es darum, Macht neu zu denken und zu definieren (Kapitel V). Das mündet in der Folgerung, dass ein neuer politischer Grundkonsens begründet werden muss. Und zwar – paradoxerweise – von denen, die bisher vor allem damit beschäftigt waren, sich selbst zu verwirklichen und eher ihr eigenes Ding zu machen, als sich um »die« Gesellschaft und »den« Staat zu kümmern. Aber vielleicht kann man auf ein Paradox erfolgreich nur mit einer paradoxen Intervention antworten, um mit ihm fertigzuwerden.

Es ist falsch, wenn wir politische Wirksamkeit darüber definieren würden, wie man sich in der Krise bewährt. Alles muss sich in Zeiten abnehmenden Vertrauens in die liberale Demokratie und ihre Handlungsfähigkeit darum drehen, eine Politik zu entwickeln, die Krisen möglichst verhindert. Die nicht von Krise zu Krise stolpert und all ihre Ressourcen darauf verwendet, mühsam den jeweiligen krisenhaften Augenblick zu managen, sondern die die Kraft aufbringt, tatsächlich zu gestalten. Die eine Idee davon hat, wohin dieses Land gehen sollte. Bündnisse und Konsense neuer Art werden dafür benötigt. Sicherheit ist nicht das Gegenteil von Wandel oder Veränderung, sondern, wie sich zeigen wird, deren Voraussetzung und idealerweise auch deren Folge. Freiheit wohlverstanden heißt eben nicht, dass alles offen ist und man alles tun kann, sondern dass man über die Bedingungen und Begrenzungen des Lebens selbst bestimmt. Die dringliche Aufgabe ist es, Veränderungen politisch zu gestalten und zu steuern, damit sie nicht immer wieder als willkürlich über uns hereinbrechende Krisen daherkommen, denen die Politik hilflos ausgeliefert ist. Oder noch schlimmer: die überhaupt erst in dem Ausmaß entstanden sind, weil die Politik nicht oder nur halbherzig gestaltet hat.

Es gibt Wind und Wellen, die kann ich nicht beeinflussen, aber ich kann meine Position und die Richtung beeinflussen – idealerweise vor der Welle. In frühere ruhigere Gewässer kommen wir vorerst nicht mehr. Aber wenn man sich klarmacht, was man beeinflussen kann und was nicht, wenn man verinnerlicht, dass die Ruhe nach der einen Welle eigentlich nichts anderes ist als die Ruhe vor der nächsten und dass man die nächste, die übernächste und die danach im Blick behalten muss und gleichzeitig die eigene Position und die eigenen Ziele – dann kann man beherzt ins politische Steuerrad greifen. Und dann haben sowohl die politisch Handelnden als auch die Bürger*innen vielleicht irgendwann etwas weniger das Gefühl, Getriebene zu sein. Politische Gestaltung braucht eine vorausschauende Haltung, ein Narrativ und Einvernehmen.

Der große Konflikt unserer Zeit ist der zwischen dem erstarkten illiberalen, totalitären, nationalistischen Autoritarismus einerseits und der freiheitlichen Demokratie andererseits. Das politische Problem, das sich aus diesem Konflikt ergibt, besteht in der Herausforderung, die Anstrengungen für den Schutz des Klimas, die Arbeit an neuen technologischen Entwicklungen, an einer globalen Verantwortung und an der Einheit Europas zu intensivieren – ohne auf dem Weg die Menschen, denen in diesem Prozess der Veränderung ökonomische und soziokulturelle Verluste drohen, für die liberale Demokratie zu verlieren. Wie gelingt es also, mutig fortschrittliche Politik zu machen, ohne zu ignorieren, dass gerade der Fortschritt und der Mut zur Veränderung Menschen verprellt, abstößt, aufbegehren lässt? Wie schafft man Sicherheit und Stabilität, auf deren Boden sich Gemeinsinn zuallererst entfalten kann, wenn man doch weiß, dass nichts mehr sicher ist? Wie bringt man nötige Veränderung und die Angst vor ihr zusammen? Von Antworten auf diese Fragen handelt dieses Buch.

I. Was, wenn es kein Nagel ist

Obamas Frage

Für mich war lange unerklärlich, warum jemand überhaupt auf den Gedanken kommt, die Klimakrise zu leugnen. Die wissenschaftlichen Erkenntnisse gelten längst als gesichert. Die Notwendigkeit zur Emissionsminderung mag im Einzelfall Zumutungen bereithalten, aber dann muss man darüber reden, wie man die Zumutungen lindert, statt die grundlegenden Erkenntnisse der Klimaforschung abzustreiten. Für mich war eines der ausschlaggebendsten Erlebnisse, die mir die Dringlichkeit des Themas vor Augen führten, der Film »Eine unbequeme Wahrheit« von Al Gore, der erst 2006 in die Kinos kam, aber Filmsequenzen aus Vorträgen zusammenschnitt, die Al Gore in den Jahren seiner US-Vizepräsidentschaft und in dem Wahlkampf 2000 gehalten hatte.

Wenn man heute nachzeichnet, wann Klimapolitik zu einem parteipolitisch und gesellschaftlich umkämpften Thema wurde, so ist das Jahr 2000, jenes Jahr, in dem Al Gore der Präsidentschaftskandidat der Demokraten im US-Wahlkampf wurde, ein Schlüsseljahr. Gore machte Umwelt- und Klimaschutz zu einem der Schwerpunkte seiner Kampagne. Aus tiefer Überzeugung und Einsicht in die Dringlichkeit gemeinsamen Handelns. Das wiederum machte es für seine politischen Gegner, für die Republikaner und ihren Kandidaten George W. Bush, notwendig, dagegen zu opponieren, Klimapolitik als Unsinn darzustellen und sich gegen wissenschaftliche Erkenntnisse und für die Ölindustrie und den Kohlelobbyismus zu entscheiden.

Der interessante Punkt ist: Vor der Auseinandersetzung zwischen Gore und George W. Bush hatten auch die Republikaner noch ambitionierte Klimaschutzpläne. Aber der Erfolg von Al Gore und seine Präsidentschaftskandidatur lösten eine Dynamik gegen seine Ziele aus. Die öffentliche Figur Al Gore polarisierte eine politische Debatte, die vielleicht besser nicht polarisiert geführt worden wäre.

Die Frage ist natürlich, was er sonst hätte tun sollen. Wenn man für seine Überzeugung streitet, provoziert man fast immer Widerspruch. Daraus kann ja keinesfalls folgen, nicht für seine Überzeugung einzustehen. Aber was es zu bedenken gilt, ist, dass das, wofür man eintritt, nicht neutral im politischen Raum steht, sondern seinen Charakter dadurch verändert, welche Partei und welcher Politiker es sagt.

Ich möchte das anhand zweier kleiner Beispiele aus meiner Erfahrungswelt erläutern. Als im Mai 2020 Covid-19-Ausbrüche in Schlachthöfen entdeckt wurden und eine Debatte über die Produktionsbedingungen in der Landwirtschaft, insbesondere in der Fleischindustrie, begann, veröffentlichte ich einen knappen Plan, der ein Verbot von Werkverträgen und verbesserte Arbeitsbedingungen in den Schlachthöfen vorschlug, der aber auch auf die grundlegende Notwendigkeit hinwies, die Dumpingpreise, auf denen das derzeitige industrielle Agrarsystem basiert, zu beenden. Ich schrieb, dass der Preis für Fleisch unethisch sei und den Tod der Tiere wie die Arbeit der Bauern noch nachträglich entwerte. Daran schloss sich eine Debatte über den Fleischpreis an, und die *Bild*-Zeitung empörte sich auf der Titelseite, ich wolle das Schnitzel teurer machen. Dass sich zuvor schon die

CDU-Agrarministerin Julia Klöckner und selbst der Bauernverbandspräsident für höhere Preise ausgesprochen hatte, spielte keine Rolle.

Umgekehrt weiß ich aber, dass auch meine Partei und ich selbst oft ritualisiert auf Vorstöße des politischen Mitbewerbers reagieren. Das gilt zum Beispiel für Vorschläge zur weiteren Bewaffnung der Bundeswehr oder wenn neue Freihandelsabkommen geschlossen werden sollen.

Sind wir also tatsächlich politisch gefangen in einer Spirale aus Reaktion und Gegenreaktion? Kann es sein, dass man, je erfolgreicher man für sein Anliegen wirbt, je mehr Menschen einem zustimmen, desto stärker zum Teil einer falschen Polarisierung wird und Gefahr läuft, seinem Anliegen einen Bärendienst zu erweisen?

Der US-amerikanische Politikberater Ben Rhodes erzählt in seinem Buch über die Jahre von Barack Obama im Weißen Haus, dass Obama am letzten Amtstag seine Mitarbeiter*innen mit der Frage konfrontiert habe: »What if we were wrong?«

Das ist ein bemerkenswerter Satz eines Regierungschefs am letzten Amtstag. Und man muss ihn in seiner Wucht voll auf sich wirken lassen. Obama fragt angesichts des Wahlsiegs von Donald Trump nicht, was er möglicherweise falsch gemacht habe, wo und wann sie falsch entschieden hätten, er fragt, was wäre, wenn sie sich geirrt hätten – in Bezug auf eine Politik, die versuchte, Gräben zu überwinden.

Barack Obama war in diesem Augenblick wohl bewusst, dass er selbst – trotz seiner einvernehmlichen Reden, trotz, ja wegen seiner ausgleichenden Art – für einen Teil der Bürger*innen zum Protagonisten der gesellschaftlichen Spaltung

Amerikas geworden war. Als erster afroamerikanischer Präsident war er der lebende Ausdruck einer offeneren, emanzipatorischeren Gesellschaft. Und für seine Gegner stellte er all das dar, was sie ablehnten. Obamas Satz wirft eine erschütternde Frage auf: Konnte Donald Trump nur Präsident werden, weil Barack Obama Präsident werden konnte?

Diese Frage darf man nicht als plumpe Gleichsetzung verstehen, wie man sie manchmal in politischen Diskussionen erlebt. Die Relativierung von Rassismus und Chauvinismus, die Trump betreibt, ist unerträglich und dumm. Obama und Trump sind nicht vergleichbar, nicht mal ansatzweise. In dem Maß, wie Obama versuchte, Gräben zuzuschütten, rissen die Trumpisten neue auf, diskreditierten Menschen, insbesondere Minderheiten, und mobilisierten das Schlechteste in der Politik.

Schon bei George W. Bush war man ja permanent argwöhnisch, ob dieser Mann die Folgen seines Handelns übersah. Aber seit der Entstehung der Tea-Party-Bewegung 2009 gingen die Republikaner einen steil abschüssigen Weg Richtung Populismus und Nationalismus, der in Donald Trump kulminierte.

Genauso falsch ist es übrigens, das Entstehen der Grünen mit dem Entstehen der AfD gleichzusetzen bzw. die Erfolge und Misserfolge zu parallelisieren, wie es manchmal in politischen Kommentaren zu lesen ist. Die Grünen waren immer eine Partei, die für die Rechte aller Menschen eintrat, um ihnen Würde und Freiheit zu sichern. Die AfD will eine exklusive Gesellschaft der völkisch Gleichen schaffen. Es wäre falsch, hier eine Zwangsläufigkeit abzuleiten nach dem Motto, weil die Grünen für gleiche Rechte etwa für Frauen und Homosexuelle eingetreten sind, ist es unabdingbar (und dann ja auch nicht so schlimm), dass jetzt Rechtspopulisten Frauen und Homosexuelle diffamieren.

So plump darf man die Obama-Frage nicht missverstehen. Aber man sollte sie auch nicht abtun. Ich kann sie nicht abtun. Als ich davon in dem Buch von Rhodes las, stockte mir kurz der Atem. Denn diese Frage berührt den Grund und gleichermaßen den Grundzweifel, warum ich Politiker bin. Sie lautet: Wie findet eine Gesellschaft unter den Bedingungen von Freiheit und Demokratie zu einer Gemeinsamkeit, die es ihr ermöglicht, die notwendigen großen Schritte zu gehen? Und welches sind die Kräfte und Dynamiken, die Lösungen und gemeinsamen Fortschritt immer wieder blockieren?

Natürlich könnte ich leicht auf politische Feindbilder ausweichen, also auf einzelne Politiker*innen zeigen, die ich irgendwie doof finde. Aber so einfach will ich es mir nicht machen. Denn ich glaube, dass es statt persönlicher Defizite einen strukturellen Grund gibt, der gerade den Erfolg von lernender Demokratie und politischem Fortschritt zu seiner größten Gefahr macht: nämlich der Widerspruch der Moderne, dass der Fortschritt der einen fast immer einen Rückschritt für andere bedeutet, dass Aufstieg auch Abstieg hervorbringt, das Leistungsprinzip neben Gewinnern zwangsläufig auch Verlierer. Diesen Widerspruch kann niemand einfach so auflösen. Kein Politiker kann eine historische Formation einfach so abschaffen – ganz abgesehen davon, dass es fraglich ist, ob das nicht viel schlimmer wäre. Was man aber tun kann und sollte, ist, diesen Widerspruch anzunehmen, indem man sich immer wieder befragt, wo die blinden Flecken, also die Kehrseiten möglicher Erfolge, sind. Und wie eine Politik aussehen könnte, die über diese hinausweist.

Nun ist es geradezu das Merkmal von Politik, Widersprüche entweder überwinden zu wollen oder zu verneinen oder zu leugnen. Jede Partei muss von sich glauben, dass sie die besten Antworten auf die Fragen der Gegenwart und Zukunft gefunden hat. Das ist auch okay. Aber wenn Politiker*innen so tun, als wären ihre Antworten die einzig möglichen, als wären sie widerspruchsfrei, dann wird es schnell rechthaberisch. Die Position der anderen Seite nicht sehen zu wollen spricht dem Gegenüber gleichsam das Recht auf eine eigene Position ab. Das kann nur in Kränkung und Verletzung enden. Wer das nicht will, der muss von dem Gedanken Abschied nehmen, dass alle Widersprüche aufgelöst werden können – denn dieses Auflösen soll dann ja zu den je eigenen Bedingungen erfolgen (die dann wieder neue Widersprüche erzeugen würden). Die Alternative dazu ist, die Widersprüchlichkeit der Moderne und des Fortschritts zunächst einmal anzunehmen und zu bejahen. Es kommt darauf an, wie wir uns in ihnen bewegen.

Zweierlei Krise

Dass es nicht leicht ist, die eigenen blinden Flecken zu erkennen, merke ich andauernd in meinem Alltag. Beziehungsweise ich merke es nicht andauernd – das ist ja gerade das Problem. Aber ab und zu werden sie einem vor Augen geführt.

Ein guter Freund, der stolz darauf ist, Sozialdemokrat zu sein, korrigierte mich neulich, als ich von den »sozial Schwachen« sprach. Seine Eltern zum Beispiel seien arm, wirklich arm gewesen, sagte er, aber sozial seien sie ausgesprochen stark gewesen.

Lange standen in Wahlprogrammen meiner Partei Formulierungen, die sinngemäß sagten, dass wir die »schmutzige Arbeit« in der Kohleindustrie beenden wollen. Geblendet vom Wortspiel erkannten wir nicht, wie das in den Ohren derjenigen, die im Bergbau hart arbeiten, geklungen haben muss.

In diesem Buch wird es mehrfach um gesellschaftliche Ungerechtigkeit gehen. Und ich werde immer wieder betonen, wie wichtig der Kampf gegen sie ist, weil sonst der ökologische Umbau nicht gelingt oder weil sonst die Demokratie gefährdet ist. Aber nutze ich damit diesen Kampf nicht auch strategisch, um die politischen Ziele, die ich für besonders relevant halte (Verteidigung der Demokratie, Klimaschutz), zu erreichen? Ist es nicht so, dass Gerechtigkeit ein Eigenwert ist? Ich versuche diesem Wert im Zusammenhang mit Anerkennung und Würde in Kapitel IV seinen Raum zu geben, aber ein instrumentelles Verhältnis zur sozialen Frage ist ein blinder Fleck vielen Menschen gegenüber.

Ein anderes Beispiel für einen blinden Fleck ist, dass ich während der ersten Wochen der Corona-Pandemie – wie die meisten anderen Politiker*innen – gesagt habe, dass dies die schwerste Krise seit dem Ende des Zweiten Weltkriegs sei. Bis mich eine Freundin, die aus Leipzig kommt, darauf hingewiesen hat, dass nach der Wiedervereinigung Deutschlands die ökonomischen Verwerfungen in Ostdeutschland riesig waren, dass 20 Prozent der Menschen in den ostdeutschen Bundesländern arbeitslos wurden, die Treuhand 4000 von 14 000 Betrieben schloss und die meisten anderen an westdeutsche Investoren verkaufte. Dass mit der ökonomischen Entwertung auch eine mentale verbunden war und all das verlernt werden musste, was vorher von vielen als sichere Wahrheit geglaubt wurde. Die Wiedervereinigung war nach 40 Jahren Unrechtsregime der DDR ein gigantischer Umbruch, für viele ein Aufbruch, aber für viele folgte auch eine Zeit großer Verunsicherung und Abwertung. Entsprechendes gilt für die Formulierung, dass Freiheitsrechte in einem nie da gewesenen Maß eingeschränkt wurden. Für diejenigen, die in Stasi-Knästen saßen, muss das mindestens geschichtsvergessen klingen. Die Rede von der »schwersten Krise seit dem Zweiten Weltkrieg« ist eine westdeutsche. Und das hatte ich nicht gesehen. Ich habe westdeutsch gedacht, ohne es zu bemerken.

Ähnliches gilt für die Behauptung, dass in der Krise die Stunde der Regierung schlägt. So hieß es ja stets und ständig während des ersten Corona-Shutdowns. Aber auch das markiert einen blinden Fleck, einen blinden Fleck derjenigen, die in der Exekutive sind oder auf sie schauen. Denn in Krisen gedeiht ja gemeinhin die Opposition, bilden sich Alternativen.

34

Krisen sind sehr unterschiedlich. Sie haben mal materielle, mal kulturelle, mal ökologische Folgen. Aber so unterschiedlich sie sind, meist wirken sie wie Katalysatoren der Veränderung.

Dass die Corona-Krise die Regierung, insbesondere die Bundeskanzlerin und die Union, während der ersten Welle stärkte, liegt auch an ihrem besonderen Charakter. Sich diesen klarzumachen ist insofern hilfreich, als die Ausnahme hilft, die Regel besser zu verstehen.

In einem Interview mit der *Zeit* wurde ich auf dem Höhepunkt der ersten Welle gefragt, warum in der Corona-Krise die Bürger*innen Maßnahmen mitmachen, die für die Klimakrise nachgerade ausgeschlossen waren: weniger Fliegen, weniger Reisen, weniger Konsum. Es stimmt ja: Die Bundesregierung und viele Medien agierten in den ersten Wochen fast nach dem Motto von Greta Thunberg »I want you to panic« – was sie bei der Klimakrise energisch zurückgewiesen hatten. Ich antwortete, dass die Corona-Krise unmittelbare Angst auslöse, weil ihre dramatischen Auswirkungen innerhalb kürzester Zeit zu spüren seien, Tausende vor unseren Augen sterben würden, jede Nachrichtensendung mit der Meldung der neuesten Todeszahlen begann, alles Gegenwart und Unmittelbarkeit war. Dass aber die Klimakrise von vielen immer noch als weit weg, als irgendwann später und irgendwo anders wahrgenommen würde.

Ich befürchte im Nachhinein, ich habe mit diesem zeitlichen und räumlichen Argument den Nagel nicht auf den Kopf getroffen. Denn erstens ist den meisten Menschen die Unmittelbarkeit der Klimakrise inzwischen durchaus bewusst. Und zweitens gibt es mindestens einen weiteren Grund, warum die Regierung sich bei der Corona-Krise anfangs auf die nahezu ungeteilte Unterstützung der Bevölkerung verlassen konnte, warum die Union plötzlich bei 40 Prozent in den Umfragen rangierte und Angela Merkel, die vor Corona von allen Journalist*innen schon politisch in den Ruhestand verabschiedet worden war, von manchen eine fünfte Amtszeit angetragen wurde.

Ja, es gibt strukturelle Parallelen zwischen der Corona-Pandemie und der Klimakrise. Beide sind global, beide haben einen ökologischen Ursprung, ihre Bekämpfung macht globale Kooperation notwendig. Beide zwingen uns, alte Gewissheiten infrage zu stellen. Deshalb wurden und werden sie auch beide von rechten Populisten geleugnet und die Maßnahmen gegen sie bekämpft. Beide werden – oder wären – besser beherrschbar, wenn man vorausschauend handelt. Bei beiden geht es darum, einen zu steilen Anstieg – einmal der Infektionen, einmal der Temperatur – zu verhindern und damit dafür zu sorgen, dass eine ökologische Krise die Möglichkeiten der Zivilisation nicht überfordert.

Aber es gibt eben auch einen gravierenden Unterschied. Die Klimakrise zu bekämpfen setzt voraus, dass wir Menschen uns selbst kritisieren, unsere Verhaltensweisen verändern. Wir werden die Klimakrise nur bestehen, wenn wir uns selbst und unsere Art, zu wirtschaften und zu konsumieren, hinterfragen. In dem Sinn sind wir uns selbst zum Problem geworden. Entsprechendes gilt für die Bekämpfung des Hungers oder der allgemeinen sozialen Ungleichheit, weltweit, aber auch im eigenen Land. Antworten auf diese Herausforderungen setzen immer Kritik des eigenen Tuns voraus. Deswegen werden sie oft verdrängt und zum blinden Fleck derer, die in Verantwortung stehen.

Bei der Corona-Krise aber ist die Herausforderung ein Virus. Etwas, das von außen kommt, unsichtbar und unbekannt, etwas, das auch einen gesunden Körper befällt. Der französische Präsident Emmanuel Macron verglich das Virus anfangs mit einer feindlichen Armee. »Wir befinden uns im Krieg«, sagte er. Auch wenn ich dieses Bild in seiner Martialität als erschlagend empfinde, zu viel Blut, Schweiß, Tränen, und Macron selbst später eine andere Rhetorik anschlug, sprach er auf eine gewisse Weise doch die besondere Struktur dieser Krise aus.

So waren ja auch die Nachrichten im Frühjahr letzten Jahres, die Bilder, die vor allem aus Norditalien unmittelbar auf uns einprasselten: Berichte von Ärzt*innen und Pfleger*innen, die kaum noch schliefen, unermüdlich Leben retteten, denen Menschen unter den Händen wegstarben, die plötzlich aus Mangel an Beatmungsgeräten entscheiden mussten, wen man zu retten versucht und wen man sterben lässt. Zustände wie in Lazaretten – die dann tatsächlich errichtet wurden, in Kathedralen und Stadien, auf Messegeländen und in ehemaligen Werkshallen. Wir lernten das Wort »Triage«, ursprünglich ein Begriff aus der Militärmedizin, der beschreibt, wie im Chaos von zu vielen Verletzten ethisch zu ordnen ist, wem man zuerst hilft, wissend, dass das immer bedeutet, anderen nicht zu helfen – eine psychologische Zumutung für Ärzt*innen, Pfleger*innen, für alle. Wir sahen in den Nachrichten einen Konvoi von Lastwagen der italienischen Armee, der durch die dunklen Straßen Bergamos fuhr und Särge abtransportierte, weil es zu viele Tote gab, als dass das Krematorium in der italienischen Stadt die Leichen noch hätte aufnehmen können. Mit all diesen Bildern wuchs die Sorge. Nicht nur um die individuelle Gesundheit, sondern auch davor, die Kontrolle zu verlieren, als Gesellschaft dem Virus hilflos ausgeliefert zu sein.

Das Virus zu bekämpfen bedeutet, etwas abzuwehren, das

nicht zu uns gehört, etwas, das uns alle bedroht, das in unseren menschlichen Organismus von außen eindringt. Es gibt einen gemeinsamen Gegner, ein gemeinsames Außen, wir müssen uns nicht selbst hinterfragen. Das unterscheidet die Covid-19-Krise von anderen zeitgenössischen Krisenerfahrungen. Deshalb konnten zu Beginn Maßnahmen ergriffen werden wie bei keiner anderen Gefahrenabwehr sonst.

Niemand findet das Virus gut oder erhebt seine Stimme zu seinem Schutz. Es muss weg, ausgerottet, ausgemerzt werden. Und wenn das erreicht ist, dann ist die Krise überstanden. Ein Ende der Maßnahmen war das Ziel der Maßnahmen. Die Einschränkungen mögen länger oder kürzer dauern oder wiederkehren, sie mögen nerven oder tatsächlich Grundrechte beschneiden, aber Corona ist per Definition kein Dauerzustand. Das ist ein entscheidender Unterschied zur Klimakrise. Und dieser Unterschied ermöglichte es der Politik und der Gesellschaft vor einem Jahr sich im Inneren zu sammeln und gemeinsamer, klarer und entschiedener zu handeln, als es sonst politisch gelingt. Deshalb konnte die Regierung Grenzen schließen, Kontaktsperren verhängen, Schulen und Kirchen dichtmachen, Geschäfte schließen. Der Staat behielt die Kontrolle und schuf Ordnung, so wurde anfangs das Bild gezeichnet. Ganz anders als zum Beispiel 2015, das als Jahr des staatlichen Ordnungsverlusts im kollektiven Gedächtnis haften geblieben ist (und leider nicht als Jahr der Menschlichkeit und Großherzigkeit, die so überbordend waren und sich bis in unsere Gegenwart forttragen).

Ordnung, Grenzen, Verbote, Disziplin – die Angela Merkel immer wieder anmahnte – waren auf einmal die gesellschaftlichen Tugenden. Und in der großen Unsicherheit, der Suche nach dem einen richtigen Weg, dem einen richtigen Verhalten, in dem Versuch, ein Virus zu verstehen, das unser Leben aus den Angeln gehoben hat – persönlich, in der Gesellschaft, bei den politischen Entscheidungsträger*innen –, hörten wir Virolog*innen und Epidemiolog*innen zu und lernten gleichsam nebenbei etwas über das Prinzip wissenschaftlichen Arbeitens, zu dem gehört, dass sich Wissenschaftler*innen gegenseitig widersprechen und korrigieren. Dieses Widersprechen und Korrigieren ist kein Zeichen von Unwissenschaftlichkeit, wie von manchen vorgeworfen wurde, sondern wesentlicher Bestandteil wissenschaftlichen Arbeitens – vor allem, wenn Forscher*innen es mit einem neuen, noch kaum bekannten Phänomen zu tun haben, wenn täglich weltweit neue Erkenntnisse erzielt werden, wenn vorsichtige Annahmen sich durch Überprüfung als falsch erweisen, andere als richtig. Das geduldige Suchen und Tasten gehört zur Wissenschaft dazu, es ist der Weg zum belegten Wissen.

Allerdings duldete der Kampf gegen Corona am Anfang keine Geduld, es musste schnell entschieden, schnell gehandelt werden. Mögen sich viele Menschen angesichts der globalen Katastrophen, der Kriege, der ökonomischen Globalisierung, des drohenden ökologischen Kollapses, der zunehmenden sozialen Ungleichheit in Deutschland wie in vergleichbaren Ländern, vielleicht auch angesichts globaler Migrationsbewegungen und rechtsextremistischen und islamistischen Terrors hilflos fühlen, mag man auch als politisch Verantwortlicher manchmal verzweifeln angesichts der politischen Probleme: Gegen Corona konnten und können wir kämpfen. Vergleicht man zum Beispiel, wie lange die Umsetzung von Tierschutzstandards dauert, wie schwierig es ist, die Steuerbefreiung auf Öl für die Plastikproduktion zu beenden, oder wie mühsam eine Wahlrechtsreform für den deutschen

Bundestag, wie lange, langsam und langwierig sonst Probleme bearbeitet werden, bekommt das entschlossene Handeln in der Corona-Krise am Anfang fast die Bedeutung einer Entlastungsfunktion – für Regierende wie Regierte.

Der US-amerikanische Essayist und Philosoph Charles Eisenstein kommentiert das in seinem Essay »The Coronation« so: »Die etablierten Institutionen unserer Gesellschaft werden immer hilfloser, den Herausforderungen unserer Zeit zu begegnen. Wie sehr sie da eine Herausforderung willkommen heißen, welcher sie endlich entgegentreten können. Wie eifrig sie diese als die allergrößte Krise behandeln. Mit welcher Selbstverständlichkeit ihr Informationsmanagement die alarmierendsten Darstellungen auswählt. Wie leicht sich die Öffentlichkeit an der Panik beteiligt und die Bedrohung begrüßt, der die Autoritäten begegnen können, stellvertretend für die vielen anderen unaussprechlichen Bedrohungen, bei denen sie es nicht können. Heutzutage lassen sich aber die meisten unserer Herausforderungen nicht mehr durch die Anwendung mechanistischer Machtinstrumente bewältigen.«

Die Krisenreaktion des Frühjahrs und des Frühsommers 2020 demonstrierte tatsächlich eine staatliche Macht und Kraft, wie man es nicht mehr für möglich gehalten hätte. Fast alles musste hinter den Kampf gegen das Virus zurücktreten: Reisefreiheit, Bildung, Kultur und Religion, die Bewegungsfreiheit, das Recht, für seine Meinung auf die Straße zu gehen. Die Wirtschaft wurde in einem Maß heruntergefahren, das zuvor unvorstellbar schien. Bürgerrechte wurden eingeschränkt, weit über alles hinaus, was bisher im Rahmen unserer demokratischen Ordnung für möglich gehalten wurde. Manche

Länder setzten eine Bewegungserkennungssoftware ein, die zur Terrorbekämpfung entwickelt worden war, autoritäre Regime wie Ungarn schafften gleich auf unbestimmte Zeit die parlamentarische Kontrolle der Regierung ab.

Deutschland war zum Glück von einer solch autoritären Machtausübung weit entfernt. Überlegungen, weitreichende Entscheidungen wie die Ausrufung der nationalen Epidemielage per Beschluss der Exekutive zu treffen, hat meine Partei zusammen mit FDP und Linken ausgebremst und in die richtigen Bahnen gelenkt. Die meisten Menschen in Deutschland trugen während der ersten Welle die weitreichenden Maßnahmen mit, verzichteten bereitwillig auf ihre Rechte für einen größeren Erfolg im gemeinsamen Kampf gegen das Virus.

Und zum ersten Mal geschah etwas, das in Friedenszeiten zuvor nie geschehen war: Es gab ein höheres Gut, das über wirtschaftlicher Prosperität stand. Der Schutz der Gesundheit wurde in einer nicht gekannten Dimension über Wirtschaftswachstum und Gewinninteressen gestellt. Bei Menschen, die aufgrund der Erderwärmung durch Hitze sterben, an der Lunge erkranken, weil sie an Ausfallstraßen mit hoher Stickstoffoxid-Belastung wohnen, bei Antibiotikaresistenzen, die sich durch den intensiven Einsatz auch in der Tiermast entwickeln, bei Menschen, die auf der Autobahn wegen erhöhter Geschwindigkeit ums Leben kommen – stets wurden und werden Verbote und Gegenmaßnahmen nur insoweit ergriffen, als keine zu starken Wettbewerbsnachteile für die Wirtschaft zu befürchten sind. Dass die wirtschaftliche Leistungsfähigkeit nicht grundsätzlich geschmälert wird, ist prinzipiell der oberste Grundsatz.

Zu Beginn der Krise gab es ein starkes Gemeinschaftsgefühl, eine Hinwendung zu Instanzen, die Autorität ausstrahlten, zu den öffentlich-rechtlichen Medien, den jeweiligen Landesregierungen, den Regierungsvertretern, zur Union. Doch dann folgte die zweite Phase der Pandemie – die der Lockerungen. Mit ihr zogen Widersprüchlichkeit und Uneinigkeit, Geziehe und Gezerre, Sprunghaftigkeit und Unklarheit ein. Über Tests für Reiserückkehrer sprach man, als die ersten aus dem Sommerurlaub zurück waren. Zum Bildungsgipfel lud die Kanzlerin, als die Schulen längst wieder geöffnet hatten. Die Länderchef*innen beschlossen undurchsichtige Beherbergungsverbote, als die Koffer für die Herbstferien schon gepackt waren (und Gerichte kippten die Verbote reihenweise). Und kaum jemand wusste mehr, was wo für wen wie eigentlich galt.

Wissend, dass diese Pandemie alle in diesem Land vor nicht gekannte Herausforderungen stellt, den Verantwortlichen Entscheidungen abverlangt, die immer mit Risiken und schweren Abwägungen verbunden sind, wissend, dass es für die Situation keinen Bauplan gibt: In der zweiten Phase fehlten Vorsorge und Verbindlichkeit.

Das rächte sich in der dritten Phase. Im Herbst rollte die zweite Welle an, vor der viele gewarnt hatten, größer und bedrohlicher als die erste. Und das in einer ungleich schwereren Situation, waren doch inzwischen die dramatischen Folgen des Frühjahrsshutdowns bekannt. Menschen waren einsam gestorben, Kinder in Wohnungen eingesperrt gewesen, etliche hatten ihre beruflichen Existenzen verloren, die Widerstandsfähigkeit der Wirtschaft war geschrumpft, die soziale Ungleichheit gewachsen.

Ende Oktober, als die Infektionszahlen von Tag zu Tag in die Höhe schossen, wieder mehr Menschen auf Intensivstationen behandelt wurden, wieder mehr Menschen starben, wurde offenkundig, dass die differenzierte Strategie des Sommers nicht mehr griff. Das Land wurde erneut heruntergefahren. Aber auch, wenn Bund und Länder sich unter dem Druck der eskalierenden Lage zu diesem erneuten gemeinsamen Kraftakt aufrafften, konnte dieser die gesellschaftliche Brüchigkeit kaum überdecken. Das hat zwei Ursachen. Die erste ist politisch und die zweite strukturell. Politisch hatten mit dem Abklingen des Infektionsgeschehens zum Ende der ersten Phase die Bundesländer das Ruder übernommen. Wohl in der Annahme, die Lage dem regionalen Infektionsgeschehen angepasst kontrollieren zu können. Allerdings mangelte es an einer vernünftigen, ruhigen und entschiedenen Koordination, die beherzigte, dass das Virus sich nicht an Kreis- oder Landesgrenzen hält, dass Deutschland nun mal *ein* Land ist, und zwar eines, in dem Menschen sich bewegen, ihre Familien besuchen, beruflich unterwegs sind, touristische Ausflüge machen.

Jedes halbe Jahr wechselt das Vorsitzland für die Ministerpräsidentenkonferenz. In den ersten sechs Pandemiemonaten hatte Bayern den Vorsitz inne, was Markus Söder, dem bayerischen Ministerpräsidenten, viele Bilder neben der Bundeskanzlerin einbrachte. Aber Vorsitz heißt, sich zurückzunehmen und zusammenzuführen. Wenn man will, dass lauter vor Selbstbewusstsein strotzende Ministerpräsident*innen zu einer gemeinsamen Linie finden, muss man mit gutem Beispiel vorangehen und sich zurückhalten. Markus Söder hingegen preschte permanent mit eigenen Teststrategien, eigenen Verboten, eigenen Regeln vor – freilich ohne damit die hohen Infektionszahlen in Bayern in den Griff zu bekommen. Er führte so seine Kolleg*innen regelmäßig vor, die sich folglich auf eigene Strategien verlegten. Die Diskrepanz zwischen

Appellen an gemeinsames Vorgehen und eigenem, nicht abgestimmtem Vorpreschen führte zu Uneinigkeit. Die Beschlüsse der Ministerpräsidentenkonferenzen reichten an die Dramatik des Infektionsgeschehens nicht heran.

Hatte die Kanzlerin im März noch ein Gemeinschaftsgefühl geschaffen, indem sie auch auf die eigene Unwissenheit hinwies, war das im Oktober ganz anders. Der zweiten Welle wurde mit völlig anderen politischen und rhetorischen Mitteln begegnet als der ersten. Plötzlich war da ein schnarrender autoritärer Ton. Der aber schien vielen Menschen angesichts des Regel-Hick-Hacks unangemessen. Macht doch erst einmal vernünftige Verordnungen, statt uns hier blöd anzumachen, mögen viele gedacht haben. Wieso mussten Labore ein halbes Jahr nach Pandemiebeginn die positiven Testergebnisse immer noch per Fax an die Gesundheitsämter übermitteln? Wieso wurde die Corona-Warn-App nicht weiterentwickelt? Warum waren Gesundheitsämter schon so schnell zu Beginn der zweiten Welle überfordert? Warum gab es keine einheitliche Test- und Quarantänestrategie? Wieso hat niemand kommen sehen, dass die Schulferien im August enden, dass Herbstferien vor der Tür stehen – und dass es im Winter kalt wird?

Die Gleichmütigkeit, mit der die meisten Menschen all die Einschränkungen im März hingenommen hatten, wurde teils zu Überdruss, teils zu großer Verunsicherung. Auf eine gänzlich neue Situation mit begrenztem Wissen politisch schnell reagieren zu müssen, ist etwas anderes als auf eine vorhersehbare und inzwischen weiter erforschte Lage. Auf die bröckelnde Akzeptanz wurde aber mit zunehmend autoritärem Auftreten geantwortet, dahinter waren Ratlosigkeit und Nervosität deutlich zu erkennen. Politiker*innen beschimpften sich plötzlich wieder wie vor der Krise. Kommunen gaben Vordrucke für Corona-Anzeigen aus, es gab Aufrufe, Nachbarn zu kontrollieren. Aber eine Gesellschaft, in der die Menschen einander misstrauen, wird die Krise nicht so gut bewältigen wie eine, in der die Menschen sich grundsätzlich vertrauen und deshalb die nötige Solidarität und Stärke aufbringen. So geriet im Herbst die Krisenbekämpfung in die Krise. Und die Pandemie wurde immer mehr zu einer gesellschaftlichen Zer-reißprobe.

Der Verlust von Normalität
und das Paradoxon der Politik

Die Politiker*innen der Großen Koalition, konservative wie sozialdemokratische, haben im Jahr 2020 so ungefähr alles über Bord geworfen, was sie in den Jahren zuvor für richtig befunden und verteidigt hatten. Es wurden Schulden in einem nie gekannten Volumen aufgenommen. Deutschland stimmte zu, dass gemeinsam europäisch Schulden aufgenommen werden, und einer anteiligen Begleichung derselben, was die Regierungen unter Angela Merkel zuvor als »Schulden- und Transferunion« immer vehement abgelehnt hatten. Sanktionen bei Hartz IV wurden – zumindest vorübergehend – ausgesetzt, ein dreimonatiges Mietenmoratorium und jede Menge Verbote erlassen. Die Forderungen nach einem Tempolimit oder nach Durchfahrverboten für Diesel, über die noch im Jahr zuvor erbittert gestritten wurde, klingen dagegen nachgerade lächerlich. Dass in Deutschland Werkverträge und Leiharbeit in Schlachthöfen verboten werden sollen, liegt nicht an neuen Erkenntnissen über das ausbeuterische System in den Schlachthöfen, sondern wohl auch daran, dass es mit der Corona-Krise inzwischen eine gemeinsame gesellschaftliche Erfahrung gibt, dass die vielen kleinen Kompromisse und Trippelschritte manchmal zu klein sind und man größere gehen kann und muss.

So erweist sich das, was kurzzeitig wie die Simulation von Vergangenheit aussah, als Phase der beschleunigten Veränderung. Alles ist Dynamik, alles wird durch die Krise bestimmt. Und die Fragen, die zuvor schon da waren, sind jetzt noch unabweisbarer: Wenn wir jetzt in Bildung und öffentliche Räume investieren, warum nicht dauerhaft? Wenn Gesundheit einmal Vorrang vor kurzfristigen Wirtschaftsinteressen hat, warum soll das nicht auch bei Klimaschutz oder Verkehr gelten? Wenn man für Wochen Ausgangs- bzw. Kontaktsperren verhängen kann, wieso kann man dann nicht Plastiktüten verbieten? Wenn die Gesundheit über allem steht, wieso ist Glyphosat dann noch zugelassen? Und wenn wir uns schon so sehr über Ethik und moralische Normen Gedanken machen, wie können wir dann den Hunger in der Welt, die industrielle Tierhaltung und Waffenexporte in Kriegsgebiete zulassen? Müssen wir tatsächlich erst im Krisenmodus sein, um entschlossen zu handeln und ideologische Kämpfe zu überwinden?

Das, was sich vorübergehend als große gesellschaftliche Eintracht darstellte, erweist sich wahrscheinlich nur als Atempause vor noch viel größeren, härteren Konflikten. Das, was sich wie Stillstand anfühlte, wäre dann faktisch der Katalysator für Veränderung. Normalität kann nicht mehr einfach vorausgesetzt werden. Einfach fortzuschreiben, was wir in der Vergangenheit getan und mehrheitlich für richtig befunden haben, wird die kulturellen, ökologischen und sozialen Widersprüche nur vergrößern. Zumal es fraglich ist, ob es überhaupt ein Wir gibt, welches ich beim Schreiben immer wieder voraussetze, obwohl ich doch weiß, dass die Zersplitterung und Spaltung der Gesellschaft zunimmt.

Je länger die Corona-Zeit andauert, desto deutlicher wird jedenfalls, dass sie tatsächlich nicht Stillstand ist, nicht Gewissheiten bestätigt, sondern dass viele alte Annahmen zu Bruch gehen. Was kommen wird, ist ungewiss.

Es ist jedenfalls wenig wahrscheinlich, dass die Debatten, die wir hatten, abnehmen oder gar verstummen. Im Gegenteil, sie werden lauter, weil sich jeder irgendwie auf die Maßnahmen gegen Corona berufen kann. Auf geschlossene Grenzen die einen, auf europäische Hilfsprogramme die anderen. Auf die Macht von Verboten einerseits, auf den Schrecken von diesen andererseits. Darauf, dass Wachstum nicht alles ist, wie darauf, dass ohne Wachstum alles nichts ist. Und – das ist vielleicht die größte Gefahr – für die einen und für mich, dass unsere Demokratie bewiesen hat, wie leistungsfähig und entschlossen sie sein kann, für andere – wie die Corona-Demonstrationen zeigten –, dass die Demokratie beschnitten oder gar abgeschafft worden sei.

Die politischen Auseinandersetzungen des 21. Jahrhunderts sind nicht am Ende, sie beginnen erneut, spitzen sich zu und verdichten die Debatten der letzten Jahre und Jahrzehnte unter dem Druck einer neuen Erfahrung.

Der Shutdown im Frühjahr 2020 hielt zwar vorerst das Virus auf, brachte aber auch etwas zum Vorschein, das schon vorher da war: nämlich eine zunehmend zerfaserte gesellschaftliche Wirklichkeit. Die Erinnerungen an diese Wochen sind ja ganz und gar unterschiedlich: Für die einen waren sie der Zusammenbruch der wirtschaftlichen Existenz, für die anderen – auch wenn es sicher nicht viele waren – ein entschleunigtes, nachhaltigeres Leben und mehr Zeit mit der Familie, für die nächsten Stress im Homeoffice mit Homeschooling und Angst um den Job. Wieder andere erfuhren häusliche Gewalt, kriegten den Lagerkoller in zu kleinen Wohnungen und waren in Sorge um das tägliche Essen, weil die Tafeln geschlossen hatten. Auch der Unterschied des Lebens in der Stadt und auf dem Land prägte die Erfahrung –

nur umgekehrt zur sonst vorherrschenden Sicht, nach der die Menschen im ländlichen Raum benachteiligt sind. In Stadt und Land waren die Spielplätze geschlossen, aber auf dem Land hatten die meisten Gärten. Und selbst wer die nicht hatte, hatte Felder oder Wälder in Fußdistanz. Aber auch auf dem Land litten die sozialen Kontakte, wurden Gottesdienste, der Kirchenchor oder die Posaunengruppe eingestellt, gab es keine Dorffeste mehr. Und wer Einkaufen ging, sah zu, dass er schnell seine Sachen bezahlte und verzichtete aufs Schwätzchen. Und auch als die Gottesdienste wieder erlaubt waren, als man wieder Sport im Verein machen durfte, benahm man sich buchstäblich anders – distanzierter. Immer deutlicher wurde, dass die Krise entgegen voreiligen Behauptungen eben nicht sozial egalitär ist. Zum Beispiel ist das Risiko für Hartz-IV-Empfänger, mit einer Corona-Infektion ins Krankenhaus zu kommen, nach einer Studie des Uniklinikums Düsseldorf im Vergleich zu Normalbeschäftigten sage und schreibe um 84 Prozent höher. Und sind sie erkrankt, ist das Risiko eines schweren Verlaufs größer. In den USA zum Beispiel ist die Sterblichkeit bei schwarzen Amerikanern viel höher.

Wir erleben durch die Pandemie, was alles möglich ist, im Guten wie im Schlechten. Wird diese Zeit der Anfang vom Ende unserer Freiheitsrechte oder der Moment sein, in dem wir erkennen, wie wertvoll sie sind? Werden wir die öffentliche Daseinsvorsorge höher achten und mehr in sie investieren oder werden wir hamsternd und egoistisch aufs Private setzen? Wird die EU zerfallen oder zu einem neuen Geist finden? Werden wir zu unserem alten Wirtschaften zurückkehren oder zu einem erneuerten, nachhaltigeren Wohlstand finden? Werden wir das Suchende, die Fehlertoleranz und die Selbstkritik zu einem neuen politischen Stil führen, oder wird es eine Rückkehr des Macho-Martialischen geben?

Wie Menschen auf diese Fragen antworten, ist geprägt durch ihre Erfahrungen und durch die Werte, die sie mitbringen, durch ihre Sehnsüchte und Hoffnungen. Die einen wünschen sich möglichst schnell zurück zur alten Normalität, die anderen drängen darauf, zu überlegen, ob wir eigentlich überhaupt wieder *zurück*wollen sollten, bezweifeln, dass das Gestern das Morgen sein kann. Sie argumentieren, dass es kein Zurück zur Normalität geben kann, und fragen stattdessen, zu welcher Normalität wir eigentlich *hin*wollen.

Auch andere Krisen hatten und haben gravierende Folgen, die wir in ihren Dimensionen allerdings meistens ausblenden.

Etwa, dass jährlich etwa fünf Millionen Kinder an Unterernährung sterben, 159 Millionen Kinder durch Hunger in ihrer Entwicklung gestört und 50 Millionen unterernährt sind. Und wir dennoch weiterhin eine Landwirtschaft staatlich unterstützen, die zu wesentlichen Teilen pflanzliche Kalorien für die Tiermast verwendet.

Dass allein für Deutschland im Jahr 2018 zehntausend sogenannte Hitzetote gezählt wurden, das heißt, Menschen infolge von zu großer Hitze vorzeitig gestorben sind – und wir dennoch ein neues Kohlekraftwerk ans Stromnetz nehmen.

Dass die Vermögensungleichheit zunimmt und allein in Deutschland die obersten 10 Prozent zwei Drittel des gesamten Vermögens besitzen und das unterste Drittel gar keine Ersparnisse.

Dass der Krieg in Syrien sich jetzt im zehnten Jahr befindet, 500 000 Menschen das Leben gekostet hat und Assad noch immer Präsident ist.

Dass im Mittelmeer jährlich Tausende ertrinken und wir noch immer keine gemeinschaftliche europäische Seenotrettung und kein neues europäisches Asylsystem haben.

Auch das alles ist die Normalität, an die wir uns gewöhnt haben. Eine gute ist sie fraglos nicht.

Insofern traf die Corona-Krise nun wirklich nicht auf eine intakte Welt, sondern auf eine, die schon im Dauerkrisenmodus war. Allein die Ereignisse von Januar bis März 2020 reichen für ein ganzes politisches Jahr: In Australien brannte der Busch und in Sibirien und Kalifornien der Wald (von den Brandrodungen in Brasilien gar nicht zu reden), in Hanau mordete ein Nazi in einer Shisha-Bar, in Thüringen wurde ein FDP-Mann mit den Stimmen der AfD und CDU zum Ministerpräsidenten gewählt, an der türkisch-griechischen Grenze wurde auf Flüchtlinge scharf geschossen.

Im Sommer 2020 war es in der Arktis heißer als in meiner Heimatstadt, wurden in Orten, in denen es sonst auch im Sommer kalt ist, Temperaturen wie im Mittelmeerraum gemessen, drohte Donald Trump in den USA, das Wahlergebnis nicht anzuerkennen, und kokettierte offen mit einem Putsch. Großbritannien tritt endgültig aus der EU aus. Weltweit sind Autoritarismus und Populismus auf dem Vormarsch. Die Weltordnung der Verträge und Organisationen, der UN, der NATO, der WTO, der EU, der Abrüstungsverträge, wird von innen wie außen angegriffen und sieht schon ziemlich zerrupft aus. Die globalen Migrations- und Fluchtbewegungen nehmen zu. Meint der Spruch »Zurück zur Normalität« dies? Ein Weiter-so?

Normalität bezeichnet eine gesellschaftliche Selbstverständlichkeit, das, worüber nicht mehr diskutiert werden muss, das, was alle in einer Gesellschaft oder Gemeinschaft teilen. Aber genau davon gibt es derzeit immer weniger. Das ist das politische Problem, von dem ich am Anfang sprach. Nicht nur meins, sondern das von allen, die politische Verantwortung tragen oder anstreben. Und deswegen tauchte der Begriff des »new normal« wahrscheinlich nicht zufällig in der Debatte auf. Er versucht zu vereinen, was an Widersprüchen und widersprüchlichen Erfahrungen da ist. In ihm schwingt nicht nur mit, dass wir vielleicht noch lange Masken tragen und auch zukünftig öfter die Hände waschen werden, uns vielleicht abgewöhnen werden, einander zu umarmen oder die Hand zu geben, darin schwingt auch mit, dass im Rücken der alten Normalität etwas entstanden ist, das sie selbst infrage stellt.

Während der Shutdown-Phase letztes Frühjahr und im Winter der zweiten Welle wurde die individuelle Erfahrung, die wir von Schnupfen und Grippe kennen, zu einer gesellschaftlichen Norm: Solidarität zu zeigen bedeutet, für sich allein zu bleiben. Es hieß: Liebe äußert sich in Abstand und Zuneigung und Fürsorglichkeit darin, den Kontakt zu meiden. Wer sich mag, begegnet sich nicht. Es hieß: Um die Freiheit zu erhalten, müssen wir auf Freiheit verzichten. Der weitgehende Stillstand des öffentlichen Lebens löste die Erfahrung von Wandel und Veränderung aus. Wo man hinschaute, paradoxe Forderungen und Erfahrungen.

Und so wie die Corona-Krise schon vorher vorhandene Probleme – die ausbeuterischen Arbeitsbedingungen in Schlachthöfen, die Krise der Automobilindustrie, die schlechte Bezahlung von Pflegekräften et cetera – plötzlich grell ausleuchtete und sichtbar machte, so brachten auch all diese paradoxen Verhaltensanforderungen und -erfahrungen auf den Punkt, was die gesellschaftliche Dynamik und die Politik der letzten Jahrzehnte immer schon ausgemacht hat, nämlich das Paradox als politische Figur. Die Lehre der Corona-Krise ist nicht, dass die Gesellschaft entweder freiheitsliebender oder autoritätshöriger wird, entweder gleicher oder ungleicher. Das wird weiter umstritten sein und Teil des demokratischen Kampfes um Mehrheiten. Die Lehre und Aufgabe aus der Corona-Krise ist, dass etwas sichtbar wurde, was vielleicht erklären kann, woher die Dynamik der Spaltungen in der Gesellschaft kommt: Gerade das, was in den letzten Jahrzehnten erfolgreich war, was die moderne Gesellschaft stark und reich gemacht hat – globale Märkte, ein hoher Grad an Individualisierung, Mobilität, Freiheitssinn und Selbstverwirklichung –, macht die Gesellschaft auch verwundbar, angreifbar und verletzlich.

Paradox ist eine Aussage, die in sich selbst widersprüchlich ist oder jedenfalls so erscheint, und die dem, was eigentlich als normal angesehen wird, zuwiderläuft oder im Widerspruch zu ihm steht. Da Gesellschaften sich immer verändern und wandeln, beschreibt der Begriff des politischen Paradoxons, wie ich ihn hier verwende, eine Struktur, in der eine politische Handlung zum Gegenteil von dem führt, was sie eigentlich beabsichtigte. Wenn also zum Beispiel demokratische Wahlen zur Abschaffung der Demokratie führen. Oder wenn man erkannt hat, dass globale Institutionen nötig sind, um global agierende Firmen zu kontrollieren, am Ende aber faktisch weniger Kontrolle ausgeübt wird. Wenn die positive Seite der EU-Freizügigkeit zu einem gemeinsamen Arbeitsmarkt geführt hat, der mehr Menschen mehr Möglichkeiten verschafft, aber auch zu neuen Ausbeutungsverhältnissen beiträgt. Wenn der positive Wunsch, Beruf und Familie besser zu vereinbaren, unterbezahlte Care-Arbeit geschaffen hat, der Versuch, mit Privatisierungen den Gesundheitssektor bezahlbar zu halten, die jetzigen Pflegeverhältnisse.

Sicher kann man auch argumentieren, dass all diese negativen Folgen gesehen wurden und sogar politisch gewollt waren, und das ist sicher nicht ganz falsch. Aber das politische Problem besteht eben in der paradoxen Wirkungsweise, dass die Vorteile für die einen Nachteile für andere bedeuten und es eben immer weniger Win-win-Situationen gibt. Erst wenn man das als Problembeschreibung zulässt, kommt man der Größe der politischen Aufgabe unserer Zeit näher.

Einer der Lieblingssprüche von Willy Brandt war: »Hauptsache, die Richtung stimmt.« Das ist noch immer eine ganz gute Maßgabe. Aber sie reicht nicht mehr aus. Und zwar in doppelter Hinsicht nicht. Erstens müssen wir uns eingestehen, dass die gute Intention nicht intendierte oder nicht gesehene negative Folgen haben kann. Die Naivität, dass der einmal eingeschlagene Weg am Ende zwangsläufig zu einem guten Ziel führt, ist uns verloren gegangen. Wir müssen immer wieder neu justieren, korrigieren, koordinieren. Selbstkritisch müssen wir immer wieder überprüfen, ob es neue Erkenntnisse gibt, den Kompass neu eichen.

Und zweitens läuft uns die Zeit davon. Zeit ist plötzlich ein hohes Gut. Nicht nur die Richtung, auch das Tempo ist entscheidend. Wir stehen am Anfang einer Entscheidungsdekade, der Druck zu handeln ist – mindestens bei den ökologischen Krisen – enorm. Unter Druck selbstkritisch zu sein ist außerordentlich schwer. Die hohe Dringlichkeit und die große Komplexität stehen in einem starken Spannungsverhältnis. Politik ist sozusagen vierdimensional geworden. Wenn wir es von hier an anders machen wollen, dann nicht nur, indem wir die Laufrichtung verändern, sondern auch das Laufen selbst. Nicht nur den Inhalt, sondern auch die Art der Politik. Es gibt einfachere Aufgaben. Aber wir können an der Größe der Aufgabe wachsen. Am Ende über uns hinaus.

Nicht die Fehler, die Erfolge ...

Die Grünen stehen wie keine andere Partei für die offene Gesellschaft, für den Wunsch nach Wandel und Veränderung – vom Klimaschutz über Geschlechtergerechtigkeit und dem Kampf für Menschenrechte bis hin zu einem geeinten, starken Europa, das Schritt für Schritt auch Kompetenzen des Nationalstaates übernehmen sollte. Ich bin mit ganzem Herzen davon überzeugt, dass wir – wenn wir die sozialen und ökologischen Probleme lösen wollen – Veränderungen brauchen. Und gleichzeitig lehnt ein erheblicher Teil der Gesellschaft den Kohleausstieg, Autos ohne Verbrennungsmotoren, den Ausbau erneuerbarer Energien, Europas verstärkte Integration und eine offenere Gesellschaft ab und erklärt insbesondere die Grünen zum Gegner.

Wie schafft man es also, für die Zukunft der liberalen Demokratie, die Zukunft unseres Rechtsstaates, unserer Gesellschaft als freie Gesellschaft so zu kämpfen, dass man nicht gerade durch seine Siege den Kampf verliert? Kann es sein, dass nicht das, was man falsch gemacht hat, die Probleme verursacht, sondern das, was man richtig gemacht hat? Dass wir neue Probleme haben nicht wegen der Fehler, die wir gemacht haben, sondern wegen der Erfolge, die wir als Gesellschaft erreicht haben?

Jedenfalls kann man sicher sagen, dass man in der Politik zwar im besten Fall in der Lage ist, die eigenen Fehler kritisch zu reflektieren (was so häufig auch nicht vorkommt), nicht aber die eigenen Erfolge. Wenn etwas gut läuft, fühlen wir Politiker*innen uns bestätigt und sehen unsere eigenen blinden Flecken nicht. Sich selbstkritisch zu hinterfragen, gerade wenn und weil es gut läuft, die Auswirkungen, die Paradoxien des eigenen Handelns zu sehen ist schwer. Denn der Zuspruch für die eigene Position lässt einen den Widerstand dagegen nur selten ernst nehmen.

Hirnforscher haben in den letzten Jahrzehnten eine gute Erklärung dafür bereitgestellt, warum es so schwerfällt, sich selbstkritisch zu kontrollieren. Der Grund ist – so die These –, dass oft nicht Vernunft das Handeln lenkt, sondern Affekte und Gefühle. Die Gefahr für die Demokratie ist demnach nicht, dass sie irgendwann argumentativ überwunden wird, sondern dass Argumente überhaupt nicht mehr gelten.

Die Journalistin Katharina Nocun und die Sozialpsychologin Pia Lamberty analysieren in ihrem Buch »Fake Facts« die Gründe für den zunehmenden Erfolg von Verschwörungserzählungen, denen argumentativ nicht beizukommen ist. Sie liegen in der Vortäuschung einer neuen Sicherheit. Für diejenigen, die das Gefühl haben, die Welt buchstäblich nicht mehr zu verstehen, sind Verschwörungserzählungen eine Strategie, sich neu zurechtzufinden. Sie erschaffen das, was das Virus für die gesamte Gesellschaft war, für einen verunsicherten Teil der Gesellschaft: Es gibt einen Bösen, der verantwortlich ist. Und es gibt eine Wahrheit. Nicht paradoxe Strukturen, innere Widersprüche und eine Grauzone, in der verschiedene Überzeugungen nebeneinanderstehen können, sondern nur schwarz oder weiß. Und wer vor lauter Unübersichtlichkeit nicht mehr weiß, wo vorne und hinten ist, dem machen diese

Erzählungen ein Angebot: Die Welt ist plötzlich wieder einzuordnen und also kontrollierbar.

Ich habe lange ratlos auf die Corona-Demonstrationen geschaut. Menschen demonstrieren gegen Maßnahmen, die es schon gar nicht mehr gab. Harte Nazis und weiche Esoteriker ziehen nebeneinander durch die Straßen. Und die Argumente sind rational nicht nachvollziehbar oder schlichtweg Lügen. Aber erklärbar werden diese Demos, wenn man nicht nach ihrem rationalen Kern sucht, sondern nach ihrem emotionalen. Verschwörungserzählungen sind Ausdruck von Verunsicherung und Orientierungslosigkeit – und diese Gefühle werden von Extremisten, die die entsprechenden Verschwörungsgeschichten in die Welt setzen, geschickt genutzt. Aber Demokratie setzt ja gerade da ein, wo die Erkenntnis wirkt, dass es keine übergeordnete, alles bestimmende, nicht hinterfragbare religiöse oder biologische Wahrheit gibt.

Esoterik wie völkisches Denken eint, dass sie gegen Rationalität und Vernunft gerichtet sind. Solange esoterisches Denken privat und als Glaubensangelegenheit ausgeübt wird, ist es in der Regel harmlos. Als politische Haltung ist es allerdings weitgehend wehrlos gegen rechtsradikale Vereinnahmung. Denn so wie es eine gedankliche Nähe von der Verbundenheit mit der eigenen Region und Scholle zu einem völkischen Bodenkult geben bzw. er instrumentell hergestellt werden kann, so sehr kann es eben auch eine Nähe von inniger Naturverbundenheit, Sonnen- oder Mondverehrung, dem Wunsch des Aussteigens und der Zivilisationsverachtung zu der politischen Suggestion nach einem reinen Ursprung geben. Deshalb ist es so wichtig, sich klarzumachen, was »die Natur« ist und was sie nicht ist. Sie ist Lebensgrundlage, ja, aber sie ist keine weisende göttliche Kraft. Wir schützen die Natur nicht um ihrer selbst willen, sondern um unser selbst willen. Die Natur wird die Menschheit überleben und sollte die Menschheit eines fernen Tages vergangen sein, wird Natur bleiben. Nicht die Natur braucht uns, wir brauchen sie. Und deshalb muss sich jeder klarmachen, der die Natur liebt, der der Zivilisation den Rücken kehrt, der auf der Suche nach einem höheren und anderen Sinn ist, dass es dabei um ihn – den suchenden Menschen – geht, nicht um den Sinn selbst.

Es gehört zum aufgeklärten Leben und zu einer demokratischen Gesellschaft dazu, dass manche Menschen sich eine andere wünschen, dass sie statt Diskurs und Debatte eine unteilbare Wahrheit herbeisehnen. Das kann und das muss eine Demokratie aushalten, solange diese Menschen ihre Suche innerhalb der Demokratie ausüben. Die Grenze, die nicht überschritten werden darf, ist die, dass eine Gruppe ihre Wahrheit über das allgemeine Recht auf Sinnsuche stellt und mit Aggressivität und Anfeindungen das System stürzen will.

Weil es die Emotionen sind, um die es ihnen geht, macht es für die Populisten auch keinen Unterschied, ob sie sich widersprechen. Es ist die Intensität, nicht die Qualität der Argumente, die Lautstärke, nicht die Güte, die im Zeitalter des Populismus den Diskurs zunehmend dominiert. Siehe Trump, der permanent erratisch twittert und unberechenbar ist. Für demokratische Politiker*innen ist es genau deshalb so schwierig, sich mit ihnen auseinanderzusetzen, weil sie selbst sich eben nicht permanent widersprechen können.

Den Populisten geht es aber nicht um Argumente. Ihnen geht es um Spaltung und Polarisierung. Sie sind für sie ein strategisches Mittel. Wobei »Polarisierung« selbst schon ein voraussetzungsreiches und deshalb auch nicht ganz korrektes Wort ist, weil es ein nostalgisches Narrativ einspielt. Als ob es je eine konsensuale Vorzeit gegeben hätte. Dem war nie so. Wenn Menschen sich über ihre Zeit und Zukunft Gedanken machten, stritten sie. Es ist der Streit, der für eine Gesellschaft integrative Kraft entfalten kann. Auch Polemik und Emotionen gehören dazu. Aber es macht einen Grundunterschied, ob eine Gesellschaft über den am besten zu beschreitenden gemeinsamen Weg ringt oder ob sie quasi zu zwei oder mehreren Gesellschaften wird, auseinanderfällt in Gruppen und in manchen dieser Gruppen Vernunft, wissenschaftliche Erkenntnisse, Argumente nicht mehr zählen und die Errungenschaften von Humanismus und Aufklärung nicht mehr gelten.

Mit »alternativen Fakten«, Verschwörungserzählungen und Lügen wird genau diese Geltung infrage gestellt. Es soll nicht mehr der Diskurs gewonnen, sondern die Diskussion beendet werden, bzw. es wird eine einfache Erklärung oder gar Lösung für die als überkomplex empfundenen Krisen gegeben. Über das abwägende Hören der Gegenseite stellt der Populismus die Loyalität mit der jeweils eigenen Gemeinschaft, mit der Gruppe, dem »Volk«, der Partei, dem Stamm. Nicht Argumente sind hier entscheidend, sondern Identität. Identität, die durch Klischees über andere erzeugt wird. Diese Klischees aufzubauen oder zumindest immer wieder zu verstärken, das ist nachgerade Wesensmerkmal des Populismus. »Die da oben«, »die Systempresse«, »der Osten«, »wir Deutsche«, »die Muslime«, »die Juden«, »die Politiker« – wenn man genauer hinschaut, brechen all diese Klischees schnell in sich zusammen, weil es dieses einheitliche »die« und »wir« natürlich gar nicht gibt. Aber sie sind wirkmächtig, weil sie emotional stark sind. Weil sie eine Zugehörigkeit erzeugen. Der Populismus liefert damit genau die Anerkennung, die zahlreiche Menschen in der komplexen Spätmoderne, in der Wissensgesellschaft, in der gewandelten Wertekultur von Gleichberechtigung und Nachhaltigkeit nicht mehr finden.

Abwertende Klischees von »anderen« sind Mittel des Populismus. Wenn man der liberalen Demokratie die Treue halten will, darf man sie nicht übernehmen: nicht die aggressive Sprache, nicht seine Pauschalisierungen und Ausgrenzungen. Aber das sagt sich leichter, als es getan ist. Denn es bedeutet, die Klischees auch über den politischen Gegner immer wieder zu hinterfragen. Wir leben in einer Zeit, in der für Freiheit, Frieden und gesellschaftlichen Fortschritt in einer liberalen Demokratie gekämpft werden muss. Aber alle, die diesen Kampf führen, müssen selbstkritisch kämpfen.

Im Amerikanischen gibt es ein Sprichwort: »If your only tool is a hammer, everything starts to look like a nail. Wer als Werkzeug nur einen Hammer hat, sieht in jedem Problem einen Nagel.« Es bedeutet im engeren Sinn, dass man jedes Problem mit dem gleichen Instrument lösen will. Aber im weiteren Sinn bedeutet es auch, dass man politisch andere Meinungen möglichst schnell nieder- oder platt schlägt. Und unsere Gesellschaft funktioniert leider zu oft so, dass man nicht nur versucht, neue Probleme mit alten Werkzeugen zu lösen, sondern auch, dass man geradezu nach Problemen sucht, bei denen man sein altes Werkzeug einsetzen kann. Auf Pestizidresistenzen wird mit der Entwicklung neuer Pestizide geantwortet. Auf gesättigte Märkte des Konsums mit neuen Konsumangeboten. Auf die Steigerung des Wahlkampfbudgets der einen mit der Überbietung durch die anderen. Auf Proteste mit Gegenprotesten und auf Nachfragen mit Gegenfragen.

Es ist unklar, von wem das Hammer-Nagel-Zitat stammt. Es wurde verschiedenen Autoren untergeschoben und man nennt es deshalb Kuckuckszitat. Einer, dem das Zitat fälschlicherweise zugeordnet wurde, ist der Kommunikationswissenschaftler Paul Watzlawick. Das liegt wohl an einer Beispielgeschichte, die Watzlawick in seinem Buch »Anleitung zum Unglücklichsein« erzählt, in der ein Mann ein Bild aufhängen will. Der Mann hat zwar einen Nagel, aber keinen Hammer. Er will sich einen vom Nachbarn borgen. Aber dann fängt er an, an dem Nachbarn zu zweifeln. Vielleicht mag der Nachbar ihn nicht. Vielleicht ist er böse auf ihn. Ihm fällt ein, dass sein Nachbar ihn neulich nicht gegrüßt hat. Er wird sauer auf den Nachbarn, weil der ihm den Hammer bestimmt nicht leihen wird. Vielleicht hält er sich ja für was Besseres? Zum Schluss der Geschichte klingelt der Mann beim Nachbarn und brüllt ihn, der ihm freundlich aufgemacht hat, an, dass er seinen blöden Hammer behalten solle! Er brauche ihn nicht!

Nicht nur, dass Denkfaulheit und politische Einstellungen uns mit Vorurteilen blenden, wir verstärken sie gegenüber anderen so, dass wir deren Meinung zu kennen glauben, noch bevor wir sie hören.

Ich habe einmal eine ähnliche Erfahrung gemacht. Auf einer Fahrt in einem Regionalzug setzte sich ein kräftiger mittelalter Mann neben mich, erkannte mich und sagte: »Na, da sitz ich ja genau neben dem Richtigen.« Dann fing er an, mich zu beschimpfen, und schließlich forderte er mich auf, den Platz zu wechseln. Ich würde ihn stören, er könne mich nicht leiden. Als ich erwiderte, ich sei zuerst hier gewesen, er könne ja gehen, brach es aus ihm heraus und er begann so richtig zu pöbeln.

Aber in meinem Fall war es so, dass sich die Umsitzenden plötzlich einmischten. Sie hörten nicht weg, sondern stellten ihn zur Rede. Mir völlig unbekannte Leute fingen an, mich zu verteidigen und meinen schimpfenden Nebenmann zurechtzuweisen. Ich bin dafür noch heute dankbar. Weil sie mir halfen, vor allem aber, weil sie den Mann nicht beschimpften, sondern anfingen, mit ihm zu diskutieren, ihn in ein Gespräch hineinzuziehen – bis er schließlich ermüdet aufstand und ging.

Davon möchte ich mir eine Scheibe abschneiden. Denn wenn Politiker*innen Leute sind, die den ganzen Tag nur mit dem Hammer herumlaufen und überlegen, wo und wie sie ihn überall anwenden können, wenn sie einem Weltbild verhaftet sind, in dem alles, was hervorsteht, Nägel sind, auch wenn es Schrauben, Bolzen oder schlicht unproblematische Unebenheiten sind, dann lassen sie sich nicht mehr irritieren, dann hinterfragen sie nicht mehr, dann machen sie einfach immer weiter.

Populisten und Autoritären ihre xenophobe und rassistische Politik vorzuwerfen ist leicht. Schwierig wird es aber, wenn ihr Zuspruch auch eine Folge des Erfolgs und manchmal auch der Blindheit und der Überheblichkeit einer Politik ist, die man selbst für richtig hält. Wenn es aber sein kann, dass nicht nur »die anderen« schuld sind, wenn wir in Zeiten leben, die einvernehmliche, klare Antworten so schwer machen, weil jede gute Antwort auch zu unguten Nebeneffekten führt, wenn wir wissen, dass das Draufrumhämmern weder ein angemessenes demokratisches Verhalten ist noch zu einem neuen Zusammenhalt führt (und es nicht zuletzt verdammt schwer ist, neue Werkzeuge zu finden), dann bedeutet selbstkritisches Kämpfen, sich immer wieder von dem Verdacht irritieren zu lassen, dass es mindestens sein kann, dass ein Problem kein Nagel ist.

II. Im Paternoster

Bildungsaufstieg und -abstieg

Sicher, so dramatisch wie in den USA ist die Lage in Deutschland nicht. So gespalten wie in Ungarn oder Polen oder auch Frankreich ist unsere Gesellschaft nicht. Dennoch ist der Boden der Demokratie ganz schön ausgetrocknet. Er hat tiefe Risse bekommen und kleine Schollen sind entstanden. Und auf diesen kleinen Schollen leben die Menschen in Gruppen und Grüppchen. Wenn es aber stark regnet, dann kann ein solcher Boden all das Wasser nicht mehr aufnehmen. Dann bildet sich schnell ein Graben, der das Land in zwei Hälften teilt. Und das gilt es zu verhindern. Aber um das verhindern zu können, gilt es erst einmal zu verstehen, welche Mechanismen und Kräfte zu dieser Austrocknung beigetragen haben.

An jedem Montag nach jeder Wahl in den letzten 15 Jahren sitze ich im Landes- oder Bundesvorstand, im Parteirat oder der Fraktion und wir analysieren die Ergebnisse der Wahl so detailgenau wie möglich. Die jeweils für die Kampagne Verantwortlichen projizieren lange Reihen von Zahlen an die Wand und wir versuchen zu erkennen, welche Menschen uns aus welchen Gründen gewählt oder nicht gewählt haben, wie sich die Zustimmung oder Ablehnung, die Kompetenzzuschreibung oder -zurückweisung in den letzten Jahren entwickelt hat. Das ist wichtig, um den Erfolg der eigenen Strategie zu überprüfen. All die Zahlen und Grafiken können aber auch

Hinweise auf die Dynamiken in der Gesellschaft geben, darauf, was die politischen Herausforderungen unserer Zeit sind. Und nur deshalb erwähne ich das hier.

Über die Jahre haben sich drei Tendenzen verfestigt. Erstens werden kulturelle Fragen immer wichtiger: Fragen nach Integration, Europa oder einem nachhaltigen Leben, die Frage, wie offen oder geschlossen eine Gesellschaft sein soll. Diese Fragen haben selbstverständlich eine materielle, also eine ökonomische und soziale Komponente, sie gehen aber nicht in ihr auf. Beziehungsweise sie lassen sich nicht mehr so einfach auf der alten politischen Koordinatenachse zwischen rechts und links abbilden, die sich vor allem daran ausrichtete, wie hoch oder niedrig die Steuern sind, wie viel oder wenig Ordnungsrecht es gibt, wie üppig oder knauserig die Sozialtransfers ausgestaltet sind. Es wird jedenfalls immer schwieriger, Wahlentscheidungen allein anhand von sozialen oder ökonomischen Kriterien zu erklären. Die Grünen zum Beispiel werden nicht, wie so oft behauptet, von den Besserverdienenden gewählt, sondern der Einkommensdurchschnitt unserer Wähler*innen entspricht denen der CDU/CSU – und liegt unter dem der FDP-Wähler*innen. (Am geringsten ist das Einkommen übrigens bei den Nichtwählern.)

Die kulturellen Fragen sind normative Fragen. Sie bilden das Gerüst für den Bau der Gesellschaft. Ob es fair zugeht, ob man gesehen und gehört wird, Selbstachtung und Fremdachtung, humanistische Rationalität oder populistische Aggressivität machen sich an ihnen fest. Es wäre wiederum völlig falsch, diese kulturell-normativen Fragen zu verabsolutieren. Viel wird davon abhängen zu verstehen, wie die Wechselwirkung zwischen einer sozial prekären oder auch nur als bedroht empfundenen ökonomischen Lebenslage und den kulturell-normativen Einstellungen funktioniert. Denn die kulturelle Achse bildet sich nicht unabhängig von den ökonomischen Veränderungen. Die ökonomischen und kulturellen Fragen befeuern sich wechselseitig, sind miteinander verwoben. Monokausale Erklärungen sind ohnehin meistens falsch. Und meist geht es beim Verstehen weniger um das Was als um das Wie. An den Problemen der Volksparteien in den letzten Jahrzehnten kann man ablesen, dass dieses Wie noch nicht richtig analysiert bzw. angegangen wurde.

Zweitens gibt es einen zunehmenden Stadt-Land-Gegensatz. Es macht einen großen Unterschied, ob man den Verzicht aufs Auto in Berlin-Mitte fordert, wo alle drei Minuten eine S-Bahn fährt, oder in meinem alten Heimatort, Großenwiehe, wo der ÖPNV aus dem überlasteten Schulbus besteht, der fünfmal am Tag fährt. Ähnliches gilt für die Landwirtschaftsdebatte oder die Energiewende. Auf dem Land kennt man Mähdrescher, die im Spätsommer nachts mit Flutlicht ernten, und weiß, dass Gülle nicht nur die Qualität des Grundwassers gefährdet, sondern, richtig ausgebracht, auch ein Nährstoff für Pflanzen ist. Auf dem Land sieht man, wie sich die Landschaft verändert, wenn Strommasten und Windkraftanlagen den Horizont dominieren. Und mit der Landschaft verändert sich auch das Heimatgefühl, der Raum der Kindheit, der Erinnerung.

Einen weiteren gewichtigen Grund für unterschiedliche politische Einstellungen findet man drittens in dem Grad des Bildungsabschlusses. Überdurchschnittlich oft sind die Wähler*innen der Grünen Akademiker*innen.

Um der Frage nachzugehen, was es ist, das unsere Gesellschaft auseinandertreibt, und um politische Antworten zu entwerfen, wie man dieses Auseinandertreiben stoppen kann, werde ich die drei Punkte im Folgenden in umgekehrter Reihenfolge erörtern.

In Europa und Deutschland ist es in den letzten Jahrzehnten dank hoher Investitionen und einer gesellschaftspolitischen Aufwertung von Bildung gelungen, die Zahl von höheren Bildungsabschlüssen deutlich zu steigern. Etwas über die Hälfte eines Jahrgangs macht heute Abitur oder Fachabitur. 1950 lag die Quote derjenigen, die Abitur machten, noch unter 5 Prozent. Die Studienquote, also die Anzahl der Studienanfänger, liegt seit 2011 sogar zwischen 55 Prozent und 58 Prozent, 1970 waren es nur 10 Prozent eines Jahrgangs, die studieren durften.

Dass über 50 Prozent eines Jahrgangs studienberechtigt sind und tatsächlich studieren, ist ein Riesenerfolg und der Bildungsexpansion der letzten Jahrzehnte zu verdanken. Aber er hat eine Schattenseite. Für diejenigen, die kein Abitur machen, die nicht studieren, die keinen akademischen Abschluss machen, hat sich die soziale und kulturelle Distanz zu den Abiturienten und Akademikern deutlich vergrößert. Ein Hauptschulabschluss war in den 1970er-Jahren eine solide Grundlage für einen guten Job. Er befähigte zu einem Beruf, der gesellschaftlich akzeptiert und anerkannt war. Heute ist er das nicht mehr, sondern ein großer Nachteil auf dem Arbeitsmarkt. Mehr noch, heute wird er nur allzu oft »als individuelles Versagen klassifiziert«, wie der Bildungsforscher und Soziologe Aladin El-Mafaalani in seinem Buch »Mythos Bildung« schreibt.

Die Demokratisierung des Bildungssystems hat also für eine implizite Abwertung von niedrigeren und mittleren

Abschlüssen gesorgt. Heute ist der Durchschnitt deutlich angehoben. Was früher normal war, ist heute unterdurchschnittlich. Paradoxerweise hat also gerade die Zunahme von höheren Schulabschlüssen dazu geführt, dass diejenigen, die sie nicht erwerben, und auch diejenigen, die sie früher nicht erworben haben, stigmatisiert werden. Es ist sogar so, dass der Bildungsaufstieg der jüngeren Generation manchmal zur Entfremdung der Kinder von ihren Eltern, ihrem Elternhaus oder dem Milieu führt, in das sie geboren wurden.

Meine Frau kommt aus einer Arbeiterfamilie. Ihre Eltern waren stolz, dass ihre Kinder studierten. Ich erinnere mich gut, wie sehr ich die Abende bei Zwiebelmett und Bier genoss, wie ich mit dem Schwiegervater über Autos und seine Arbeit redete, wie ich im Schrebergarten half und wir gemeinsam grillten. Aber unsere Leben und die meiner Schwiegereltern folgten nicht dem gleichen Wertekompass. Und das war spürbar in einer Familie, die sich liebt und Wert auf Familienleben legt. Es wird andere geben.

In einem gewissen Sinn ist es ja gerade der Sinn des Satzes, dass die Kinder es einmal besser haben sollen als ihre Eltern, dass es zu dieser Entfremdung kommt. Aber sie hinterlässt natürlich auch Enttäuschungen, »subtile Verwundungen«, die den »einfachen Leuten das Gefühl geben könnten, man sehe auf sie herab«, wie der österreichische Politikjournalist und Schriftsteller Robert Misik in »Die falschen Freunde der einfachen Leute« schreibt. Und das ist nicht nur ein Gefühl, sondern Realität. Eine der gesellschaftlichen Spaltungen, die schon längst entstanden sind.

Dieser Effekt eines Bildungsparadoxons ist heute sowohl eine paradigmatische wie auch eine der größten Herausforderungen. Es schreit nach einer Antwort, die mit dem einfachen Ruf nach mehr Bildung nicht gegeben ist. Je stärker die Aufwärtsdynamik für einige ist, desto massiver folgt aus der gleichzeitigen Abwertung von niedrigeren Abschlüssen eine handfeste materielle, aber auch kulturelle Teilung der Gesellschaft.

Bildungsexpansion bedeutete früher, dass Kinder aus Arbeiterfamilien studieren konnten. Dass auch Kinder aus nicht akademischen Elternhäusern Akademiker*innen werden, ist eine große emanzipatorische Errungenschaft. Aber diese Errungenschaft der letzten Jahrzehnte herauszustellen bedeutet auch, heutige Ungerechtigkeiten in den Blick zu nehmen. Denn der Zugang zu Bildung ist in Deutschland noch immer bzw. wieder stärker vom Elternhaus, seinem Bildungsgrad, seinen Einkommensverhältnissen abhängig. In den 1970er- und 1980er-Jahren hat die Bildungsrevolution den Aufstieg durch Bildung ermöglicht, viele neue Universitäten wurden gegründet und damit neue Studienplätze geschaffen. Aber irgendwann haben sich die gesellschaftlichen Kammern wieder geschlossen. Das mag auch daran liegen, dass der Bildungsaufstieg aus dem Arbeitermilieu das Arbeitermilieu selbst verändert hat, dass es sich tendenziell sogar aufgelöst hat. (Wobei wir den Begriff der Arbeiter*innen im Deutschen allzu wörtlich nehmen. Im Englischen gehören ganz selbstverständlich auch »white collar workers« zur »working class«, während sich in Deutschland ein Büroangestellter niemals als Arbeiter begreifen würde. Und nimmt man den Dienstleistungssektor hinzu, ist das heutige »Arbeitermilieu« keineswegs klein. Es arbeitet aber nicht mehr nur in der Fabrik, sondern zum Beispiel als Paketzusteller oder Fahrradkurier und ist überproportional oft migrantisch und gering gebildet. Und es ist tatsächlich tief gespalten und weit entfernt von einem Klassenbewusstsein.)

Und sowenig es heute eine gesellschaftliche Interessenvertretung zum Beispiel für Eltern gibt, die im Niedriglohnbereich arbeiten, so wenig dringt die Interessenvertretung für ihre Kinder durch. Immer wieder kann man das bei empörten Eltern an Elternabenden beobachten, wenn Kinder, die nicht gut Deutsch sprechen, am Regelunterricht teilnehmen sollen. Das betrifft aber nicht nur Kinder von Flüchtlingen und Einwanderern. Ich habe die aufgebrachtesten Eltern erlebt, als die Schule meiner Kinder mit einer anderen zusammengelegt wurde. Die Empörung richtete sich nicht gegen längere Fahrzeiten, sondern dagegen, dass die Kinder aus der Stadt nun mit den Kindern vom Land in eine Schule gehen sollten.

Selbst wenn es einen Bildungsaufstieg geben sollte, der weitere Schichten der Gesellschaft erfasst, er wird nie alle erfassen. Es braucht eben auch Menschen, die in Büros staubsaugen, auf der Raststätte an der Kasse sitzen, die Pflastersteine im Garten verlegen. Und selbst wenn diese Jobs irgendwann Roboter übernehmen sollten, wird es andere Tätigkeiten geben, für die man kein Abitur braucht. Allerdings können die weniger werden. Wenn man keine gute Ausbildung hat, findet man auch keinen guten Job mehr, eher prekäre Beschäftigung und Minijobs. Zwar kann man bei Fleischhauern, Erntehelfern, Pflegekräften und Bauarbeitern schon lange sehen, dass diese Tätigkeiten immer mehr von Menschen aus anderen Ländern ausgeübt werden. Aber das entbindet die Politik nicht von der Pflicht, dafür zu sorgen, dass ein Berufsleben ohne Abitur oder Hochschulabschluss nicht mit gesellschaftlicher Missachtung, manchmal sogar Verachtung gestraft wird, sondern als Wert anerkannt wird.

Der Bildungsaufstieg für 50 Prozent der Gesellschaft und die soziokulturelle Benachteiligung der anderen 50 Prozent bedingen sich gegenseitig – wenn politisch nicht dagegen angearbeitet wird. Und diese Arbeit ist eine der wichtigsten politischen Aufgaben der nächsten Jahre, wenn man verhindern will, dass gesellschaftliche Gräben immer tiefer werden. Denn die Bildungsaufwertung auf der einen Seite und die damit verbundene Abwertung auf der anderen Seite hat eben nicht nur eine Gerechtigkeits- und Zugangsdimension, sondern auch eine kulturell-normative, die eine Gesellschaft auseinandertreiben kann.

Der Soziologe Andreas Reckwitz beschreibt diesen Effekt als einen, der wie ein Paternoster funktioniert. Bei einem Paternoster, einem »Umlaufaufzug«, müssen, damit er funktioniert, stets so viele Kabinen auf- wie absteigen. Bei einem »Fahrstuhleffekt«, wie ihn der Soziologe Ulrich Beck in den 1980er-Jahren für die westdeutsche Nachkriegsgesellschaft beschrieben hat, steigen alle Mitglieder einer Gesellschaft eine oder mehrere Etagen höher. Trotz unterschiedlicher sozialer Lage profitieren alle von einer kulturellen und ökonomischen Aufwärtsbewegung. Im Fahrstuhl verändern sich die Einkommensunterschiede zwischen gesellschaftlichen Gruppen nicht groß, aber alle verdienen mehr, haben mehr Vermögen, können sich mehr leisten, haben mehr Teil an Kultur und Bildung. Dass dieses zentrale Aufstiegsversprechen für alle der alten Bundesrepublik nicht mehr funktioniert, hat der Wirtschaftssoziologe Oliver Nachtwey vor einigen Jahren analysiert und dem Fahrstuhl nach oben den Begriff einer »Abstiegsgesellschaft« entgegengesetzt – und das Bild der Rolltreppenfahrt nach unten für die zunehmende Ausweitung prekärer Arbeitsverhältnisse, das Entstehen eines neuen Dienstleistungsproletariats, geprägt.

Beim Paternoster hingegen gibt es nicht die eine Bewegungsrichtung. Der Aufstieg der einen ist an die Voraussetzung gebunden, dass andere absteigen. Sozialer Aufstieg und sozialer Abstieg – so die These von Reckwitz – finden nicht nur gleichzeitig statt, sondern bedingen sich geradezu. Die Oberschicht und die obere Mittelschicht sind nicht vom Abstieg bedroht, in der unteren Mittelschicht und bei denen, die jetzt schon in prekären Verhältnissen leben, fast alle. Und damit verbunden werden auch kulturelle Einstellungen auf- und abgewertet.

So hat sich in den letzten Jahrzehnten durch die Bildungsexpansion ein neues Wertemilieu gebildet, das einerseits risikobereit, veränderungsoffen und prinzipiell eher erfahrungsfreudig ist und das sich andererseits absetzt von einem Milieu, das eher auf die unmittelbare Sicherheit, den Nahbereich und Kontrolle geeicht ist. All dies ist durch die Erfahrung geprägt, die sich seit der Schulzeit ansammelt. Weil Kinder (und Erwachsene) aus bildungs- und einkommensstarken Familien materielle Sicherheit kennen, die ihnen ein gewisses Grundvertrauen gibt, sind sie risikofreudiger. Weil ihr Alltag mehr Möglichkeiten – von der Ernährung über Hobbys bis zum Urlaubsort – bereithält, sind sie gewohnt, in Optionen zu denken. Weil den Alltag zu bestehen nicht die größte aller Herausforderungen ist, kann man über den Tag hinausdenken und sich neue Herausforderungen suchen. Kinder (und Erwachsene), die diese materielle Sicherheit nicht kennen, müssen den Alltag kurzfristiger managen, oft genug Mangel verwalten. Ein Denken in Optionen, in Möglichkeitswelten, in Alternativen ist häufig unmöglich, geschweige denn notwendig.

Je risikoreicher der Alltag ist, umso unlogischer ist es, einem Leben, in dem die Gefahr des Scheiterns zum Alltag gehört, ein noch größeres Risiko hinzuzufügen. Je schwächer das soziale Netz, das einen trägt, desto unmittelbarer muss eine Entscheidung einen persönlichen Nutzen haben, desto wichtiger ist der unmittelbare Erfolg. Schule vermittelt also nicht nur Wissen, sie ist auch selektiv gegenüber den Gewohnheiten und Kompetenzen von Kindern. El-Mafaalani analysiert, dass das Bildungssystem nur vordergründig neutral ist, in dem Sinn, dass alle Kinder die gleiche Leistung bringen sollen, im gleichen Notensystem beurteilt werden und im gleichen Unterricht sitzen. Wenn man sich genauer anschaut, *welche* Leistungen sie erbringen sollen, dann sind es eben gerade solche, die auf Kreativität, Langfristigkeit und Denken in Alternativen aufbauen. Im Schulaufsatz soll abgewogen werden, im Unterricht der überraschende Gedanke entwickelt werden, im Examen der Kontext der Fragestellung erläutert werden. Ja, Lernen und der Schulbesuch selbst setzen eigentlich schon eine gewisse Langfristigkeit des Denkens und Planens voraus. Insofern haben Kinder aus gesicherten sozialen Verhältnissen einen deutlichen Vorteil im Schulsystem im Vergleich zu Kindern, für die der Alltag ganz andere Zumutungen bereithält.

Dass das Leben ein Ziel, eine Richtung, einen Horizont haben soll, ohne nur in den Sorgen und Nöten des Alltags verhaftet zu sein, das ist das eine. Darauf können sich vermutlich noch die meisten Menschen einigen, solange sie glauben können, dass ihre Kinder es »einmal besser haben werden als sie« – was heute allerdings immer weniger Menschen glauben. Aber Lernen um des Lernens willen, Bildung als Selbstzweck, lebenslanges Lernen – all das heißt, dass der Lernprozess selbst zum Inhalt des Lernens wird. Um sich darauf einlassen zu können, muss man schon einen Wertekompass mitbringen, der das Ungefähre, das Offene, das Ziellose, das Neue, die Veränderung mindestens als Möglichkeit, vielleicht sogar als Chance begreifen kann.

Und auch mit der Unterscheidung zwischen einem funktionalen Lernen und einem Lernen um seiner selbst willen verbindet sich eine Werteunterscheidung. Schon diese ist normativ. Sie sagt, eine bestimmte Lebenseinstellung ist besser oder mehr wert als eine andere. Und vieles spricht dafür, dass sie es auch buchstäblich ist, buchstäblich im Sinne von geldwertem Vorteil.

Die Hälfte derjenigen jungen Leute, die sich gerade in Ausbildung befinden, wird in einem Beruf arbeiten, den es heute noch gar nicht gibt. Die Roboterisierung und Digitalisierung werden die Arbeitswelt dynamisieren. Nichts wird sicher sein, alles wird sich immer wieder verändern. Diejenigen, die nicht nur etwas gelernt haben, sondern gelernt haben zu lernen, werden sich schneller anpassen können, werden mit neuen Herausforderungen besser und schneller umgehen können, werden mit E-Akten und Videokonferenzen im Homeoffice, mit digitalen Messgeräten und Robotern in der Produktion oder im Krankenhaus besser klarkommen als diejenigen, für die jede Veränderung wie eine Bedrohung erscheinen muss. Selbst der Stress wird ungleich empfunden werden. Lernen, um zu lernen, wird eine immer größere Bedeutung erlangen – und damit die Gefahr steigen, dass die Spaltung der Gesellschaft entlang der Bildungstrennlinie immer stärker wird.

Dass die Aufstiegsdynamik im Bildungssystem gleichzeitig eine Abstiegsdynamik ausgelöst hat, ist der blinde Fleck der Bildungsdebatte. Ihn zu erkennen und zu analysieren ist das eine – und schon das ist irritierend genug. Etwas ganz anderes ist, der Abstiegsdynamik politisch etwas entgegenzusetzen, also einerseits die Entwertung der unteren Bildungsabschlüsse zu stoppen und andererseits dafür zu sorgen, dass sich die rigide Trennung zwischen Bildungsaufsteigern und Bildungsabsteigern nicht immer weiter verfestigt.

Es wäre völliger Unsinn anzunehmen, dass Kinder aus einkommensschwächeren Haushalten dümmer sind als Kinder mit reicheren Eltern. Aber die, die in der Schule an den vorgegebenen Anforderungen scheitern, werden nicht genug in ihren jeweiligen Kompetenzen gefördert. Sie bringen aus ihrem Alltag andere Fähigkeiten mit. Andere, nicht per se schlechtere.

Diese fehlende Förderung einfach hinzunehmen widerspricht sowohl dem Gedanken der Teilhabegerechtigkeit, wonach jeder Mensch einen Anspruch hat, sein Leben in der besten angemessenen Form zu leben, als auch dem Gedanken der Leistungsgerechtigkeit, wonach die Klügsten die besten Abschlüsse machen sollen. Und nicht die, die die teuerste Nachhilfe erhalten oder den richtigen Habitus mitbringen.

Die Welt nicht spiegeln,
sondern gestalten

Will man politisch gegen den gesellschaftlichen Paternoster-effekt anarbeiten, muss man im Bildungsbereich also früher ansetzen. Man muss verhindern, dass die implizite Abwertung derjenigen entsteht, die mit schlechteren Startvoraussetzungen an die Schule kommen. Da das Bildungs- und Schulsystem nicht neutral gegenüber soziokulturellen Vorprägungen ist, muss man die Annahme von Gleichbehandlung und gleicher Teilhabe vom Kopf auf die Füße stellen. Wenn man anerkennt, dass es den Paternostereffekt gibt, dass eine gleiche Förderung eine Bevorteilung derjenigen ist, deren kulturelle Voreinstellungen besser zu den geforderten Leistungen passen, dann kann die Konsequenz nur sein, nicht die Institution Schule in ihrer Allgemeinheit, sondern das Kind in seiner Individualität ins Zentrum zu stellen. Also dafür zu sorgen, dass das Bildungssystem die individuellen Kompetenzen der Kinder fördern, die Stärken entwickeln und die Schwächen ausgleichen kann. Diejenigen, die Veränderung oder Neues als größeres Risiko begreifen müssen, ermutigen, sich diesen dennoch zu stellen und sie als Chance zu begreifen, sowie denjenigen, die aufgrund ihres Elternhauses risikofreudiger sein können, Vorsicht, Umsicht und Rücksicht zu vermitteln, das wäre die Aufgabe.

Genau daran aber hapert es in Deutschland. Obwohl seit 2010 die Bildungsausgaben um rund 30 Prozent gestiegen sind und in Deutschland 2018 rund 140 Milliarden Euro für Bildung ausgegeben wurden, gelingt es bisher trotz aller Anstrengungen nicht, die gesellschaftlichen Spaltungen im Bildungsbereich zu schließen. Das liegt auch daran, dass Deutschlands Bildungsausgaben zwar im Durchschnitt der OECD-Länder liegen, diese aber sehr untypisch verteilt werden. Der Primarbereich ist zu 50 Prozent geringer finanziert als in vergleichbaren Ländern, für den Sekundarbereich II und das Studium ist es umgekehrt. Und häufig genug werden Kinder schon nach der vierten oder sechsten Klasse immer noch auf verschiedene Schulformen verteilt. Das heißt also: In Deutschland wird im Bildungssystem gespart, bevor die Weichen gestellt sind. Nachdem sie gestellt sind, wird vergleichsweise viel Geld ausgegeben, aber nur noch der eine Teil der Kinder profitiert davon.

Auch deshalb hängt der Bildungserfolg in Deutschland schon seit Langem wieder verstärkt an der Herkunft. Wer zu Hause familiären Stress hat, in Armut lebt oder Gewalt erfährt, ist nicht unbedingt offen für quadratische Gleichungen oder das Konjugieren von Verben. Die letzte PISA-Studie zeigt, dass in Deutschland der Leistungsunterschied von 15-Jährigen aus den einkommensschwächsten Familien im Vergleich zu denjenigen aus den wohlhabenden Familien dreieinhalb Schuljahre beträgt. In den letzten Jahren wurde außerdem immer besser erforscht, dass sich nicht nur die Schüler*innen, sondern dass sich auch die Schulen selbst in ihrem Niveau auseinanderentwickeln. Schulstandorte, die in sozioökonomisch bevorzugten Gebieten liegen, haben einen Leistungsvorsprung von fünf Jahren im Vergleich zu benachteiligten Standorten. Fünf Jahre Unterschied – bei zehn bis 13 Jahren Schuldauer ist das eine halbe Bildungswelt! Er bedeutet für die einen Auslandsjahre in der ganzen Welt und die Qual der Wahl bei der Berufsausbildung. Die anderen stehen oft ohne solide Grundkenntnisse, ohne Abschluss und vor allem ohne eine Perspektive da. Die Gleichwertigkeit der Lebensverhältnisse gilt für Schüler*innen nur, wenn es um die Schulpflicht geht. Welche Lebenschancen sie haben, hängt nicht nur vom familiären und gesellschaftlichen Umfeld ab, sondern auch von dem Versagen unserer Bildungsstrukturen: Sie scheinen nicht in der Lage zu sein, die Unterschiede des familiären Umfelds zu mindern.

Auch das hat übrigens der Beginn der Corona-Krise in extrem scharfem Licht gezeigt: Homeschooling funktionierte mit Ach und Krach da, wo Eltern ausreichend Geld für die technische Ausstattung hatten – Handy und Laptop, die die Kinder nutzen konnten – und die Zeit, die Möglichkeiten, die Übung und das Wissen, beim Lernen zu unterstützen, wenn es nicht ohnehin schon gut lief. Deutschland schnitt beim digitalen Unterrichten im internationalen Vergleich kläglich ab. Und so waren dann auch die meisten Bilder und Geschichten, die sich durch die Berichterstattung zogen: großer Küchentisch in der offenen Wohnküche, aufgeklappter Laptop in der Mitte, Mutti beugt sich über die Aufgaben ihrer drei Kinder, ein bisschen wie in der Rama-Werbung – wobei auch diese Mutter irgendwann gestresst gewesen sein wird. Da, wo all das fehlte, wo sich drei Kinder ein Handy mit begrenztem Datenvolumen und ein Zimmer teilen mussten, wo Eltern nicht helfen konnten, aus Mangel an Zeit, aus Mangel an Wissen, war es für die Kinder, für die es ohnehin schwieriger ist, noch mal um vieles problematischer.

Gleichwertigkeit der Lebensverhältnisse zu schaffen ist eine Bundesaufgabe, so steht es in unserem Grundgesetz. Das meint mindestens die Aufgabe, nicht bewusst die Benachteiligung durch unterschiedliche Lebensverhältnisse hinzunehmen.

Dabei versuchen Bund, Länder und Gemeinden ja seit einiger Zeit, die Ungleichheiten zu bekämpfen. Ganztagsprogramme, Ausbau der frühkindlichen Bildung, mehr Hochschulplätze, verstärkte Schulsozialarbeit, ein sogenanntes Bildungspaket, das die Teilhabe an Bildung für Kinder aus einkommensschwachen Familien stärken soll, gibt es. Dazu kommt die Eingliederungs- und Jugendhilfe, die Schüler*innen mit Handicap im Einzelfall unterstützt. Viele Bundesländer haben zudem besondere Programme aufgelegt, um ausgewählte Schulstandorte zu unterstützen. Aber all das entfaltet nicht die nötige Wirkung. Aktivitäten und Programme werden im Kompetenzdickicht zwischen Bund, Ländern und Kommunen zerrieben. Wegen des Bildungsföderalismus müssen diese Programme immer wieder zwischen Bund und Ländern abgestimmt werden. Bei dem Programm »Schule macht stark« beispielsweise sollen über einen Zeitraum von zehn Jahren Modelle erprobt werden, in den ersten fünf Jahren an bundesweit 200 Schulen – bei insgesamt rund 33 000 Schulen in Deutschland sind das gerade einmal 0,6 Prozent der Schulen. Mit 125 Millionen Euro verteilt auf zehn Jahre und einer Aufteilung zwischen dem Bund, der seine Hälfte ausschließlich für die wissenschaftliche Begleitung zahlt, und den Ländern, die Reise- und Veranstaltungskosten für die Schulen übernehmen, wird eine ganze Generation die Schule verlassen haben, bis sich vielleicht wirklich etwas ändert.

Will man den Paternostereffekt durch die Bildungsexpansion der letzten Jahrzehnte nicht einfach hinnehmen, sondern eine Art neuen Fahrstuhleffekt erzeugen – einen, der nicht notwendigerweise alle Kinder zum Abitur bringt, wohl aber die jeweiligen Kompetenzen der Kinder individuell fördert –, muss man die Schwierigkeiten, die das föderale (Nicht-)Zusammenspiel von Bildungs- und Sozialpolitik produziert, überwinden. Solange es keine Mehrheit dafür gibt, das sogenannte Kooperationsverbot – also dass der Bund durch Finanzierung von Bildungsmaßnahmen keinen Einfluss auf die Schulpolitik der Länder ausüben darf – abzuschaffen, und das in der Praxis dazu führt, dass jede Bundesmaßnahme in den Mühlen der Bürokratie kleingehäckselt wird, ist es sinnvoll, ihm ein Schnippchen zu schlagen, indem man eine Unterstützung aus dem Sozialhaushalt des Bundes organisiert. Die reine Lehre ist das nicht, weil Bildung, zumindest Schulbildung, vorrangig aus den Bildungsetats der Länder finanziert werden sollte. Aber es ist eine mögliche politische Antwort auf die beschriebene problematische Struktur in unserem Bildungssystem – und ein mögliches Mittel gegen die zunehmende soziale und kulturelle Spaltung unserer Gesellschaft.

Um Sozial-, Familien- und Bildungspolitik in ein schlagkräftiges gemeinsames System zu verwandeln, bietet sich der Ausbau echter Ganztagsschulen an. Sie verhindert, dass aus unterschiedlichen schulischen Welten unterschiedliche Lebenswelten werden.

Diese Ganztagsschule sollte nicht nur ein Ort der Stoffvermittlung und Freizeitbetreuung sein, sondern das soziale Leben in allen seinen Facetten – Ernährung, Konfliktbewältigung, Sport, Kultur, Beziehungen etc. – in den Blick nehmen und so die unterschiedliche häusliche Herkunft der Schüler*innen ausgleichen. Wenn einige Eltern abends nicht die Vokabeln abfragen können, wenn das Mittagessen in vielen Familien nicht gesichert ist, der Stress zu Hause groß ist, gibt eine Ganztagsschule, die Betreuung und Bildungsmöglichkeiten gleichermaßen bietet, den besten Rahmen, den Kindern zu helfen. Küchenkräfte und Schulsekretär*innen, Hausmeister*innen und Gesundheitsfachkräfte, Netzwerkfachleute und Gärtner*innen genauso wie Kulturschaffende und andere Berufe könnten in den Ganztagsschulalltag eingebunden werden. Wenn neben den Lehrer*innen auch weitere Berufe, von Psycholog*innen bis Handwerker*innen, von Ernährungsberater*innen bis Inklusionsassistenzen, präsent sind, greift der schulische Bildungsauftrag nicht nur im engeren Sinn, sondern in einem weiten. Im besten Fall entstehen multiprofessionelle Teams, die Kinder und Jugendliche in ihren besonderen Bedürfnissen begleiten und die – wenn erforderlich – den Kontakt zur Kinder- und Jugendhilfe und den Eltern herstellen und halten können.

Der Ausbau der Ganztagsschulen bietet auch die Möglichkeit, Eltern stärker in die Schulgemeinschaft einzubinden. Das ist bei manchen Standorten ebenfalls nicht ganz einfach. Viele Eltern haben selbst schlechte Schulerfahrungen gemacht, haben Sprachbarrieren oder kennen einfach das komplizierte deutsche Schulsystem nicht. Wenn aber, wie auf einer Art Campus, Eltern parallel zur Schulzeit ihrer Kinder Deutschkurse wahrnehmen können, wenn in einem Schulgarten gemeinsam geackert werden kann, Beratungsangebote des Stadtteils in der Schule stattfinden können, dann würde dies die wichtige Verbindung von Schule und Familien stärken.

Das alles ist nicht neu. Der Campusgedanke wird an einigen Standorten schon gelebt und zeigt, dass mehr Zeit und Personal zu großen Verbesserungen führen können. Es gibt Schulen, die sehr gute Systeme entwickelt haben. Und schon heute werden Verbindungen zu Stiftungen, Musikschulen, Jugendfeuerwehren, Sportvereinen, Stadttheatern usw. aufgebaut.

Oft sind die Programme aber selbst gestrickt, hängen an einzelnen Personen, sind auf Kante genäht oder binden zu viel Organisationszeit der Schulleitung. Lehrkräfte machen das vielfach »nebenbei« und im Learning-by-Doing-Modus. Umgekehrt arbeiten viele Sozialhelfer*innen an Schulen heute in befristeten Anstellungen. Schule ist aber ein System, das auf Vertrauen, Beziehung und Bindung beruht – es braucht eine Perspektive, die die Kurzatmigkeit vieler aktueller Programme oder Fördersysteme durchbricht.

Jenseits der ermüdenden Debatten über das Kooperationsverbot sollten wir kreative Wege finden, um einen echten Fortschritt für Kinder und Jugendliche an Schulstandorten in schwieriger Lage auszulösen. Dafür bieten sich die Sozialleistungen an. Die Leistungen der Sozialgesetzgebung setzen sich aus individuellen und strukturellen/institutionellen Ansprüchen zusammen. Für den Ausbau der Ganztagsschulen wären sie so zu verbinden, dass daraus verlässliche zusätzliche Unterstützung entsteht. Durch eine stärkere Verbindung von Bildungs- und Sozialpolitik könnte man die Abwärtseffekte des allgemeinen Bildungsaufstiegs wirksam bekämpfen. Das Geld würde aus dem Bundeshaushalt kommen.

Das heißt aber nicht, dass die Länder, denen ja die Verantwortung obliegt, sich gar nicht beteiligen sollten. Ihnen kommt eine Schlüsselrolle zu. Um ihren Anteil für die notwendige Stärkung der Bildung zu finanzieren, gibt es nämlich einen Weg, der bislang ausschließlich unter Verteilungs- und Steuergerechtigkeitsgesichtspunkten diskutiert wurde.

Seit 1997 wird in Deutschland keine Vermögenssteuer mehr erhoben. Und seitdem gibt es einen erbitterten Streit, ob sie wieder eingeführt werden soll. Die Vermögenssteuer aber ist eine Ländersteuer. Sie wird zwar auf Bundesebene beschlossen, die Einnahmen verbleiben jedoch bei den Ländern. Insofern ist es fast ein bisschen absurd, dass über Jahre Bundespolitiker*innen über die Vermögenssteuer stritten, die die Mehrheit der Länder offensichtlich gar nicht haben wollte. Aber Bildung ist eben auch Ländersache. Und hier bietet es sich an, eins und eins zusammenzuzählen und einen zweiten Finanzierungsstrang zu schaffen. Würde die Vermögenssteuer erhoben werden, um den Bildungsbereich zu stärken, gleichsam als Steuer für Bildung, auch wenn Steuern formal nicht zweckgebunden sein können – es würden weitaus weniger Menschen dagegen sein. Und gerecht und schlicht geboten wäre es wegen des oben aufgezeigten Konnexes zwischen ökonomischer Sicherheit und Bildungsvorteil auf der einen Seite und ökonomischer Unsicherheit und Bildungsnachteil auf der anderen auch. Die beiden Finanzierungsstränge würden dazu führen, dass die deutschen Bildungsausgaben im frühkindlichen Bereich und in den ersten Schuljahren, da, wo die Weiche des Lebens noch nicht gestellt ist, deutlich erhöht werden könnten.

Innerhalb der nächsten zwei Legislaturperioden sollten die Ausgaben für den Primar- und Sekundar-I-Bereich so verdoppelt werden, aus Gerechtigkeitsgründen, aber auch, damit Deutschland international Schritt halten kann.

Schule sollte die Welt, in der wir leben, nicht nur spiegeln, sondern gestalten. Wie der Erwerb und die Ausrichtung von Bildung organisiert sind, ist maßgeblich dafür verantwortlich, wer gewinnt und wer verliert, ökonomisch und kulturell. Will man die Verluste, die aus den Erfolgen erwachsen, nicht einfach hinnehmen, muss man bei der Bildungspolitik ansetzen.

Die Geografie der Demografie

Neben dem Bildungsabschluss haben vor allem der Wohnort, das Quartier, die städtische oder dörfliche Situation einen maßgeblichen Einfluss auf die politische Einstellung. Und wie bei der Bildung stellt sich auch hier die Frage, warum das so ist.

Gemeinhin wird gesagt, dass die Menschen, die auf dem Land leben, häufig konservativer seien. Technische und gesellschaftliche Veränderungen erreichten die ländlichen Räume später. Daran ist sicherlich auch etwas dran. Dennoch ist diese These bei genauem Hinsehen zu undifferenziert. Ich komme selbst vom Land, bin in einem kleinen Dorf aufgewachsen und habe lange Jahre mit meiner Familie in einem noch kleineren gelebt. Und ja, es war völlig anders als in Berlin-Mitte, wo ich jetzt arbeite. Es war ruhiger und direkter und persönlicher. Und sicher gab es in unserem Dorf auch viel traditionelles Brauchtum und Heimatverbundenheit. Aber meine Nachbarn und die Kassiererin im Lebensmittelgeschäft, der Blumenladenbesitzer und die Bauern, bei denen wir manchmal Milch holten, die Zahnärztin und die Dorfkrugbetreiber, sie waren einfach gute Typen, meine Freunde oft, sie waren neugierig und versuchten, neue Technik und neue Verkaufswege in ihren Gewerken zu etablieren. Bauern machten Dorfläden auf, Blumensträuße konnte man online bestellen. Es geht offensichtlich weit weniger um Stadt und Land als um die Dynamik von Schrumpfen oder Wachsen, sowohl als Erfahrung als auch als Perspektive.

Was den vermeintlichen geografischen Unterschied tatsächlich ausmacht, sind die demografischen Aussichten oder Prognosen einer Region. Wenn man sich genauer anschaut, wie die Bevölkerungsentwicklung der letzten Jahre war, und vor allem, wie die Prognosen für die nächsten Jahre sind, dann erkennt man ein gesellschaftspolitisch aufschlussreiches Muster. In jenen Regionen, in denen sowohl die demografische Entwicklung der letzten Jahrzehnte als auch die Perspektive für die Zukunft schlecht sind, ist der Anteil jener, die populistische Parteien wählen, wesentlich höher. In den Regionen, in denen die Perspektive gut ist, wählen oft auch ehemals konservative Milieus progressive Parteien. Nordfriesland beispielsweise ist ein traditionell sehr konservativer Landkreis und die jungen Leute ziehen nach der Schule häufig weg. Aber er hat in den letzten Jahren durch den Ausbau der Windkraft eine enorme Wertschöpfungskraft hinzugewonnen. In ehemaligen Schulen sind heute Start-up-Unternehmen zu Hause. Weil die Windparks an der Strombörse handeln, gibt es mit das schnellste Internet Deutschlands inzwischen in den ländlichen Regionen Nordfrieslands. Hinzu kommt ein boomender Naturtourismus, der mit dem Nationalpark Wattenmeer entstanden ist – die Perspektive ist also trotz dünner Besiedlung gut und das schlägt sich auch in Wahlergebnissen nieder: Bei der letzten Wahl, der Europawahl 2019, erreichten die Grünen dort 29,3 Prozent, die AfD 5,7.

Indirekt ist die Dichte der Bevölkerung pro Quadratkilometer oft ein Indikator dafür, wie viele Menschen in den Orten AfD wählen. Je weniger Menschen auf einem Quadratkilometer leben, desto wahrscheinlicher ist es, dass – relativ gesehen – mehr Menschen rechtspopulistisch wählen. Wobei, wohlgemerkt, nicht allein die Vergangenheit das entscheidende Kriterium ist, sondern auch die Angst vor der Zukunft. In Thüringen zum Beispiel, wo die AfD besonders stark ist, sieht die demografische Prognose des Thüringer Landesamts für Statistik einen Bevölkerungsrückgang um 13 Prozent bis 2040 voraus, von 2,14 Millionen Einwohnern auf 1,86. 240 000 Menschen weniger. Die Großstadt Hamburg hingegen hat mit ihren zurzeit knapp 1,9 Millionen Einwohnern nach Berechnungen der Behörde für Gesundheit und Verbraucherschutz von 2019 genau gegenteilig einen Zuzug von 100 000 Menschen alle zehn Jahre zu erwarten – und die AfD ist dort bei den Bürgerschaftswahlen nur mit Ach und Krach ins Parlament gekommen.

Es sind vor allem der bulgarische Politologe Ivan Krastev und der US-amerikanische Politik- und Rechtswissenschaftler Stephen Holmes, die in ihrem Buch »Das Licht, das erlosch« aus demografischen Daten eine komplexe Analyse erstellt haben, wie sich die demografische Perspektive von Orten und Landstrichen auf die normative und politische Einstellung der dortigen Bevölkerung auswirkt. In den vergangenen Jahrhunderten sei die Angst vor demografischen Veränderungen in der Regel eine vor Überbevölkerung gewesen, schreiben sie. Zu viele Menschen bedeuteten zu wenig Lebensmittel, Rohstoffe, Raum. Zu viele Menschen bedeuteten Hunger, Not und Verarmung. Heute, so die Autoren, ist die demografische Angst – zumindest im europäischen Kulturraum – umgekehrt eine vor Entvölkerung. Diese ist vor allem im Osten Deutschlands und Europas massiv. Aber nicht nur dort, sondern überall in den ländlichen Regionen Europas mit schlechter ökonomischer Perspektive sowie in ehemaligen Industrieregionen. Bis in Straßenzüge hinein kann man Werteeinstellungen von Menschen mit der demografischen Perspektive ihres Wohnortes parallelisieren. Je schlechter diese ist, desto größer die Ablehnung von kulturellem und ökonomischem Wandel, desto stärker das Ressentiment gegenüber Migration, desto mehr Widerstand gegenüber der EU.

In Osteuropa und -deutschland hat in den letzten drei Jahrzehnten eine starke Abwanderung in den Westen stattgefunden. In Rumänien zum Beispiel leben heute vier Millionen Menschen weniger als vor 30 Jahren, etwa 5 Prozent der Bevölkerung. In Bulgarien eine Million weniger, etwa 12 Prozent, in Lettland sogar fast 27 Prozent weniger. Rund 40 Prozent der innereuropäischen Wanderungsbewegungen kommen aus fünf osteuropäischen Ländern: Rumänien, Polen, Ungarn, Kroatien und Bulgarien. Knapp vier Millionen Osteuropäer arbeiten im EU-Ausland. Der Bevölkerungsrückgang in den ärmeren EU-Ländern wird wiederum durch Migration aus noch ärmeren Ländern gekontert. In Rumänien arbeiten besonders viele Vietnamesen, in Polen Ukrainer. Das wiederum schürt die kulturellen Konflikte in diesen Ländern.

Ähnliches gilt auch für Ostdeutschland. Nach einem Bericht des Beauftragten der Bundesregierung für die ostdeutschen Länder schrumpfte die ostdeutsche Bevölkerung allein durch Abwanderung nach Westen zwischen 1990 und 2012 um rund 1,1 Millionen Personen. Außerdem brach die Geburtenrate in den Neunzigern dramatisch ein. Insgesamt schrumpfte die Bevölkerung in den ostdeutschen Bundesländern so um zwei Millionen bzw. 11 Prozent von 1991 bis 2012. Das ist die Einwohnerzahl eines kleinen Bundeslandes. Und diese Zahlen beinhalten das boomende Berlin. Tatsächlich wachsen einige ostdeutsche Städte inzwischen wieder, Leipzig, Dresden, Potsdam. Entsprechend ist der demografische Druck im ländlichen Raum noch höher, als der schon dramatische Durchschnitt suggeriert. Für 2030 sagt das Statistische Bundesamt eine weitere Abnahme der ostdeutschen Bevölkerung um 14 Prozent voraus.

Der Grund für diese Entwicklungen sind natürlich erst einmal die besseren Löhne und Lebensbedingungen in Westeuropa bzw. Westdeutschland. Aber es nur ökonomisch zu betrachten, greift zu kurz. Die Revolution von 1989 sei eine der »Normalität« gewesen, keine der ideengeschichtlichen Veränderung, analysieren Krastev und Holmes. Die Menschen in den Staaten der ehemaligen Sowjetunion und ihres Einflussgebiets wollten so leben wie die Menschen im Westen – und das ging nach dem Fall des Eisernen Vorhangs am einfachsten, indem sie in den Westen auswanderten. Zum ersten Mal in der Geschichte verließen nicht die Verlierer der Geschichte ihr Land oder wurden vertrieben, sondern die Sieger gingen.

Entscheidend ist jedoch, so die Autoren, welcher Teil der Bevölkerung abwanderte. Es waren die, die weltoffen waren, die keine Angst vor dem Erwerb von Fremdsprachen hatten – oder haben mussten, die Abenteuer- und Reiselustigen, die Jungen, insbesondere die jungen Frauen, die Bessergebildeten. Zurück blieben überdurchschnittlich viele Ältere, schlechter Gebildete, die auf einmal schlechter dastanden als zuvor. Es handelt sich im Grunde genommen um das gleiche Paternosterprinzip wie bei der Bildungsexpansion, nur eben in seiner geografischen Ausprägung: Der soziale und kulturelle Aufstieg der einen zog den sozialen und kulturellen Abstieg der anderen nach sich.

Denn mit dem Fortgang der Bessergebildeten ging auch

das Geld – und zwar sowohl das Geld, das bereits vor Ort in die Ausbildung gesteckt worden war, als auch der zukünftige Verdienst. Niedrige Geburtenraten, eine schlechte demografische Perspektive und nicht zuletzt die Erfahrung, zurückgelassen worden zu sein, münden für die Dagebliebenen in einer Erfahrung der Entwertung: Was ihr Leben geprägt hat, spielt keine Rolle mehr, hat keine Zukunft. Und die Populisten schlagen daraus Kapital.

Der deutsche Politikwissenschaftler Philip Manow attestiert dem Populismus ein Leiden an »Reminiszenzen«. Reminiszenzen sind Erinnerungen an Verschwundenes oder an verdrängte Wünsche von früher. Und so kann man vielleicht auch besser verstehen, warum in den Regionen, die eine schlechte demografische Perspektive haben, die Angst entstand, dass die eigene Sprache, die eigene Kultur verloren gehen, ja die eigene Nation untergehen könnte.

Krastev weist darauf hin, dass schon die 1989er-Revolutionen selbst sehr stark von einem »nationalen Patriotismus« geprägt waren, den aber der Westen mit seiner Fixierung auf die ökonomische Überlegenheit des Kapitalismus gern übersah. Die nationale Identität wurde in den osteuropäischen Staaten nach dem Zweiten Weltkrieg rund um eine »ethnisch homogene« Bevölkerung ausgebildet – ganz im Gegensatz zu den westeuropäischen Staaten, die ethnisch immer diverser wurden. Sosehr sich der Westen während der Jahrzehnte vor 1989 durch die europäische Einigung vom Nationalstaatsdenken zu befreien begann, sosehr prägten die osteuropäischen Staaten – auch als Reaktion auf die Dominanz der UdSSR – ihn aus. Je ethnisch pluraler die westeuropäischen Staaten wurden, desto weniger wurden es die osteuropäischen Staaten, auch weil die Katastrophen des 20. Jahrhunderts, Völkermord, Holocaust, Auswanderung und Vertreibung, sie besonders hart getroffen hatten.

So entwickelten West- und Osteuropa unterschiedliche Mentalitäten, durchlebten unterschiedliche geschichtliche Erfahrungen. Aber als sich 1989 die Grenzen öffneten und in den Jahren danach die osteuropäischen Staaten in die EU aufgenommen wurden, reflektierte kaum jemand diese kulturellen und mentalitätsgeschichtlichen Unterschiede. Bis sich die westlichen Liberalen plötzlich konfrontiert sahen mit dem Erfolg von Politiker*innen und Parteien, die den politischen und kulturellen Pluralismus westlicher Prägung ablehnten, die das Rechtsstaatsprinzip und den Schutz von Minderheiten in atemberaubender Geschwindigkeit auszuhöhlen begannen.

Aus der Angst, als Nation zu verschwinden, wurden Angststörungen, die vordergründig irrational sind – die aber sehr genau deutlich machen, was das eigentliche Problem ist. Obwohl es beispielsweise in Russland hohe Scheidungs- und auch hohe Abtreibungsraten gibt – das Land also bei Weitem nicht so religiös-orthodox ist, wie Wladimir Putin tut –, gibt es die Tendenz zu einer radikalen Homophobie, die von Putin und seiner Partei gehörig befeuert wird. Das funktioniert, so argumentiert Krastev, weil homosexuelle Paare in der Regel keine Kinder zeugen und deshalb keinen Beitrag zur Bevölkerungsentwicklung leisten. Und obwohl in Polen und Ungarn faktisch keine Muslim*innen leben, gibt es gerade dort eine große Sorge vor einer »Islamisierung« ihrer Länder.

Das ist bekanntlich in Deutschland nicht anders. In den Städten, die einen hohen Bevölkerungsanteil von Muslim*innen verzeichnen, Berlin, Frankfurt, Stuttgart, Hamburg, Köln, sind die Bürger*innen in der Regel offener und toleranter, in den Regionen, die kaum mit konkreten Integrationsproblemen konfrontiert sind, sieht man die höchste Ablehnung von Migrant*innen. Der österreichische Publizist Paul Lendvai brachte dies schon in den 1970er-Jahren auf die Formel, dass der Antisemitismus gar keine Juden brauche. Für unsere Gegenwart kann man vielleicht ergänzen, dass nicht Erfahrungen mit der Immigration Ressentiments befördern, sondern Erfahrungen mit der Emigration – also nicht mit Einwanderung, sondern mit Auswanderung. Es geht oft gar nicht um die faktische Anzahl von Einwanderern, die in einer Region leben, es geht um das Gefühl, nicht mehr Subjekt der Geschichte zu sein, eine Verletzlichkeit des Eigenen erlebt zu haben, und damit um das Gefühl, dass eine alte Welt verschwindet, dass sich alles zu schnell und zu radikal ändert und man den Halt unter den Füßen verliert.

Nicht nur Güter, auch Menschen

Die demografische Perspektive der ländlichen Räume macht eine lange ausgeblendete Dimension der Globalisierung sichtbar. In einer globalisierten Welt sind schließlich nicht nur Dienstleistungen, Waren und Güter mobil, sondern auch Menschen. Menschen suchen Arbeit, Wohlstand, Glück – oder wollen einfach nur überleben.

Dem Harvard-Ökonomen Dani Rodrik zufolge ist die in den letzten Jahrzehnten stark zugenommene Mobilität von Menschen, also von Flüchtlingen wie von Arbeitskräften, der Hauptgrund für die Entstehung des Rechtspopulismus. Dieser sei vor allem ein Phänomen der Staaten, die eine exportorientierte Marktwirtschaft mit starken sozialen Sicherungssystemen haben, analysiert er in seinem Aufsatz »Populism and the economics of globalization«. In Europa sind das vor allem die skandinavischen Staaten, die Beneluxstaaten und Deutschland. In den südeuropäischen Staaten mit weniger starkem Wohlfahrtssystem entstand hingegen zunächst eher ein Linkspopulismus, der gegen die ökonomische Globalisierung, die Austeritätspolitik, den IWF, die Eurozone aufbegehrte, so Rodrik.

Rodrik zufolge gibt es eine direkte Verbindung zwischen dem Grad der ökonomischen Liberalisierung und der Güte und Tiefe sozialstaatlicher Absicherung. Denn je exportorientierter und globalisierter eine Wirtschaft ist, desto anfälliger ist sie, weil ihre Branchen im weltweiten Wettbewerb stehen. Krisen und Kriege in fernen Ländern können die heimischen Ökonomien erschüttern, ohne dass Unternehmer*innen und Arbeitnehmer*innen Einfluss nehmen können.

Aber ist Rodriks rein ökonomische Betrachtung ausreichend als Erklärung für das Erstarken des Rechtspopulismus? Im landwirtschaftlichen Sektor ist seine These zunächst gut nachzuvollziehen. Wenn in China die Schweinepest ausbricht und chinesische Schweine getötet und in Massengräbern verscharrt werden, steigt der Preis für deutsches Schweinefleisch; wenn sie in Deutschland ausbricht, kollabiert der chinesische Markt für deutsches Schweinefleisch. Wenn die Chinesen beginnen, selbst eine Milch- und Fleischproduktion aufzubauen, sinkt der Preis für Fleisch, Trockenmilchpulver und Käse aus Deutschland. Die deutschen Bauern waren und sind jeweils gleich tüchtig, aber ob sie pleitegehen oder Gewinn machen und wachsen, ist ihrem Einfluss weitgehend entzogen.

Entsprechendes kann man auch über den industriellen Sektor sagen. Wenn in Chinas Innenstädten die Nutzung von Elektromobilität vorgeschrieben wird, kann Deutschland noch so gute Benziner bauen, sie sind dann dort nicht mehr zu verkaufen. Wenn wegen der Annexion der Krim Handelssanktionen der EU gegen Russland erlassen werden, kann kein Maschinenbauer, der jetzt nicht mehr nach Russland liefern darf, etwas dagegen machen. Und der Verlust von heimischer Grundstoffindustrie, weil andernorts billiger produziert wird, kann sowieso jederzeit passieren, weil der Sinn von kapitalistischen globalen Märkten ja ist, dort zu produzieren, wo es am günstigsten ist.

Deshalb gehöre es, so Rodrik, zum gesellschaftlichen Arrangement, dass die Länder, deren Wirtschaftssysteme sich im Laufe der Jahrzehnte sehr stark globalisiert haben, die viel exportieren, ihre sozialen Sicherungssysteme ausgebaut haben. Die Gefahr, dass Branchen verschwinden, dass Menschen arbeitslos werden, ist hoch. Entsprechend müssen sie vor sozialem Absturz geschützt werden, so der implizite Pakt. Der Sozialstaat hat demnach vor allem eine Kompensationsfunktion, die die Außenhandelsöffnung erst mehrheitsfähig gemacht hat. Einwanderer, ob Flüchtlinge oder Arbeitsmigranten, die ja potenziell ebenfalls Anspruch auf Arbeitslosenunterstützung, Gesundheitsfürsorge, günstige Wohnungen, Beschulung der Kinder haben, bedrohen deshalb – Rodrik zufolge – einen Teil dieser sozialstaatlichen Verabredung, nämlich die Leistungsfähigkeit der Sozialsysteme. So folge es einer ökonomischen Logik, dass in den nordwestlichen Staaten die Flüchtlingsfeindlichkeit erstarke.

Verschärfend kommt hinzu, dass gerade die Exportökonomien in den letzten Jahrzehnten ihren Arbeitsmarkt dereguliert und einen Niedriglohnsektor geschaffen haben, der immer weniger sozialstaatlich abgesichert ist. Die Verbindung zwischen starkem Wohlfahrtsstaat und liberalem Außenhandel wurde von innen heraus angegriffen. Einige skandinavische Länder zum Beispiel hatten früher einen Rechtsanspruch auf Arbeit in ihren Gesetzen verankert, heute gibt es dort die sogenannte Flexicurity, eine Kombination aus geringem Schutz vor Arbeitslosigkeit, aber guter finanzieller Absicherung. Und Deutschland führte Hartz IV ein und schuf damit den größten Niedriglohnsektor Europas. Dadurch wurde das sozialstaatliche Arrangement mindestens infrage gestellt.

Dass der Sozialstaat früher mehr Sicherheit geboten hat, ist in den Köpfen der Menschen, gerade der älteren, sehr präsent. Die jahrelange Rhetorik von »Wir müssen den Gürtel enger schnallen«, »Die staatliche Rente wird nicht reichen«, dazu die Sparpolitik bei der Infrastruktur, der Alarm, dass zu hohe Löhne wettbewerbsschädigend seien, die vielen Fälle von internationalem Steuerbetrug – all das schuf das Bewusstsein, dass der Sozialstaat durch die Globalisierung gefährdet ist. Und die Auswirkungen sind ja auch spürbar: Immer mehr Menschen können von ihrer Arbeit nicht mehr leben und brauchen dann im Alter auch noch Grundrente. In dieses Gemisch aus Wut und Verunsicherung kamen 2015 die Flüchtlinge – und wenig spricht dafür, dass in Zukunft weniger Menschen ihre Heimat verlassen –, aus Not, aus dem Verlangen, ein besseres Leben zu führen, weil Kriege sie vertreiben, weil sie fliehen müssen, um ihr Leben zu retten, weil die Lebensgrundlagen – Wasser, Nahrung – fehlen.

In den südeuropäischen Ländern, die weniger ausgebaute Sozialsysteme haben, die meist mehr importieren als exportieren, haben Flüchtlinge und Migranten nicht den gleichen Anspruch auf soziale Absicherung wie bei uns. (Wobei selbst Spanien und Italien durch die Sparpolitik einerseits und die expansive Geldpolitik andererseits zuletzt Außenhandelsüberschüsse hatten. Die Eurozone insgesamt hat China als größtes Überschussland abgelöst.) Geflüchtete arbeiten oft schwarz, auf dem Bau oder in der Landwirtschaft, oder müssen sogar betteln, wie man es in den italienischen Städten heute überall beobachten kann. Aber Rodrik zufolge gefährden sie nicht das Sozialsystem. Daher richte sich der Populismus dort nicht so sehr gegen Menschen, sondern gegen die offenen Märkte selbst, gegen den Euro, gegen den europäischen Binnenmarkt.

Dass es im Herbst in Italien und Spanien zu massiven, gewalttätigen Protesten gegen die erneuten Corona-Maßnahmen kam, wurde auch damit erklärt, dass sie die Schattenwirtschaft zusammenbrechen ließen und viele Menschen so ihrer Existenzgrundlage beraubt wurden.

Der Rechtspopulismus sehe den freien Verkehr von Menschen, sehe Zuwanderung und Migration als Problem, der Linkspopulismus den freien Verkehr von Waren, Dienstleistungen und Kapital, so der Ökonom. Rechter Populismus wäre demnach eine Reaktion auf ein sozialstaatliches Verteilungsproblem, linker Populismus auf die Außenhandelsöffnung.

Natürlich wäre es falsch, den Zusammenhang vom Aufstieg des Populismus und zunehmender Migration durch die fortschreitende ökologische Katastrophe wie durch die ökonomische Globalisierung nicht sehen zu wollen oder gar zu verdrängen. Die Paradoxie einer sich der Welt öffnenden Wirtschaft ist nachgerade, dass ein nationaler Populismus wachsen kann. Aber der rein ökonomische Blick auf den Populismus verstellt den Blick dafür, dass Migration, Wanderungsbewegungen Teil der Menschheits- und Fortschrittsgeschichte sind und das Recht auf freie Bewegung eine großartige Errungenschaft ist. Dass die Europäer das Recht haben, überall in der EU zu leben und zu arbeiten, ist ein großartiges Freiheitsrecht. So stark die ökonomische Analyse ist, Strukturen zu ergründen, sie allein reicht nicht aus, denn sie übersieht die positive, die kulturelle, demokratische Dimension – die Sicht der anderen Seite. Offene Grenzen, der Schengenraum, die sogenannte Personenfreizügigkeit der EU ist für die gut gebildete, materiell abgesicherte Mitte der Gesellschaft eine fantastische Möglichkeit, zu studieren und zu arbeiten, wo man will. Die Freiheit, sein Leben zu leben, wie man will – sowohl kulturell als auch ökonomisch –, ist durch die Liberalisierung Europas größer geworden. Für mich persönlich – ich habe ein Jahr in Kopenhagen mit einem Erasmus-Stipendium studiert – wie für viele meiner Freunde ist die europäische Freiheit eine befreiende Selbstverständlichkeit. Ich kenne deutsche Biologen in London, eine Freundin ist Lehrerin in Wien, eine Bekannte ist Professorin in York. Sie alle sind Profiteure dieser Freiheit.

Aber es gibt eben auch eine Kehrseite dieser Freiheit: Pflegekräfte (insbesondere osteuropäische), Erntehelfer, Bau- und Lagerarbeiter schuften bei uns für Dumpinglöhne und ohne soziale Absicherung – und, um ehrlich zu sein, viele profitieren von ihrer Arbeit in diesem ökonomischen Schattensektor, weil so vieles günstiger ist, als wenn die Arbeit von Deutschen erledigt würde. Berichte über den bulgarischen »Arbeitsstrich« in Hamburg-Wilhelmsburg oder über die unzumutbaren Arbeits- und Unterbringungsbedingungen in den Schlachtunternehmen erinnern an das Armenproletariat des 19. Jahrhunderts. Die Menschen verdingen sich hier zu Billiglöhnen, weil es in ihren Dörfern trostlos ist, weil es dort keine Perspektiven gibt, Geld zu verdienen – mit der Folge, dass es durch ihren Weggang dort noch trostloser wird. So entsteht eine Spirale des Abwärts: Man geht, weil andere gegangen sind, und deshalb gehen wieder andere. Und wer nicht gehen kann, weil er nicht gut genug Englisch spricht, weil er die Mutter pflegt, bleibt zurück.

Das Versprechen der Globalisierung, dass freier Handel Wohlstand schafft, gilt eben bei Weitem nicht für alle Menschen und Regionen. Mag das weltweite Wohlstandsniveau auch steigen, so steigt der Wohlstand nicht für alle gleich. Ganz im Gegenteil. Die Wohlstandsgewinne häufen sich bei immer weniger Menschen an, während immer mehr in einer

Art Leiharbeiterschaft oder moderner Wanderarbeiterschaft leben und ganze Regionen verarmen.

Und das nicht nur in den osteuropäischen Regionen, sondern auch in Westeuropa. Etwa in den ehemaligen Kohle- und Stahlregionen im Norden Englands, wo dann gegen die EU und für den Brexit gestimmt wurde. Am Niederrhein verschwand die Textilindustrie, an der Küste gingen die Werften pleite. Die alten Industriestädte haben ihre Produktion verloren, weil sie in China oder Korea oder Indien billiger möglich ist. Damit verloren vor allem Männer neben ihrem Einkommen und Job auch ihren Stolz. Wenn man liest, dass der Mittlere Westen als ehemalige größte Industrieregion der USA von nicht wenigen als Flyover Country oder Rust Belt bezeichnet wird, ist es vielleicht weniger verwunderlich, dass die Menschen dort Donald Trump gewählt haben. Und wenn man über die weiße Arbeiterschaft dort als »Deplorables«, also als Bedauerns- und Beklagenswerte, spricht, wie Hillary Clinton im Wahlkampf 2016, dann darf man sich nicht wundern, dass die Republikanische Partei T-Shirts mit dem Slogan »Adorable Deplorable« mit reißendem Absatz verkauft hat.

Auch der ökologische Umbau der Wirtschaft stellt Branchen, Traditionen und Arbeitsplätze infrage. Es wird zu starken Veränderungen kommen. Das ist schwierig genug zu gestalten. Aber die ökologische Uhr läuft ab. Im Sommer 2020 sagten gleich mehrere Studien eine deutlich stärkere globale Erderwärmung voraus als frühere Berechnungen. Aber bei all den notwendigen bzw. zwangsläufigen Transformationsprozessen darf es nicht passieren, dass dabei weite Teile der Gesellschaft für die Demokratie verloren gehen. Jedenfalls sollte nicht geleugnet werden, dass es da ein Problem gibt. Um dann gegenzusteuern.

Wie wichtig es ist, die Spirale der Abwertung zu stoppen, konnte ich bei einem Besuch im sächsischen Heuersdorf lernen, bzw. dort, wo der Ort einmal war. Denn Heuersdorf liegt im mitteldeutschen Braunkohlerevier, ist abgebaggert und von der Landkarte getilgt, seine Bewohner wurden umgesiedelt – und die unter Denkmalschutz stehende romanische Kirche wurde, als letzter Rest, vor ein paar Jahren versetzt. Sie ist das Symbol für das Verschwinden – vielleicht nicht nur für das Verschwinden des Dorfes selbst.

Ich traf den Superintendenten von Borna dort, wo die alte Emmaus-Kirche von Heuersdorf heute steht. Er mahnte eindringlich, dass die Probleme beim Braunkohle-Ausstieg nicht nur etwas mit Arbeitsplätzen und Geld zu tun haben, sondern auch mit der Suche nach Identität, nach Anerkennung und Respekt für die Lebensleistung, die man selbst und die Generationen zuvor erbracht haben, und die nicht erlöschen dürften, auch wenn die Industrie, an der sich diese Leistung, dieser Stolz festmachte, aus ökologischer Notwendigkeit heraus bald der Vergangenheit angehören wird.

Ja, die Effekte der Globalisierung auf die Mobilität von Menschen und die Notwendigkeit einer sozialstaatlichen Verankerung zu analysieren, wie es Dani Rodrik und andere tun, ist wichtig. Es ist wichtig zu sehen, dass kulturelle Werte sich nicht losgelöst vom ökonomischen Raum entfalten.

Dennoch übersieht die rein ökonomische Betrachtung Widersprüche bzw. muss sie ausblenden, weil sie nicht zur Annahme der These passen. Es gibt in Griechenland und Italien schon lange und in Spanien inzwischen auch rechtspopulistische Bewegungen. Ähnliches gilt für die USA, wo der Rechtspopulismus inzwischen die gesamte Republikanische Partei erfasst hat, das Land aber weder einen hohen sozialen

Schutz gewährt noch bisher seine Exportschwäche beheben konnte. Die Migrant*innen sind dort Konkurrenz um Arbeit, um Wohnraum. Gerade weil es kaum sozialen Schutz gibt, ist Arbeit zu haben zentral.

Schließlich vermischt sich bei rechtspopulistischen Politikern oft beides: die Absage an die ökonomische Globalisierung und der Hass gegen Geflüchtete, während linke Politik Zuwanderung oft sogar gegen die eigenen finanziellen Interessen verteidigt. In dem Sinn ist die rein ökonomische Betrachtung des Populismus auch deshalb schwierig, weil sie eine Spiegelbildlichkeit von rechtem und linkem Populismus behauptet. Sie setzt damit Syriza in Griechenland und Vlaams Belang in Belgien, die AfD in Deutschland und Podemos in Spanien gleich. Donald Trump und Bernie Sanders sind nach dieser Deutung zwei unterschiedliche Ausprägungen des gleichen Protestes.

Und entsprechend wird eine rein ökonomische Betrachtung, wie sie Dani Rodrik vornimmt, unpolitisch. Unfreiwillig leistet sie einer rechten Deutung Vorschub, wonach die Emanzipations- und Freiheitsbewegungen Feinde der Freiheit seien. Letztlich konstruiert Rodrik ein Hufeisen, auf dem es Mitte-Parteien gibt und links / rechts sich in gleicher Distanz zu einem Zentrum verteilt.

Diese Perspektive lässt sich aber nur unter Ausblendung der Werte von Parteien und ihren Wählern einnehmen. Sie übersieht, dass Syriza, Podemos und sogar die italienische Cinque-Stelle-Bewegung sich sehr schnell zu Verantwortung und Regierungsfähigkeit bekannt haben, während die rechten Parteien in Europa immer radikaler Richtung Faschismus abdriften. Diese Differenz darf nicht übersehen werden.

Gleichwertigkeit als normative Kategorie

Neben dem Paternostereffekt im Bildungsbereich stellt sich die Teilung von Ländern in Regionen mit guter demografischer und schlechter demografischer Perspektive als eine der Erklärungen dafür heraus, dass sozialer wie ökonomischer Fortschritt auch Erfahrungen soziokultureller Abwertung hervorbringen. Wie bei der Bildung darf diese Erkenntnis weder durch ein trotziges Weiter-so ignoriert oder gar negiert werden noch mit einem Zurück-zum-Vorher beantwortet werden, wie es viele nationalpopulistische Bewegungen und Parteien in Europa jetzt propagieren. Die richtige Antwort kann auch nicht nur sein, die Verluste zu minimieren, die Fehler zu reparieren, die Wunden zu heilen. Das ist eine mögliche, aber keine tragfähige Antwort auf das politische Problem, dass es immer weniger Gemeinsamkeit in unseren Gesellschaften gibt.

Will man zum Beispiel gegen die Strukturschwäche von Regionen anarbeiten, will man dafür Sorge tragen, dass Menschen mit unterschiedlicher Bildung, unterschiedlichen Berufen und Lebensumständen auch in den ländlichen Regionen mindestens Erfahrungen austauschen können und sich nicht in der Vereinzelung verlieren, muss die altehrwürdige Idee der Gleichwertigkeit der Lebensverhältnisse – wie sie in Deutschland in unserem Grundgesetz verankert ist – neues Gewicht bekommen und neu definiert werden. Gleichwertigkeit ist nicht nur als technischer Begriff zu verstehen, sondern sollte einmal in seiner vollen Wortkraft wieder Gehör finden. Gleichwertig zu sein bedeutet auch, eine moralische, normative Gleichheit zu haben. Wenn die Menschen auf dem Land das Gefühl haben, als Hinterwälder*innen abgestempelt zu werden, als weniger cool, weniger informiert und aufgeklärt verhöhnt zu werden, dann darf sich niemand wundern, wenn sie irgendwann den Spieß umdrehen und das städtische Milieu als verkommen, korrupt und dekadent, selbstbezogen und überheblich begreifen. Raus aus dieser Spirale des Fingerzeigens kommt eine Gesellschaft nur, wenn sie sich klarmacht, dass das alles Klischees sind. Und dann möglichst aufhört, in Klischees zu reden und zu denken.

Auch die Europäische Union kennt die »Angleichung der Lebensverhältnisse« als politisches Ziel. Das Fachwort dafür lautet »Konvergenz« und verankert ist dieses Ziel in der sogenannten Strukturpolitik. Mittlere dreistellige Milliardensummen werden schon jetzt für die Infrastruktur- und Wirtschaftsentwicklung der Regionen ausgegeben, die ein Viertel unterhalb des EU-Durchschnitts der wirtschaftlichen Leistungsfähigkeit liegen. Die EU versucht also eigentlich selbst schon durch einen Verteilmechanismus die negativen Folgen des gemeinsamen Binnenmarktes zu kontern. Ein echtes Problem dabei in einigen osteuropäischen Staaten, aber auch zum Beispiel in Malta oder Griechenland sind die Korruption und die Ineffizienz der Verwaltung. In offiziellen EU-Dokumenten wird von einer »Kultur der Korruption« gesprochen, und die erfasst regelmäßig auch die Regierungen, die sie bekämpfen sollen. Die Proteste gegen Bulgariens Regierungschef Borissow im Sommer 2020 speisten sich nicht zuletzt aus einer Wut gegen Korruption. Auch Ungarn liegt beim Korruptionsindex von Transparency International auf den hintersten Plätzen der EU-Staaten. Dabei würden diese Strukturprogramme wirklich erstaunliche und kreativ einzusetzende Möglichkeiten bieten, würde das Geld nicht in schwarzen Kassen versickern.

Gleichwertig werden die Lebensverhältnisse zwischen Stadt und Land natürlich nie in dem Sinn sein, dass das Kinoangebot der Hamburger Innenstadt oder das Theaterangebot von München sich auch in einer 2000-Einwohner-Gemeinde findet. Gleich werden niemals die Haus- und Wohnungspreise sein, die in den Städten exorbitante Höhen erreicht haben und denen in den ländlichen Gemeinden oft Leerstand gegenübersteht. Gleich wird niemals sein, dass in den Innenstädten Windkraftanlagen stehen würden wie im ländlichen Raum. Gleichwertige Lebensverhältnisse bedeuten nicht identische Lebensverhältnisse. Aber sie bedeuten, dass der Wohlstand einer Gesellschaft allen zugänglich sein muss. Im sogenannten Raumordnungsgesetz wird deshalb von »ausgeglichenen sozialen, infrastrukturellen, wirtschaftlichen, ökologischen und kulturellen Verhältnissen« gesprochen.

Zentral dafür ist, dass die öffentlichen Räume und die sozialen Netze unter den Bedingungen des ländlichen Raums ausgebaut werden. Ob Menschen sich wohlfühlen, entscheidet sich innerhalb weniger Kilometer um ihren Wohnort herum. Dass der öffentliche Raum sich verengt, ist nicht nur eine Metapher. Es beschreibt die Situation vieler Gemeinden und Städte. Räume, in denen man sich wohlfühlt und die funktionieren, geben ein Gefühl von Heimat. Und Heimat gibt Sicherheit. Deshalb ist die politische Konzentration auf gut funktionierende öffentliche Räume so wichtig.

Menschen treffen sich an Orten, sie bewegen sich und kommunizieren über Netze. Wenn wir wollen, dass sie voneinander Kenntnis haben, wenn wir wollen, dass sie sich austauschen, die Interessen der jeweiligen anderen Seite sehen, sich streiten, im besten Fall Gemeinsamkeiten aushandeln und nicht in der Vereinzelung und Aufsplitterung des Internets verschwinden, dann müssen buchstäblich Räume erhalten oder auch neu erschlossen werden. Dabei kommt viel darauf an, eine neue Kreativität zu entfalten. Wenn die Post zum Beispiel die Filiale schließt, wenn die Bank dichtmacht und das Café schon lange aufgegeben hat – also keines dieser Angebote für sich bestehen kann –, dann bietet es sich an, all diese Einrichtungen unter einem Dach zu bündeln und einen neuen Knotenpunkt des Zusammenlebens zu schaffen. Dieses Konzept habe ich unter dem Namen »Markttreff« als Minister für ländliche Räume in Schleswig-Holstein ausprobiert. Es lief wie geschmiert und wurde von vielen Bundesländern übernommen. Wir haben damals die privaten Investitionen unterstützt, wenn zum Beispiel der Lebensmitteleinzelhändler seine Ladenfläche so umgebaut hat, dass ein Café dort aufmachen konnte und Post und Bank einen Schalter einrichten konnten. Pfiffige Einzelhändler haben irgendwann entdeckt, dass man, wenn man eine E-Ladesäule aufstellt, eine Tankstellenlizenz bekommen und damit auch am Wochenende öffnen kann. Und einige haben sich sogar selbst ein E-Mobil angeschafft, das jeder leasen konnte, wodurch eine Mischform zwischen öffentlicher und privater Mobilität entstand. (Inzwischen haben sich auch viele ländliche Gemeinden E-Mobile angeschafft, die dann, wenn die Verwaltung sie nicht braucht, von den Bürgerinnen und Bürgern genutzt werden können.

Dafür wurden Vereine und Genossenschaften gegründet und das Gemeinschaftsgefühl wurde gestärkt.)

In Dänemark gibt es das Markttreff-Konzept in erweiterter Form. Es wurden sogenannte Kulturzentren geschaffen, in denen die Sporthalle, die Bibliothek, eine Spielecke für Kinder, kostenloses WLAN und ein Café unter einem Dach sind.

Um die regionalen Kreisläufe zu stärken, kann man eine App entwickeln, die den Menschen in der Region alle Hofläden und ihre Angebote anzeigt.

Um den Ausbau des Breitbandes zu beschleunigen, kann der Staat Kitas und Schulen, Polizeidienststellen, Bibliotheken und Volkshochschulen anschließen. Dann verlegt die öffentliche Hand nur die Basisinfrastruktur, aber alle Haushalte entlang dieser Basisinfrastruktur können ebenfalls angeschlossen werden.

Bahnhöfe sind nicht nur symbolisch der Ort, von dem aus andere Orte erreichbar sind. Sie sind Räume für Menschen, die gemeinsam warten, jemanden abholen oder verabschieden. Aber viele Bahnhöfe, die nicht gerade in den großen Städten liegen, sind unwirtliche Orte, verfallen, die Farbe blättert von den Wänden. Ein Bahnhofssanierungsprogramm speziell für die kleineren und mittleren Orte kann sie zu neuen Zentren der Begegnungen machen.

Diesen Beispielen wären noch viele weitere zur Seite zu stellen. Sie alle haben aber eine Besonderheit gemeinsam: Verschiedene Probleme werden kombiniert und es entsteht eine neue Lösung, durch Vernetzung. Solche Projekte voranzutreiben ist oft besser geeignet, die Gleichwertigkeit der Lebensverhältnisse zu sichern, als immer nur neue Gewerbegebiete zu schaffen.

In der Zeit, als wegen Corona viele öffentliche Räume geschlossen waren, haben wir erlebt, wie wichtig sie sind. Öffentliche Räume heißt nicht zwingend, dass sie Räume der öffentlichen Hand sind, also dem Staat gehören. Es ist ein qualitativer Begriff, der inklusiv ist: In öffentlichen Räumen können Menschen aus allen sozialen und kulturellen Milieus zusammenkommen, von Spielplätzen bis zur Sportstätte, von Parks bis – ja – zur Straße. Dass bestimmte Räume eher exklusiv genutzt werden, das Theater vom Bildungsbürgertum, die Parks eher von Menschen ohne Garten, ändert nichts an der Definition, dass die Räume jeweils allen offenstehen müssen. Und weil sie allen offenstehen, sind sie egalitär – und für manche, die lieber unter sich bleiben wollen, dadurch auch eine Zumutung.

Aber Demokratie ist nur möglich, wenn es mindestens in Ansätzen gemeinsam geteilte Erfahrungen gibt. Zusammenhalt gibt es nur durch ein Mindestmaß an Zusammenleben. Und deshalb ist eine politische Strategie, die die öffentlichen Räume stärkt, die beste Antwort auf eine in paradoxen Bewegungen verstrickte Gesellschaft. (Diese Strategie steht allerdings – so ehrlich muss man sein – in starker Konkurrenz zu dem Wunsch nach höheren Individualtransfers, Kindergeld, Steuersenkungen, Zulagen für einzelne Gruppen. Diese sind politisch kurzfristiger durchzusetzen. Investitionen in öffentliche Infrastruktur brauchen vergleichsweise lange Zeit, bis sie realisiert sind. Das macht es für alle Politiker*innen verführerisch, eher einzelnen Menschen und Gruppen Unterstützung zu geben, als den öffentlichen Raum für sie auszubauen.)

Wir haben in der Vergangenheit zu wenig in die öffentlichen Räume und die öffentliche Infrastruktur investiert. Klar, es gibt Stadtteile und Orte, wo die Bahnhöfe schnieke sind, die Parks gewässert, die Schulen saniert. Aber die Rückstände allein im Bereich der kommunalen Investitionen belaufen sich dennoch insgesamt auf 138 Milliarden Euro und die Folge davon sind dann in anderen Orten kaputte Brücken, geschlossene Spielplätze, geschlossene Freibäder, nicht sanierte Schulen, Toiletten, die so stinken, dass Kinder nichts trinken, um in der Schule nicht aufs Klo gehen zu müssen. Dazu kommen die notwendigen Ausgaben auf der Landes- und Bundesebene.

Die öffentliche Investitionsquote Deutschlands lag noch Anfang der 1970er-Jahre bei knapp 5 Prozent der Wirtschaftsleistung. Danach ist sie immer weiter gefallen und liegt heute nur noch bei der Hälfte. Im vergangenen Jahr investierten nur vier von 28 EU-Staaten weniger als das reiche Deutschland. Das merkt jeder von uns – nicht nur, aber besonders im ländlichen Raum. Die Bundesbahn ist überlastet, störanfällig und oft verspätet. Auch sie unterlag einem Sparprogramm. Regionale Zugverbindungen wurden abgeschafft, der Marktanteil des Güterverkehrs auf der Schiene stagniert seit Jahren – und das in Zeiten der Klimakrise. Der Breitbandausbau und die Funkverbindungen sind schlecht und das Internet langsam. Beim jährlich präsentierten Internetvergleich von Cable.co.uk liegt Deutschland nur auf Platz 20 der EU-Länder, das heißt, 19 Länder in Europa haben ein schnelleres Internet. Besorgniserregend ist vor allem, dass andere Länder schneller ausbauen. Spanien zum Beispiel hat eine doppelt bis dreifach höhere Zuwachsrate an Anschlüssen als Deutschland.

Das alles sind auch Schulden. Sie tauchen zwar nicht in den Büchern auf, aber sie belasten die Zukunft. Und die notwendigen Investitionen in zukünftigen Bedarf sind noch nicht einmal mitgerechnet. Wenn die politische Idee von der Gleichwertigkeit der Lebensverhältnisse überleben soll – und das muss sie, denn sie ist eine der Bedingungen dafür, dass das Auseinandertreiben der Gesellschaft gestoppt wird –, müssen die öffentlichen Investitionen deutlich gesteigert werden. Sie schaffen die Räume, in denen wir uns begegnen können, und die Netze, die unsere Gesellschaft zusammenhalten.

Dennoch: Mein Leben und auch meine politische Arbeit im ländlichen Raum hat mich gelehrt, dass der Staat nicht alles regeln kann, dass es die Menschen mit ihrer Kreativität und ihrer Kooperation sind, die Lösungen finden. Deswegen sind Netzwerke nicht nur Breitbandzugänge und Busverbindungen, Netze sind Beziehungen von Menschen untereinander, Menschen, die sich zusammentun, um etwas auf die Beine zu stellen. Und weil sie das in der Regel aus freien Stücken tun, ist es ihre Motivation, die über den Erfolg entscheidet.

Denn so notwendig politische Veränderungen sind, so notwendig ist auch, dass wir Eigenverantwortung übernehmen. So wurde zum Beispiel in meinem Dorf der jährliche Maibaum von uns Einwohnern aufgestellt (und dann gemeinsam Maibock getrunken). Auch dass es freiwillige Feuerwehren gibt oder das Technische Hilfswerk, ist Ausweis dieser Kooperation. Die ehrenamtlichen Handballtrainer der Jugendmannschaften, die ich erleben durfte, verbrachten über Jahre, ja Jahrzehnte ganze Wochenenden in Hallen und brachten Fünfjährigen nicht nur Wurftechniken, sondern auch Teamgedanken bei. Der Dorfverschönerungsverein stiftete Bänke, sammelte Müll, beschilderte die älteren Häuser und schrieb sogar eine eigene Dorfchronik. Die Zahl der Ehrenamtler*innen in Deutschland ist in den vergangenen fünf Jahren von ungefähr 14 Millionen auf 17 Millionen gestiegen. Alles Menschen, die sich einbringen, ohne etwas dafür zu bekommen, außer Dankbarkeit und Anerkennung, da es oft ja noch nicht einmal eine Aufwandsentschädigung gibt, also die Ausübung eines Ehrenamts sogar meist ein finanzielles Verlustgeschäft bedeutet.

Öffentliche Aufgaben und privates Engagement sind keine Gegensätze. Sie ergänzen sich. Sie stützen sich. Man sieht es am klarsten vor der Negativfolie: Wenn ein gewisser Grad an Verwahrlosung des öffentlichen Raums bzw. an Perspektivlosigkeit überschritten ist, dann war's das auch mit der Motivation, sich einzubringen. Entsprechend sind die Investitionen in die öffentliche Infrastruktur auch Investitionen in das private Engagement.

Das Feuerwehrprinzip

Besonders deutlich wird die politische Aufgabe, für eine bessere Infrastruktur im ländlichen Raum zu sorgen, auf einem Feld, das ich bisher noch nicht erwähnt habe, das aber eines der relevantesten ist: die Gesundheitspolitik.

Als meine Frau und ich 2001 aufs Land zogen, war für uns neben Kita und Schule für die Kinder die Frage, ob es Ärzt*innen bzw. eine Apotheke gibt, das Hauptkriterium für die Ortswahl. Und das gilt sicher für viele Menschen auf dem Land. Gerade für Familien und Ältere ist es ein großes Problem, wenn die medizinische Versorgung im ländlichen Raum nur noch mit großer Anstrengung und großem Aufwand möglich ist. Natürlich gibt es auch hier inzwischen dank der Digitalisierung manche kreative Lösungsmöglichkeit. Telemedizin zum Beispiel kann sicher den einen oder anderen Routinegang zum Arzt ersetzen. Oder zumindest seltener notwendig machen, wenn man bestimmte Messungen selbst vornimmt und die Daten direkt an ein nahes Krankenhaus senden kann (vorausgesetzt, das Internet ist vorhanden).

Dennoch ist es inzwischen eine der größten Herausforderungen in Deutschland, eine ärztliche Versorgung und eine Krankenhausinfrastruktur in ländlichen Regionen vorzuhalten, die gute fachliche Betreuung mit genügend Kapazitäten für eine Grundbetreuung verzahnt. Dazu müssten die Anreize bzw. die Abrechnungsformen im System verändert werden. Derzeit sind sie für Krankenhäuser vor allem wirtschaftlicher Natur, das heißt, die Krankenhäuser müssen vor allem das anbieten, was sich rechnet. Und wenn es sich nicht rechnet, wird die medizinische Leistung abgeschafft oder gar das ganze Krankenhaus geschlossen.

Dabei sollten wir die Krankenhausinfrastruktur wie eine Feuerwehr denken. Sie muss mindestens in kritischen Bereichen vorgehalten werden, auch wenn man sie mal länger nicht braucht – für den Fall, dass man sie braucht. Wir leisten uns ja auch Feuerwehren, in der Hoffnung, dass sie nie oder selten eingesetzt werden müssen. Niemand würde auf die Idee kommen, sie abzuschaffen oder in ferne Regionen zu verlegen, weil es ein paar Wochen nicht gebrannt hat.

Wir müssen ein System der Rationalisierung aufbauen, aber im eigentlichen Sinne: Ratio heißt Vernunft. Sie anzuwenden ist politische Aufgabe. Das wäre das Gegenteil dessen, was über viele Jahrzehnte lang dominantes politisches Denken war und immer noch ist: nämlich nicht Rationalisierung, also politisches Handeln der Vernunft unterzuordnen, sondern Rationierung.

So, wie wir insgesamt die Robustheit der Einrichtungen unserer kritischen Infrastruktur stärker an dem Vorsorgegedanken ausrichten sollten, sollten wir das auch beim Krankenhaussystem tun. Dieses Feuerwehrprinzip ist ein gutes Leitmotiv für die öffentliche Hand und die Infrastruktur besonders auf dem Land. Allerdings, das muss man sich klarmachen: Sie bricht mit dem Primat der Ökonomisierung.

In dem Moment, in dem ich das schreibe, sieht es so aus, als ob Deutschland vergleichsweise wenige Corona-Todesfälle zu beklagen haben wird. Trotz anfänglich fehlender Masken und Schutzbekleidungen, trotz einer groben Fehleinschätzung der Gefährlichkeit des Virus durch das Gesundheitsministerium und seinen Minister, der anfangs von einem im Vergleich zur Grippe »milden Infektionsgeschehen« ausging und sich noch Ende Februar gegen die Absagen von Großveranstaltungen stellte.

Dass die Todesrate wahrscheinlich geringer sein wird als in anderen europäischen Staaten, liegt nicht nur, aber auch daran, dass Deutschland ausreichend viele Intensivbetten hatte und so eine gute Behandlung sicherstellen konnte. In Deutschland gab es zu Beginn der Corona-Krise laut der Deutschen Krankenhausgesellschaft 28 000 Intensivbetten. Die Anzahl der Krankenhausbetten insgesamt betrug 490 000. Das entspricht einem Faktor von acht Betten auf 1000 Einwohner und ist ein Spitzenplatz im internationalen Vergleich. Dennoch: Es sind – trotz älter werdender Bevölkerung – 80 000 weniger als 1990, rund 20 Prozent der Plätze wurden abgebaut, und zwar ausschließlich in kommunalen und städtischen Krankenhäusern und insbesondere in ländlichen Regionen.

Dass Deutschland vergleichsweise viele Intensivbetten hat, ist paradoxerweise dem so oft kritisierten deutschen Vergütungssystem geschuldet. Wurde früher jeder Krankenhausbesuch im Einzelfall abgerechnet, gibt es seit 2003 das sogenannte Fallpauschalensystem, nach dem für jede behandelte Krankheit eine feste Vergütung bezahlt wird. Gab es früher einen Anreiz, die Patient*innen möglichst lange im Krankenhaus zu behalten, was das Gesundheitssystem sehr teuer und auch ineffizient machte, gilt heute das Gegenteil. Je kürzer ein Patient im Krankenhaus ist, desto höher der Gewinn über die Fallpauschalen, je kostspieliger eine Therapie, desto höher die Vergütung. Das Fallpauschalensystem animiert dazu, Pflegestellen abzubauen, die Medizin insgesamt der Logik der Ökonomie zu unterwerfen. Und da große Kliniken gegenüber kleinen im Vorteil sind, wurden viele Krankenhäuser in strukturschwachen Regionen geschlossen, was vielen, gerade älteren Menschen das Gefühl gab, abgehängt zu sein. Es animiert zu einem Denken, in dem nicht Geld der Leistung folgt, sondern die Leistung dem Geld. Und es führt dazu, dass Kapazitäten für besonders lukrative Behandlungsmethoden vorgehalten wurden – deshalb vergleichsweise viele Intensivbetten. Geräte, die angeschafft sind, wollen aber auch benutzt werden. Auch im Fallpauschalensystem gibt es also einen Anreiz zur Mehrbehandlung.

Nun wäre es wohl falsch, wieder zurück zum System vor den Fallpauschalen zurückzukehren. Durch den Wettbewerb und die Konkurrenz – also durch den Markt – hat sich die medizinische Qualität vielerorts verbessert, auch wenn er nicht, wie erhofft, zu sinkenden Kosten des Gesundheitssystem geführt hat. 75 Milliarden Euro werden pro Jahr an die Krankenhäuser ausgezahlt. Es ist aber ganz sicher falsch, das gesamte Gesundheitswesen nach wirtschaftlichen Kriterien auszurichten. Das führt zu Rosinenpickerei. Wenn Krankenhäuser Knie- und Hüftoperationen machen, weil diese lukrativ sind, aber weniger lukrative Behandlungen von Knie- und Hüftproblemen ablehnen, dann beuten sie das System aus. Wenn sie keine Ambulanz vorhalten, dann beteiligen sie sich nicht an der Vorsorge.

Das Gesundheitswesen ist mehr als Gesundheitswirtschaft. Effizienz im Gesundheitssystem ist notwendig, ja, aber Profitorientierung und Gewinnmaximierung zulasten von genügend Personal und guten Arbeitsbedingungen können nicht Leitlinien der Politik sein, und wo sie es sind, muss das dringend korrigiert werden.

Der rechtliche und finanzielle Rahmen für Krankenhäuser wäre so zu gestalten, dass keine großen Gewinne zulasten der Patientenversorgung erzielt werden können. Das Problem ist aber nicht allein die Gewinnorientierung. Das Problem ist der Zwang, fast den gesamten Betrieb durch das Erbringen von medizinischen Leistungen finanzieren zu müssen, weil die Krankenhäuser inzwischen nur noch ein Minimum ihres Budgets für die Vorhaltung von Kapazitäten erhalten.

Wenn aber ein klarer Versorgungsauftrag definiert und die Vorhaltung der entsprechenden Kapazitäten besser honoriert würde, dann könnte ein dritter Weg zwischen einerseits medizinischer Ineffizienz und andererseits Durchökonomisierung entstehen. Eine Definition des Vorsorgeauftrags und dessen Vergütung mit leistungsunabhängigen Strukturzuschlägen beispielsweise für die Notfallversorgung, für Reservekapazitäten, aufwendige Spezialversorgung, seltene Erkrankungen etc. würde verhindern, dass zu teure oder auch zu wenig lukrative Behandlungen nicht durchgeführt werden, sonst würde ja diese leistungsunabhängige Honorierung wegfallen.

Nicht jedes Krankenhaus muss dabei alles können und alles tun. Man könnte Krankenhäuser zum Beispiel in verschiedene Kategorien einteilen. Grundversorger vor allem im ländlichen Raum würden die Versorgung für den täglichen Bedarf sichern, für all die Krankheiten, Brüche und Behandlungen, die am häufigsten anfallen. Dabei sollte eine enge Kooperation mit den ambulanten Ärzten erfolgen. Die Allgemeinmediziner wären das Rückgrat der medizinischen Versorgung. Aufbauend auf ihrer Tätigkeit gäbe es dann die

Fachärztinnen und Fachärzte bzw. Behandlungszentren und Krankenhäuser. Die niedergelassenen und die Krankenhausmediziner*innen würden gemeinsam behandeln, beide Systeme würden integriert.

Zwar legen niedergelassene Ärzt*innen viel Wert darauf, nicht angestellt zu sein und in einem direkten Verhältnis zum Patienten zu stehen, aber in den Ärzteverbänden gibt es diesbezüglich Bewegung. Mit gutem Willen ließen sich Kooperationsmodelle entwickeln, von denen beide profitieren. Diese gemeinsame Struktur von stationärer Krankenhausbehandlung und ambulanter Praxisbehandlung wird in verschiedenen ländlichen Gebieten unter dem Begriff »Kommunale Gesundheitszentren« schon aufgebaut. Das Problem ist, dass es für die sektorenübergreifende Abrechnung keine klare Grundlage gibt. Für jeden Teilbereich wird ein einzelner Vertrag abgeschlossen, was ungeheuer mühevoll und bürokratisch ist. Es braucht also dringend eine neue gesetzliche Grundlage für eine neue gesellschaftliche Herausforderung, die in Wahrheit so neu nicht ist. Ein solches System wäre sehr offen zugänglich, würde fast allen alle Leistungen sichern, hätte kaum Wartezeiten und würde eine wohnortnahe Versorgung im ländlichen Raum sichern.

Kompetenzkliniken könnten auf einer mittleren Ebene für alle Spezialbehandlungen aufgebaut werden und würden wiederum für das Vorhalten entsprechender Kapazitäten ein Budget bekommen, das die Basiskrankenhäuser nicht bekommen. Maximalversorger wie die Universitätskliniken würden ausreichend Plätze für alle wirklich komplizierten Fälle vorhalten. Es macht wenig Sinn, wenn es im ländlichen Raum eine Hirnchirurgie gibt, aber der Hirnchirurg seit Jahren keinen Kopf mehr von innen gesehen hat. Umgekehrt sollte man nicht wegen eines Beinbruchs oder einer Entbindung weite Entfernungen zurücklegen müssen.

Außerdem wäre es auch hier sinnvoll, dass die jeweiligen Behandlungen in ein Netz für eine Vollversorgung eingebunden sind. Denn es ist die Fragmentierung der Versorgung, die dazu führt, dass mehrere Leistungserbringer denselben Patienten behandeln, ohne untereinander abgestimmt zu sein. Dies heißt nicht notwendig, dass ein Krankenhaus alles macht, das wäre wie gesagt weder möglich noch sinnvoll, aber es heißt, dass es Kooperationsnetzwerke geben und über diese auch abgerechnet werden sollte. Dann würde schon allein die Kooperation dafür sorgen, dass es weniger Spezialisierung auf besonders lukrative Leistungen bei gleichzeitigem Abbau der allgemeinen Leistungen gibt. Die Anreize, die heute so sind, dass das Gesundheitssystem zwar effizient, aber auch auf Kante genäht ist, müssen so verändert werden, dass es wieder stärker an den allgemeinen Interessen ausgerichtet sein kann.

Das Virusgeschehen ist ein Extremereignis und am Ende wird sich keine Gesellschaft, kein Land, keine Regierung auf alle Eventualitäten einstellen können. Aber viel zu selbstverständlich wurde in den letzten Jahrzehnten vorausgesetzt, dass Gesundheit der Normalzustand ist. Und dass die Wirtschaftlichkeit des Gesundheitssystems Priorität hat. Eine zu hohe Priorität – zumal die erhoffte Kostensenkung nicht in dem Maße eingetreten ist wie vorhergesagt. Die Gesundheit der Menschen und die gute Betreuung im Krankheitsfall sind nicht nur Werte für sich, sie sind auch die Voraussetzung für eine gute Gesellschaft, für ein gutes Leben, dafür, dass Menschen sich sicher fühlen.

Wenn wir ernst nehmen, dass es dem System der Optimie-
rung und Leistungssteigerung inhärente Prozesse sind, die
die Dynamik der gesellschaftlichen Spaltungen vorantreiben,
dann sollten wir gegen diese anarbeiten, indem wir das Soziale vom Primat der Ökonomisierung befreien.

III. Schöpfen und Zerstören

Gewinn und Kosten der Leistungslandwirtschaft

Dass ein erzielter Erfolg, ein Fortschritt oder gesellschaftlicher Gewinn in seinem Rücken ein politisches Problem schafft, lässt sich auch anhand der verschiedenen wirtschaftlichen Sektoren nachvollziehen. Es ist wohl letztlich das Prinzip des Kapitalismus, dass Neues entsteht und damit Altes zerstört wird, ja dass Neues nur Bestand haben kann, wenn etwas Bestehendes vergeht. Der österreichische Ökonom Joseph Schumpeter brachte dies auf die Formel von der »schöpferischen Zerstörung«. Zerstörung sei nicht ein Fehler des Marktgeschehens, sondern die notwendige Folge davon, dass etwas Neues entsteht. »Darin besteht der Kapitalismus und darin muss auch jedes kapitalistische Gebilde leben«, schreibt er 1942 in »Kapitalismus, Sozialismus und Demokratie«. Die Widersprüche der kapitalistischen Wirtschaftsweise, die Globalisierung und der europäische Binnenmarkt injizieren in die Politik eine Logik, die jedem allgemeinen Gewinn einen konkreten Verlust gegenüberstellt.

Schumpeter und andere haben wahrscheinlich recht: So brutal »Zerstörung« auch klingt, nur durch sie setzen sich neue Entwicklungen, neue Produktionsverfahren, neue Technik ökonomisch durch. Aber die zentrale politische Frage ist, ob und, wenn ja, wie die Geschwindigkeit der Neuerungen und Zerstörungen, ihre Art und ihr Umfang eingebremst werden können, ob sie eine politisch gewünschte Richtung bekommen und die gesellschaftlichen Schäden durch die Zerstörung verringert werden können, zum Beispiel durch eine Neubewertung von Gemeinschaftsgütern und gesellschaftlicher Sorge. Deshalb will ich wenigstens skizzenhaft die Dynamik dieser »schöpferischen Zerstörung« in den letzten Jahrzehnten und mögliche Antworten darauf entlang der wirtschaftlichen Sektoren nachzeichnen, wie sie die Volkswirtschaft unterscheidet.

Der primäre Sektor umfasst die sogenannte Urproduktion: Landwirtschaft, Fischerei, den Abbau von Bodenschätzen, die Förderung von fossilen Energieträgern. Der sekundäre Sektor veredelt diese Rohstoffe zu industriellen Gütern. Er beschreibt die klassische industrielle Tätigkeit, von Stahlwerken bis zur chemischen Industrie, und das Handwerk vom Baugewerbe bis zum Bäcker. Der tertiäre Sektor ist der der Dienstleistungen in ihrer ganzen Spannbreite, von der Pflege über die Bildungsarbeit bis zu Kunst- und Kulturleistungen.

Innerhalb der verschiedenen Sektoren gibt es natürlich ganz unterschiedliche Gehaltsgruppen und Beschäftigungen: Es gibt Niedriglohnbeschäftigte in der Fleischindustrie, die unter prekären Bedingungen arbeiten, und gut bezahlte Facharbeiter und Führungskräfte in der industriellen Produktion. Es gibt Haushaltshilfen und gut bezahlte Bankangestellte, Schauspieler*innen, die viel verdienen, und Schausteller*innen, die von der Hand in den Mund leben. Es gibt Almbäuer*innen mit fünf Kühen, es gibt die industrielle Schweinemast und Erntehelfer*innen, die zum Mindestlohn arbeiten und dennoch oft weniger ausgezahlt bekommen. Insofern lassen sich politische Antworten auf soziale Fragen nicht einfach nach Sektoren auffächern.

Dennoch ist es möglich, die Logik von Veränderung und Fortschritt nachzuzeichnen. Denn im Laufe der letzten Jahrzehnte hat sich die Bedeutung der Sektoren, sowohl die ökonomische als auch die kulturell-gesellschaftliche, insgesamt dramatisch verschoben.

In den letzten Jahren ist die Debatte um die richtige Landwirtschaft immer lauter geworden. Landwirte und Kritiker des landwirtschaftlichen Systems standen sich dabei immer unversöhnlicher gegenüber. Ich war selbst sechs Jahre Landwirtschaftsminister in einem Agrar-Hochleistungsland und somit Teil des Konflikts. Die einen warfen den Bauern vor, Tierquäler und Brunnenvergifter zu sein, weil die industrielle Tierhaltung sich von einer artgerechten, naturnahen Haltung immer weiter entfernt hat und die Tiere große Mengen an Gülle produzieren, die, falsch ausgebracht, Grundwasser und Gewässer mit Nitrat belasten. Die anderen, die Bauern, verstanden die Welt nicht mehr, weil sie ja nur das taten, was sie gelernt hatten und was politisch gefordert wurde, nämlich Lebensmittel in hoher Qualität und zu einem günstigen Preis herzustellen, damit ihre Familien zu ernähren und den Kindern – so die Hoffnung – einen gut wirtschaftenden Hof zu überlassen. So keilten die Beschimpften zurück, indem sie ihre Kritiker*innen als bigott, ahnungslos und heuchlerisch bezeichneten, weil sie ja selbst bei Discountern einkaufen würden. Bauern und Bäuerinnen und ihre Kinder fühlten sich unverstanden – und waren es manchmal auch. Denn ja, es gibt inzwischen Kinder, die in der Schule gemobbt werden, weil ihr Vater Schweine hält – so wie es früher Jugendliche gab, die fürs Müsliessen oder Vegetariersein gemobbt wurden. Die Eltern leiden unter Schuldzuweisungen, dass sie Tiere schlecht hielten, die Umwelt, das Klima schädigten, am Artensterben schuld seien. Und sind sich doch individuell keiner Schuld bewusst.

Die Landwirte arbeiten so, wie es ihnen beigebracht wurde, sie arbeiten nach den Bedingungen eines Systems, das politisch gemacht wurde, und nach den Wünschen von Verbraucherinnen und Verbrauchern, die eben doch verlässlich zum Billigangebot greifen. Und nun spüren sie, wie das, was sie aufgebaut haben, einerseits von einem größer werdenden Teil der Menschen nicht mehr gewollt wird und andererseits auch ökonomisch in sich zusammenbricht: Viele kommen in diesem System nur noch schlecht über die Runden, weil der Druck auf die Preise zu groß ist. Die Nachbarn im Dorf nebenan haben den Hof schon aufgegeben, die Wahrscheinlichkeit, dass die Kinder den eigenen übernehmen – das, wofür Eltern, Großeltern geschuftet haben –, ist gering. Es ist auch hier eine Erfahrung des Verlustes, der »Zerstörung«, die sich in die Zukunft fortschreibt.

2019 entstand als Alternative zum Deutschen Bauernverband, der von immer mehr Landwirten als Lobbyvertretung der Großagrarier*innen wahrgenommen wird, die Basisbewegung »Land schafft Verbindungen«. Vor dem ersten Corona-Shutdown gab es fast überall Demonstrationen, auch an vielen Orten, an denen ich zu Veranstaltungen eingeladen war: Wütende und aus der Defensive heraus angreifende Bauern und Bäuerinnen auf Traktoren, Plakate mit Aufschriften »Butter und Brot machen wir« und »Unsere Kinder sind eure Zukunft«. Immer wieder diskutierte ich mit den Demonstranten. Und konnte über die Monate spüren, wie sie immer zorniger und politisch radikaler wurden, wie sich das Verlangen, Antworten auf ihre Situation zu bekommen, zu einem Protest wandelte, bei dem es nicht mehr um Lösungsvorschläge ging, sondern darum, Kritik an ihnen gar nicht erst zuzulassen.

Das Fiese ist: Beide Seiten haben recht – natürlich nicht in der Beschimpfung des jeweils anderen, sondern in der Analyse, die der Wut zugrunde liegt. Für viele, vor allem ältere Menschen, ist der Butterpreis immer noch ein Indikator, ob Lebensmittel gerade günstig sind oder nicht. Ich weiß nicht genau, ob daraus noch immer eine Art Urangst spricht, dass Dinge immer teurer werden und Lebensmittelpreise ins Exorbitante steigen, eine Angst, die auf 1923 zurückgeht, das Trauma der Hyperinflation, das sich tief eingebrannt hat in das kollektive Bewusstsein, während die Deflation sechs Jahre später, die zum Einbruch im Welthandel und zum Rückgang der Industrieproduktion, zu Massenarbeitslosigkeit und letztlich dem Nationalsozialismus geführt hat, sich merkwürdigerweise nicht im kollektiven Bewusstsein verankert hat. In jedem Fall ist der absolute Preis dabei gar nicht entscheidend, um zu verstehen, was sich in den letzten Jahrzehnten ereignet hat, sondern der relative. 1960 musste man durchschnittlich für 250 Gramm Butter 39 Minuten arbeiten, heute muss man vier Minuten, also fast nur noch 10 Prozent der Zeit aufbringen. Für einen Liter Milch musste man elf Minuten arbeiten, heute zwei. Für ein Kilo Kabeljau knapp eine Stunde, heute fünf Minuten. Entsprechende Zahlen gibt es für Brot, Kotelett, Eier usw. usf.

Produktivitätssteigerungen brachten niedrigere Preise. In der Summe gaben Haushalte in Deutschland 1960 für Lebensmittel 38 Prozent ihres Einkommens aus, heute sind es etwa 14 Prozent. Je weniger eine Gesellschaft für die Güter des primären Sektors arbeiten muss, desto mehr Zeit hat sie zur Verfügung, um Industriegüter und Dienstleistungen zu produzieren. Je weniger wir für Lebensmittel ausgeben müssen, desto mehr können wir in den Konsum stecken. Nicht nur in Handtaschen, Schuhe, neue Handys oder ähnliche Dinge, sondern auch in Bildung, Gesundheitsleistungen, Bücher, Kultur, Sport. Der Wohlstand einer Gesellschaft steigt, je günstiger die Produkte der sogenannten Urproduktion sind. Die Gesellschaften zum Beispiel in Afrika sind vor allem deshalb arm, weil sie fast alles, was sie verdienen, für Lebensmittel ausgeben müssen. Die sogenannte grüne Revolution in den westlichen Ländern – Kunstdünger, Pestizide, bessere Ausbildung der Landwirte, größere Felder, größere Maschinen, größere Ställe – hat hingegen für eine immer effizientere Produktion gesorgt – die letztlich unseren gesellschaftlichen Wohlstand schuf. Ein deutscher Bauer konnte nach dem Zweiten Weltkrieg die Lebensmittel für zehn Menschen anbauen. 1950 gab es zwei Millionen Bauernhöfe. Heute arbeiten noch gut 600 000 Menschen in der Landwirtschaft, es gibt nur noch 260 000 Betriebe – aber ein Landwirt produziert im Schnitt inzwischen für 135 Menschen. 1950 erwirtschafteten Bauern noch 2,6 Tonnen Weizen pro Hektar Ackerland, heute sind es mehr als dreimal so viel – über 8 Tonnen pro Hektar. Die Konsequenz ist, dass es immer weniger Bauern geben musste. Wenn Bauer A einen neuen Kuhstall baut, der es ihm ermöglicht, mehr Milch zu einem günstigeren Preis zu produzieren als Bauer B, dann übernimmt er irgendwann die Flächen von B, weil der am Markt nicht mehr mithalten kann. Man nennt dies Strukturwandel – und die politische Haltung und akademische Lehrmeinung ist, dass ein Strukturwandel von jährlich etwa 2 Prozent notwendig und gut, also gewollt ist. Jährlich müssen also 2 Prozent der Betriebe aufgeben, damit die Produktionssteigerung im primären Sektor funktioniert. Jährlich

2 Prozent bedeutet, dass sich alle 25 Jahre die Zahl der Bauern-höfe halbiert. Und – noch mal – das liegt nicht daran, dass die Bauern keine Ahnung hätten oder zu faul wären, sondern daran, dass die Entwicklungsstruktur das notwendig macht – das ist also die »schöpferische Zerstörung« konkret.

Denn so erfolgreich das System der Industrialisierung der Landwirtschaft einerseits war, so sehr sind die Proteste der Landwirte heute auch Proteste gegen ihr drohendes Aus. Mö-gen es 1950 tatsächlich Kleinstbetriebe gewesen sein, die nicht überleben konnten, sind es heute oft gut wirtschaftende Be-triebe, die aufgeben müssen, weil gut eben nicht mehr effizi-ent genug ist.

Ein weiterer Preis des Erfolgs ist, dass wir inzwischen enorme ökologische Probleme durch die intensive Landwirtschaft ha-ben. Der Verlust von Arten wird die Ökosysteme nach Mei-nung der Experten ebenso schädigen wie die Erderhitzung. Eine Million Arten sind vom Aussterben bedroht. Die Meere, die Flüsse, die Böden, die Wälder, also die Ökosysteme, die uns mit Sauerstoff, Wasser und Nahrung versorgen, sind aus-gelaugt, verschmutzt oder übernutzt. Global wie national ist die Landwirtschaft wegen der hohen Flächenintensität einer der Haupttreiber des Artensterbens.

In den letzten 27 Jahren ist die Insektenbiomasse um bis zu 80 Prozent reduziert, Schmetterlinge, Bienen, Käfer – sie fehlen als Bestäuber und als Nahrungsgrundlage. In Europa leben über 420 Millionen Vögel weniger als vor 30 Jahren. 30 Prozent aller Vogelarten, die auf Insekten angewiesen sind, verlieren dramatisch an Individuen. In einer Studie des Helmholtz-Zentrums für Umweltforschung von 2019 wird eine Korrelation hergestellt, dass 20 Prozent höherer Ertrag in der landwirtschaftlichen Produktion den Verlust von 9 Prozent der Arten bedeutet. Der Verlust ihrer Lebensräume – der Maisanbau, fehlende Seitenstreifen bei den Äckern – hat die Niederwildpopulationen wie Rebhuhn oder Hase nachgerade zusammenbrechen lassen. Als Umwelt- und Landwirtschaftsminister habe ich jedes Jahr den Artenschutzbericht für Schleswig-Holstein vorgestellt. Immer wieder listeten wir erfolgreiche Naturschutzprojekte auf, aber sie waren nur Inseln in einem Meer von Verlust.

Und die Haltungsbedingungen der Nutztiere sind heute zwar so, dass die Tiere bei optimaler Leistung möglichst nicht krank werden, aber Rücksicht auf ihre Bedürfnisse nehmen sie nicht. Damit wir billige Milch trinken und billigen Käse essen können, werden Kühe künstlich besamt. Die Kälber werden ihnen spätestens nach vier Stunden weggenommen, weil sie sonst zu sehr nach ihnen blöken. Die Kuhkälber werden zu Milchkühen. Die Bullen gehen in die Mast, wo sie ein Leben lang faktisch ohne Bewegung in Boxen verbringen. Die Milchkühe heute geben etwa doppelt so viel Milch wie vor 30 Jahren – und werden teilweise nach zwei Laktationsperioden geschlachtet, weil sie nicht mehr »effizient« genug sind.

Sauen wiederum stehen nach der Besamung circa 30 Tage in einem sogenannten Kastenstand, in dem sie sich hinlegen und aufstehen, aber nicht bewegen können. Erst vor Kurzem wurde beschlossen, dass dieser Kastenstand abgeschafft werden soll. (In den nächsten drei Jahren müssen alle Betriebe Umbaupläne vorlegen, nach fünf Jahren einen Bauantrag – oder sie werden geschlossen.) Die männlichen Ferkel werden ohne Betäubung kastriert, damit sie keinen Ebergeruch entwickeln. (Ein Gesetz, das das Ende der betäubungslosen Kastration mit Jahresbeginn 2019 vorsah, wurde von der Bundesregierung auf 2021 verschoben.) Etwa 45 Millionen männliche Küken werden in Deutschland jedes Jahr gleich nach dem Schlüpfen vergast und geschreddert, weil sie ökonomisch nutzlos sind – jetzt, nach jahrelangem Hinhalten, ist ein Verbot auf den Weg gebracht. Denn in den hochgezüchteten Legerassen setzen die kleinen Hähne nicht genug Fleisch an, um in die Mast zu gehen. Bei den Mastrassen wiederum sieht die Nutztierhaltungsverordnung einen sogenannten Höchstbesatz von 35 kg / m² vor, was bei 1600 Gramm schweren Hühnern 20 Tiere auf einen Quadratmeter bedeutet.

Ich stoppe hier die Aufzählung. Insgesamt kann man sagen, dass Tiere gerade so viel Platz, Licht, Futter bekommen, dass sie nicht krank werden. Aber dass das System gesund ist, kann wirklich niemand behaupten, der sich mit ihm beschäftigt hat.

Die Bäuer*innen arbeiten so, wie es die politische Norm bis jetzt will. Die politische Norm repräsentiert in einer repräsentativen Demokratie die gesellschaftliche Einstellung. Wenn die sich wandelt, muss sich auch die politische Norm wandeln. Das ist aber bis heute nicht geschehen. Solange das System darauf ausgerichtet ist, dass Landwirte möglichst viel zu möglichst günstigen Preisen produzieren, produzieren Landwirte eben auch möglichst viel zu günstigen Preisen – während weite Teile der Gesellschaft die Produktion verändert sehen wollen und viele davon die Bäuer*innen dafür verantwortlich machen, dass das nicht erfolgt.

Der Schlüssel liegt aber in einer politischen Systemveränderung. Die deutsche Landwirtschaft bekommt jährlich Milliarden Euro Steuergeld als Zuschuss über den Umweg der EU, die sogenannten Direktzahlungen. Dieser Zuschuss soll die Produktion sichern und günstig halten. Er macht ungefähr die Hälfte des Betriebseinkommens aus. Deshalb können Landwirte ihre Produkte, Milch, Schweine, Eier, auch unter dem Preis der Produktionskosten abgeben, weil sie eben ungefähr die Hälfte des Einkommens nicht durch den Verkauf, sondern durch staatliche Zuschüsse generieren. Dieser Zuschuss ist nicht an eine spezifische Verwendung gebunden, sondern wird per Hektar ausgezahlt. Was auf dem Hektar passiert, ist für die Höhe des Geldes irrelevant. Ob eine Kuh auf einer Wiese steht, Gras und Löwenzahn frisst, kleine Kuhlen in die Wiese tritt, aus denen kleine Pfützen werden, in denen dann Insekten leben, die von Wiesenvögeln gefressen werden, die auf der Wiese brüten – oder ob der Bauer die Kuh mit 599 Artgenossen in einen großen Stall stellt, aus der Wiese einen Maisacker macht und die Kuh mit Mais füttert – der staatliche Zuschuss ist der gleiche.

Kühe, die sich nicht bewegen, verbrauchen weniger Kalorien und geben mehr Milch. Mais hat mehr Kalorien als Gras. Bei knappen Preisen und hohem Marktdruck ist es für jeden Bauern ökonomisch ratsam, aus der Wiese einen Acker zu machen. Pfützen, Insekten und Vögel gibt es aber im Maisfeld nicht mehr. Ökologisch ist so ein Acker faktisch tot. Nur Wildschweine leben in ihm.

Durch eine unspezifische, nicht an ökologische Kriterien gebundene Auszahlung der staatlichen Gelder verschärft also die Politik die ökologischen Probleme und treibt die Landwirte in eine Produktion, die weite Teile der Gesellschaft kritisieren. Sie animiert die Bauern, Vollgas zu geben, während die Gesellschaft ein Tempolimit und Bremsen will und die Landwirte als Raser kritisiert. Vollgas geben und gleichzeitig bremsen funktioniert nicht, verschwendet aber jede Menge Energie. Sowohl ökonomisch wie emotional. Ökonomisch nämlich wendet die öffentliche Hand noch mal Geld auf, um die Schäden, die durch die öffentliche Förderung entstanden sind, zu kompensieren: Vertragsnaturschutzprogramme, Gewässerschutzprogramme, Artenschutzprogramme, sie kosten viel Geld, das aufgewandt wird, um die Schäden, die unter anderem durch jahrzehntelangen und immer noch andauernden falschen Geldeinsatz entstanden sind, zu reparieren. Und die emotionalen Kosten sind oben schon beschrieben. Kritiker der intensiven Landwirtschaft und Bauern bewegen sich in einer emotionalen Abwertungsspirale nach unten.

Dabei liegt die Antwort auf der Hand. Würde der Bauer, der die Kuh auf der Weide stehen lässt, mehr Geld bekommen als der, der sie mit 599 anderen in den Stall stellt, gäbe es einen ökonomischen Anreiz, ökologischer zu produzieren. Und die Landwirte müssten nicht mehr um die Anerkennung der Gesellschaft kämpfen, sie hätten sie.

Logischerweise machen Bauern das, womit sie Geld verdienen können. Deshalb haben viele Landwirte sich Biogasanlagen zugelegt, als diese gefördert wurden. Im Moment verdienen die meisten mit der Schonung der Umwelt und des Klimas kein Geld. Im Gegenteil, in einem System, das nur auf »Wachse oder weiche« ausgerichtet ist, sind Tümpel, Wiesen, Knicks oder Baumgruppen – also Orte, wo nicht bewirtschaftete Natur überleben kann – Hindernisse und Einschränkungen, die nach Möglichkeit beseitigt werden müssen. Dieses System muss so geändert werden, dass es eine Nachfrage nach Umweltleistungen gibt, einen Markt für Natur- und Klimaschutz. Dass Bauern mit naturnaher, nachhaltigerer Landwirtschaft das gleiche oder mehr Geld verdienen können als heute, dass sie ihre Betriebe nicht für einen ruinösen Preisdruck aufgeben müssen, dass also nicht blindes Wachstum Ziel des

Systems ist, sondern nachhaltiges – das ist die politische Umstellung, die wir brauchen.

Es gibt in der politischen Diskussion verschiedene Modelle, nach denen diese Qualifizierung vorgehen könnte. Grob gesprochen gibt es Punkte für Arten-, Klima- und Gewässerschutz, die sich in verschiedene Kategorien aufteilen lassen: Verzicht auf Pestizide, Grünlandanteil, Fruchtfolgen, Flächen, die nicht bestellt werden, Seen und Tümpel, Abstände zu Gewässern, Tierbestand pro Hektar etc. All diese Vorschläge entsprechen der Denklogik einer veränderten Wohlstandsmessung, die Nachhaltigkeit nicht als nette, nachträglich heruntergeladene App betrachtet, die man auch noch dazunimmt, sondern als integralen Bestandteil des Wirtschaftssystems.

Eine Reform dieser EU-Agrarförderung reicht natürlich nicht aus. Sie ist letztlich nur ein Baustein, das Landwirtschaftssystem zu reparieren. Hinzu kommen muss eine andere Tierhaltung, die die Tiere nicht länger den Ställen anpasst, also zum Beispiel den Schweinen die Ringelschwänze kupiert, weil hochintelligente Säugetiere, die auf engstem Raum und im Ammoniakgestank eingesperrt sind, nach allem beißen, was sie aus ihrer Langeweile rettet, sondern die Ställe den Bedürfnissen der Tiere: Schweine also in der Erde buddeln, mindestens im Stroh wühlen und im Auslauf den Himmel sehen können.

Und es braucht eine verbindliche Haltungskennzeichnung, die die Verbraucher*innen darüber aufklärt, dass die Schweine, die im Schweinehack stecken, nicht im Fachwerkhaus neben einem Apfelbaum gelebt haben – auch wenn auf der Verpackung ein Fachwerkwerkhaus mit Apfelbaum zu sehen ist. Dass also die Produkttäuschung, die wir täglich erleben, in Produkttransparenz überführt wird und so einen Beitrag dazu leisten kann, den Landwirten eine fairere Entlohnung zukommen zu lassen. Und wir brauchen einen Stopp der Dumpingpreise, die nachträglich die Arbeit der Bauern und den Tod der Tiere buchstäblich entwerten.

Wird das alles zu höheren Lebensmittelpreisen führen? Ja, das wird es. Und ja, ich weiß, dass viele Menschen in diesem Land jeden Cent umdrehen müssen, dass ein Teil zur Tafel gehen und dort Lebensmittel abholen muss, weil das Geld fehlt. Ich weiß, dass diese Menschen während des ersten Corona-Shutdowns erst recht in Not waren, weil die Tafeln schließen mussten. Diese empörende, oft genug verdeckte Armut in einem so reichen Land wie Deutschland anzugehen ist eine besondere Aufgabe. Mittel dagegen sind zum Beispiel ein höherer Mindestlohn und höhere Hartz-IV-Sätze, eine Kindergrundsicherung. Aber niemand sollte jene, die wenig haben, politisch ausnutzen, um einen ideologischen Kampf fürs billige Fleisch zu führen. Die populistische Methode ist genau das – den Konflikt, der schwer genug zu lösen ist, zusätzlich zu emotionalisieren. Armut braucht eine Antwort, aber die sollte weit über die Frage des Fleischkonsums hinausgehen.

Es ist nämlich noch nicht einmal so, dass die Deutschen im Durchschnitt mehr Geld für Lebensmittel ausgeben müssten. Bei uns werden jedes Jahr Lebensmittel in einem Wert von 20 Milliarden Euro weggeworfen. 20 Milliarden – das sind fast 500 Euro pro Haushalt. Jährlich werden allein in Deutschland nach groben Schätzungen zwischen 4 bis 20 Millionen Schweine umsonst geschlachtet. Weil das eine so unvorstellbare Zahl ist: Sie entspricht bei niedrigster Schätzung einer Zahl von 11 000 Schweinen täglich. Die EU-Direktzahlungen an die Landwirtschaft in Deutschland liegen jährlich bei fast

6,5 Milliarden Euro und sie sichern wie gesagt die Hälfte des Betriebseinkommens. Würde es also gelingen, dass die Hälfte, ein Viertel oder auch nur 10 Prozent des Geldes für weggeworfene Lebensmittel bei den Bauern ankommt, die Bauern dafür aber weniger produzieren müssten, keine so hohen Produktionskosten für Futter, Energie, Dünger, Pestizide etc. hätten, die Tiere und die Umwelt geschont würden – wir wären einen großen Schritt weiter.

Schon bei den Bauernprotesten 2019 tauchten immer wieder AfD-Plakate auf Traktoren auf. Bei den Bauerndemonstrationen des Frühjahrs 2020 sah man plötzlich immer häufiger eine schwarze Fahne mit einem weißen Pflug und Schwert – die Flagge der sogenannten Landvolkbewegung, einer völkischen Protestbewegung aus den 1920er-Jahren, die später in der NSDAP aufging und zuvor Bombenanschläge auf Politiker verübt hatte. Der ökonomische Druck in der Landwirtschaft darf nicht zu Nationalismus und Rechtsextremismus führen. Genau das aber passiert, wenn nichts passiert. Dann werden nicht nur die Lebensmittel entwertet, sondern auch die Bäuer*innen, die sie produzieren. Wer aber spürt, dass er entwertet wird, verliert das Selbstwertgefühl. Und wenn das Selbstwertgefühl einem ganzen Berufsstand abhandenkommt, wenn Tausende von Bauern den Eindruck haben, dass sie an den Rand geschoben werden, dann ist es nur eine Frage der Zeit, wann aus Frustration Wut und aus Wut Ablehnung unserer Demokratie wird. Am Beispiel der Landwirtschaft kann man sehen, wie die ökonomische und die normativ-kulturelle Problemlage ineinandergreifen. Das eine ist ohne das andere kaum zu verstehen.

Die Landwirtschaft ist deshalb nur ein Beispiel, wie eine

normativ-kulturelle Neubewertung von Gütern – in diesem Fall Wasser, Klima, Tiergerechtigkeit – zu einer anderen, nachhaltigeren Wirtschaftsweise führen kann und eine solche zu einer ökonomisch faireren Situation. Aber es ist ein gutes Beispiel, denn fast nirgendwo ist die Verbindung von Wirtschaft und ethischen Fragen so unmittelbar wie im Bereich der Lebensmittelproduktion. Zum einen ist Essen ein Kulturgut. Wie wir uns ernähren, ob wir uns Fast Food reinziehen oder Fleisch oder Gemüse grillen, bestimmt mit darüber, wie wir über uns denken. Zum anderen prägt kaum eine Wirtschaftsform unsere Landschaft in dem Maße wie die Landwirtschaft. Und drittens sind Tiere, die gehalten werden, um sie zu töten, Lebewesen, die unsere Empathie unmittelbar wecken. Diese Unmittelbarkeit schafft die Intensität der Debatte. Ich weiß, wie anstrengend sie ist. Aber vielleicht gelingt es uns, sie als bedeutsam zu begreifen.

Eine Umbruchsituation im Kapitalismus

Sosehr sich die Landwirtschaft industrialisierte, sosehr ist die Industrie als Teil des sekundären Sektors in den letzten Jahren oft selbst in eine Krise geraten. Genauer formuliert: Sie droht zwischen zwei verschiedenen Anforderungen zerrieben zu werden.

Die Klimakrise zwingt einerseits dazu, anders, nämlich CO_2-neutral zu produzieren und entsprechend zum Beispiel die Stahlproduktion auf Wasser- statt Kohlenstoff umzustellen, statt des fossilen Verbrennungsmotors elektrische Antriebe zu bauen, die chemische Produktion ebenfalls klimaneutral auszurichten. Wenn man durch das BASF-Werk in Ludwigshafen geht, bekommt man eine ungefähre Vorstellung davon, was das bedeutet. Kilometerlange Rohre, die die chemischen Grundsubstanzen transportieren, Gas- und Ölleitungen, so weit das Auge reicht. Aber auch die Chemieindustrie will erstens die Energie für die chemischen Prozesse aus erneuerbaren beziehen und arbeitet zweitens an Verfahren, klimaneutralen Wasserstoff herzustellen. Diese neue Industrieproduktion aufzubauen erfordert hohe Investitionen in Umbau, Forschung und Entwicklung.

Allerdings ist durch die Globalisierung der Preisdruck enorm und höhere Investitionen, die ja mit höheren Preisen bezahlt werden müssen, sind auf dem Weltmarkt oft nicht konkurrenzfähig. Und schließlich gibt es als Reaktion auf diesen Preisdruck immer mehr Länder, die ihre Märkte wieder mit Zöllen und Strafzöllen schützen, was exportorientierten Volkswirtschaften wie der unseren Marktzugänge verbaut, Gewinne schmälert und neue Investitionen verhindert.

Gerade durch die Globalisierung ist die deutsche und in noch stärkerem Maße die europäische Industrie seit Jahrzehnten in einem Prozess des Strukturwandels, der den sekundären Sektor immer mehr schwächt und den tertiären, den Dienstleistungssektor, immer stärker werden lässt. Seit 1960 hat sich die Zahl der Arbeitnehmer*innen im industriellen Sektor in Deutschland halbiert. Arbeitete damals fast die Hälfte der Beschäftigten in der Industrie, sind es heute nur noch 24 Prozent. Entsprechendes gilt für alle Industrienationen der nordwestlichen Hemisphäre. Mit dem Verlust der Arbeitsplätze geht auch ein Verlust am Beitrag zur Volkswirtschaft einher. Der Anteil der Industrie an der Wertschöpfung der gesamten deutschen Wirtschaft betrug 1960 weit über 50 Prozent, heute ist es nur noch ein knappes Drittel.

Der Grund dafür, dass der Anteil der Industrieproduktion in den westlichen Ländern in den letzten Jahrzehnten insgesamt schrumpfte, ist natürlich nicht, dass jemand der heimischen Industrie bewusst schaden wollte, sondern dass die Politik – meist auf Wunsch der Industrie selbst – die Absatzmärkte vergrößert und dem Marktgeschehen freieren Lauf gelassen hat. Die europäische und US-amerikanische Wirtschaft wollte Güter exportieren und Rohstoffe importieren. Und so wurden nach dem Zweiten Weltkrieg auf der ganzen Welt Handelsabkommen geschlossen und Zölle abgebaut. Die zuvor nationalen Märkte wurden zu globalen.

Der sogenannte Neoliberalismus der Ära von Ronald Reagan und Margaret Thatcher bis Tony Blair und Gerhard

Schröder deregulierte weiter, insbesondere den Finanzmarkt. Neue Wirtschaftskreisläufe entstanden, neue Institutionen wie die Welthandelsorganisation WTO, die Märkte für Güter, Dienstleistungen, Kapital und Arbeitskräfte wurden international immer verflochtener und wuchsen immer mehr zusammen.

Schafft man große, ja globale Räume für den Handel, baut Zölle ab, die lokale Märkte schützen, und normiert die jeweiligen Produkte so, dass sie zwischen Ländern und Kontinenten zirkulieren können, verlagert sich die Produktion in die Länder, die zu besonders günstigen Bedingungen produzieren können. In den Schwellenländern werden niedrigere Löhne gezahlt, Umweltauflagen und Sozialleistungen sind häufig geringer oder gar nicht vorhanden, vor allem die arbeitsintensiven Prozesse wurden in diese ausgelagert. So entwickelte sich in den Schwellenländern eine stark exportgetriebene Wirtschaft, China wurde zur Werkbank der Welt.

Globalisierung und einen weltweiten Handel gibt es im Grunde seit Jahrtausenden. Die antiken Reiche, Marco Polo und die Seidenstraße, die Entdeckung Amerikas und der Kolonialismus, waren alle geprägt von globalem Warenaustausch. Was sich aber insbesondere in den letzten Jahrzehnten verstärkt hat, ist, dass dieser Handel Teil einer maximalen Wachstumsökonomie wurde. Dani Rodrik spricht entsprechend von »Hyperglobalisierung«. Diese Epoche der Hyperglobalisierung ist dadurch bestimmt, dass die Produktion immer fragmentierter erfolgt, die Wertschöpfungsketten also immer stärker in ihre Bestandteile zerlegt werden können, weil Zölle und Quoten immer mehr abgebaut wurden und die Handelsabkommen sich auf die Harmonisierung von nationalen Standards wie Umweltauflagen verlegten.

Auch im industriellen Sektor wirkt also die schöpferische Zerstörung Schumpeters. Einerseits durch den enormen technologischen Fortschritt der Automatisierung, Roboterisierung bzw. Digitalisierung, andererseits, weil die ehemaligen Schwellenländer begannen, ihre Güter in die entwickelten Industrienationen zu exportieren – und die industrielle Massenproduktion dort verdrängten. In bisherigen Industrieregionen, dem Ruhrgebiet, den nordenglischen und US-amerikanischen Stahlstädten, fielen Arbeitsplätze, ja ganze Industriezweige weg. Sosehr der Wohlstand als Ganzes wuchs – für die Arbeiter (*innen – in diesem Fall waren es fast immer männliche Arbeiter, die ihre Jobs verloren), ja für alle Menschen in Bottrop, Birmingham oder Baltimore waren die Globalisierung und die zunehmende Zahl der Freihandelsabkommen eine schlechte Nachricht. Billigere Stahlproduktion beispielsweise in China ermöglichte die Herstellung billigerer Autos, von denen viele profitierten, aber dafür fiel der Job des Stahlarbeiters weg. Die Umstellung vieler Stadtwerke von Kohle auf Gas verbesserte ihre Klimabilanz, aber das Gas kommt aus Russland und die hiesige Braunkohle oder Steinkohle wurde nicht mehr gebraucht.

Ganze Branchen verschwanden, Schiffsbau, Metall verarbeitende Industrie, die Textilbranche. Oft genug hatte das verheerende Folgen für die jeweiligen Regionen, mit hoher Arbeitslosigkeit, einem Einbruch der Steuereinnahmen, entsprechend fehlenden Ausgaben der öffentlichen Hand. Soziale Bindungen und Solidarität waren plötzlich weg.

Mit dem Verlust der gemeinsamen Arbeit stellt sich häufig auch ein Verlust gemeinsamer Identität ein. Und so ließen solche Strukturbrüche Traumata zurück. Menschen hatten erlebt, dass sie nicht mehr gebraucht wurden. Und selbst wenn die Arbeitslosigkeit irgendwann zurückging und die Steuer-einnahmen wieder sprudelten: Was früher eine stolze Region mit stolzen Menschen war, war plötzlich ein sogenannter Konversionsfall – und der Stolz war futsch.

Denn oft verlieren die Arbeiternehmer*innen des Industrie-sektors ja nicht nur ihren Job, sie verlieren auch die Perspektive auf einen neuen Job, wenn ein ganzer Industriezweig aufhört zu existieren, plötzlich oder schleichend.

Bis 2013 gab es in Itzehoe eine große Druckerei. Sie musste schließen – einerseits natürlich, weil klassische Druckerzeug-nisse durch die Digitalisierung weniger werden, andererseits aber auch, weil immer mehr Kunden in europäischen Nach-barländern günstiger drucken lassen. Ein Bekannter von mir arbeitete in Itzehoe – zusammen mit 1199 anderen. Er ist ge-lernter Drucker – heute arbeitet er als Schlachter. Die meisten, die damals arbeitslos wurden, mussten umschulen oder sind immer noch arbeitslos. (Übrigens arbeitet mein Bekannter in einer Schlachterei in Dänemark und nicht in Deutschland, weil er dort durch eine starke Gewerkschaft vertreten wird. Daher ist sein Lohn in Dänemark viel höher, während sich in den deutschen Schlachthöfen über Jahre ein skandalöses System von Werkverträgen etabliert hat, wodurch es fast keine feste Belegschaft gab, die sich organisieren konnte – was erst im Zug von Corona angegangen wurde. In der Fleischindustrie ist also Deutschland das Billiglohnland, das zum Schlachthaussterben in einer ganzen Reihe anderer europäischer Länder geführt hat.)

Es greift – wie schon bei der demografischen Entwicklung gesehen – zu kurz, wenn man den Erfolg des rechten Popu-lismus eins zu eins mit Arbeitslosigkeit und dem Wegfall von

Industriezweigen erklären würde. Statusverlust ist nicht nur eine ökonomische Variable. In Deutschland beispielsweise hat die AfD bei den letzten Landtags- und Bundestagswahlen neben den strukturschwachen Gebieten Ostdeutschlands auch hohe Stimmenanteile in Bayern und Baden-Württemberg erzielen können. Bayern und Baden-Württemberg sind die reichsten Bundesländer im westlichen Teil der Republik und hatten zum Zeitpunkt der Wahlen faktisch keine Arbeitslosigkeit. Und in Ostdeutschland fanden die Pegida-Demonstrationen im florierenden Dresden statt. Auch Glashütte, eine Uhrmacherstadt mit einer jahrhundertealten Tradition in der Sächsischen Schweiz, floriert. Ich war dort und habe eine der renommiertesten Firmen besucht. In Glashütte herrscht Vollbeschäftigung. Die Uhrmacher*innen verdienen überproportional gut, weil sie gesuchte Fachkräfte sind und sonst nach München abwandern würden. Und der Ort ist wirklich malerisch. Städte im Ruhrgebiet würden sich freuen, so auszusehen. Trotzdem ist Glashütte AfD-Hochburg.

Baden-Württemberg, Bayern, Sachsen: Alle drei Länder haben starke Industriezweige, die unter dem Druck der Globalisierung und des Klimaschutzes stehen. Sachsens Braunkohle, Bayerns und Baden-Württembergs Automobilindustrie mit Daimler, BMW und Audi und den entsprechenden Zulieferfirmen. Die Krise eines Teils des sekundären Sektors droht zu einer Krise des westdeutschen Wohlstandsmodells zu werden, und die reichen Standorte der Automobilindustrie könnten einen Strukturwandel erleben wie in der Vergangenheit das Ruhrgebiet.

Philip Manow kommt zu dem Schluss, dass es nicht unmittelbare Arbeitslosigkeit, sondern die mittelbare Angst vor drohender Arbeitslosigkeit ist, die Menschen verunsichert und Wut keimen lässt – beides Nährstoffe für Populisten. Gerade die, die in Branchen arbeiten, die derzeit gute Löhne zahlen, die aber durch die Klimadebatte öffentlicher Kritik ausgesetzt sind und durch die Globalisierung in starkem Konkurrenzdruck stehen, sind für rechtspopulistische Ansprache empfänglich. Sowie diejenigen, die schon einmal die Erfahrung von Arbeitslosigkeit machen mussten, so Manow – wie so viele im Osten. Das Wissen, dass es einen treffen kann, ist oft entscheidender als die tatsächliche materielle Situation.

Dafür spricht auch, dass vier von fünf Menschen, die AfD wählen, ihre ökonomische Situation als gut und besser bezeichnen. Nach einer Civey-Umfrage vom Herbst 2019 beurteilen 81 Prozent der Menschen in Sachsen, wo die Unzufriedenheit mit der Politik besonders hoch ist, die AfD sehr stark und die CDU-Basis mitunter AfD-nahe Positionen vertritt, ihre wirtschaftliche Situation als sehr gut bis eher gut. Vielleicht ist es sogar so, dass die AfD gewählt wird, weil es den Menschen nicht schlecht, sondern gut geht. Aber die Angst vor dem sozialen Abstieg nagt an ihnen.

Es ist die Angst vor dem drohenden Verlust der Arbeit und damit verbunden vor dem drohenden Verlust des Selbstwertgefühls, der Menschen anfällig für populistische Politik macht. Du bist ersetzbar – diese Furcht wird zum inneren Modus. Und wer mit dem Wissen lebt, jederzeit ersetzbar zu sein, verliert Vertrauen und Halt, nicht zuletzt Selbstvertrauen. Auch für diese Arbeiternehmer*innen braucht es ein Politikangebot.

Viele politische Antworten bekämpfen derzeit eher die Symptome als die Krankheit: Die eingeführte Grundrente ist besser als keine Grundrente, aber an dem Problem, dass Menschen ein Leben lang arbeiten und die Rente trotzdem nicht für ein würdevolles Leben im Alter reicht, ändert sie nichts. Die Werkverträge in den Schlachthöfen zu verbieten ist richtig, aber dass die Fleischindustrie Profit damit macht, Mensch und Tier auszubeuten, wird dadurch nicht behoben. Und dass Menschen sich von der Politik oder dem Gemeinwesen abwenden, liegt auch nicht daran, dass es nach der Aussetzung der Wehrpflicht keinen Zivildienst mehr gibt und kein – wie immer mal wieder gefordert wird – soziales Pflichtjahr eingeführt wurde, sondern daran, dass es zunehmend schlechter gelingt, Politik und staatliches Handeln attraktiv und sinnvoll erscheinen zu lassen.

Wenn mir die letzten Jahre etwas gezeigt haben – da waren die vielen Gespräche auf meinen Reisen durch die Republik wirklich eine harte Schule –, dann, dass es nur eines gibt, was schlimmer ist als Angst vor Veränderung und vor Verlust von Anerkennung: Beschwichtigung. Wenn Politiker*innen so tun, als hätten sie auf ein komplexes Problem eine einfache Antwort, dann nehmen sie die Menschen nicht ernst. Und ist es schon schlimm genug, sich infrage gestellt zu wissen: Wenn diejenigen, die einen repräsentieren sollen, einen nicht ernst nehmen, dann wird Vertrauen endgültig zerstört.

Wenn Menschen nicht ernst genommen werden mit ihren Sorgen, Fragen und Zweifeln, resignieren sie und ziehen sich zurück oder sie wenden sich im schlimmsten Fall Trump, Le Pen oder der AfD zu, die Klimaschutz für unnötigen Ballast halten und die der wirtschaftlichen und kulturellen Globalisierung das Versprechen der Rückverlagerung von Arbeit, nationale Abschottung und geschlossene Grenzen entgegensetzen. Beides darf nicht passieren.

Ein Teil der Menschen, die sich nicht mehr angesprochen

fühlen von der Politik, die auch tatsächlich nicht mehr angesprochen werden, in den Vierteln, in denen Politiker*innen meist gar nicht mehr auftauchen, die, über deren Lebensstil Witze gemacht werden, die, die mit ihren Fragen oder Sorgen keine politische Resonanz mehr erzeugen, bleibt zu Hause, zieht sich aus der politischen Debatte zurück, macht sein Ding. Ein anderer Teil wird laut, sucht sein Heil bei denen, die zornig und wütend sind und Hass auf andere als Antwort anbieten. Immer mehr wird die politische Auseinandersetzung so von den Brüllern beherrscht, für Zwischentöne ist kaum noch Raum. Der öffentliche Raum verengt sich. Nur dafür oder dagegen. Nur ich oder du. Und nur die fertige Antwort. Das macht auch vor progressiven Parteien nicht Halt. Die richtigen Worte zu finden ist wichtig, und wenn sie nicht stimmen, ist ein Argument schnell nichtig.

Der öffentliche Raum ist der Raum der Demokratie. Er bleibt nur ein offener, wenn wir immer wieder an uns arbeiten, uns kontrollieren und die nötige Toleranz aufbringen, Menschen immer wieder zum Gespräch einzuladen – solange sie nicht selbst das Gespräch der Demokratie zerstören wollen. Für Freiheit zu kämpfen bedeutet, auf Ideologien zu verzichten. Wenn sich immer mehr Menschen aus einem Unwohlsein, einer Unsicherheit heraus aus der öffentlichen Debatte zurückziehen, dann laufen wir Gefahr, diese Menschen für die demokratische Debatte, für unsere Demokratie, zu verlieren. Dabei ist das der Kern der Konflikte unserer Zeit: die Auseinandersetzung darüber, wie unsere demokratische Gesellschaft verfasst sein soll, welchen Wertekompass sie besitzen will.

Die Antwort kann jedenfalls nicht in einer Verneinung von Globalisierung und technologischem Fortschritt liegen. Der globalisierte Handel hat auch enorm positive Folgen. Durch Wachstum wächst der weltweite Wohlstand. Und damit auch der Zugang zu Bildung und Gesundheit. Durch den wirtschaftlichen Aufstieg der Schwellenländer stiegen auch dort die Löhne. Die Wohlstandsunterschiede zwischen vielen Schwellenländern und (alten) Industrieländern haben sich innerhalb relativ kurzer Zeit verringert. Und damit einhergehend verbesserte sich in diesen Ländern die Ernährungssituation, der Zugang insbesondere von Mädchen und Frauen zu Gesundheitseinrichtungen und Schulen. Heute hungern weltweit weniger Menschen und mehr Mädchen gehen zur Schule als vor 40 oder 50 Jahren. Die Frauen, die in Bangladesch zu Billiglöhnen Billigklamotten nähen, haben – immer relativ gesehen – höhere Einkommen als ohne diese Arbeit. Sie wollen zu Recht bessere Arbeitsbedingungen und höhere Löhne – aber sie wollen nicht, dass die Fabriken wieder geschlossen werden. Und der Arbeiter aus Bulgarien hat meist auch trotz hiesiger Dumpinglöhne immer noch etwas übrig, um es nach Hause zu schicken, wo das Geld dann ein Vielfaches wert ist – schlicht weil die Armut im eigenen Land so groß ist.

Auf der Welt lebt es sich insgesamt gesehen heute besser und sicherer, reicher und satter, gesünder und länger als jemals zuvor. Vor 100 Jahren betrug die durchschnittliche Lebenserwartung in Deutschland 50 Jahre. Heute liegt sie bei über 80 und viele, die heute jung sind, werden über 100 Jahre alt werden. Das Max-Planck-Institut errechnete 2018, dass die durchschnittliche Lebenserwartung in Deutschland um drei Monate pro Geburtsjahr steigt. Global betrachtet ist die Lebenserwartung den Vereinten Nationen zufolge um 50 Prozent gestiegen, in der westlichen Welt um 25 Prozent. Selbst die Zahl der Kriege und der Kriegstoten ist in den letzten Jahrzehnten zurückgegangen. Der israelische Historiker Yuval Noah Harari begründet das in »Homo Deus« damit, dass »heute die zentrale Stelle des Wohlstands Wissen [ist]. Und während man Ölfelder mittels Krieg erobern kann, kommt man auf diese Weise nicht wirklich an Wissen. Da aber nun Wissen zur wichtigsten Wirtschaftsressource wurde, lohnte sich Krieg immer weniger, und er beschränkte sich zunehmend auf die Teile der Welt – etwa den Nahen und Mittleren Osten sowie Zentralafrika –, wo noch immer altmodische materialbasierte Ökonomien vorherrschen.«

Die Globalisierung hat also nicht nur Probleme geschaffen, sondern auch enorme Fortschritte gebracht und möglicherweise haben wir sie noch gar nicht alle geerntet. Sie verbessert insgesamt gesehen den gesellschaftlichen, ja individuellen Wohlstand – erzeugt aber sehr konkrete Verluste in bestimmten Sektoren und Regionen. Die Ungerechtigkeiten der Globalisierung sind dem Prozess der Globalisierung inhärent. Der Gewinn trägt den Verlust in sich.

Ich bin Vorsitzender einer Partei, die stets auf Veränderungen dringt. Die sich für die Einheit und weitere Einigung Europas starkmacht, die sicher eher von denen, die zumindest die kulturelle und politische Dimension der Globalisierung bejahen, als denen, die sie ablehnen, gewählt wird, die außenpolitisch auf eine Eine-Welt-Politik setzt und die gegen nationale Abschottung und natürlich für den massiven Ausbau von Klimaschutzmaßnahmen eintritt. Und dennoch oder gerade deshalb lernen wir zunehmend, die Probleme, die der wirtschaftlichen Globalisierung inhärent sind, als Aufgabe zu begreifen, die wir nicht einfach ignorieren können – weil wir sonst unser großes

Ziel, den notwendigen ökologischen Umbau unserer Wirtschaft, vergessen können.

Immer wieder werde ich mit den Widersprüchen und den Verlusterfahrungen der ökologischen Umstellung unseres Wirtschaftsmodells, für die ich werbe, konfrontiert. Auf dem Marktplatz in Zwickau, wo ich auf die Stadt eine große Lobrede hielt, weil hier Elektrofahrzeuge gefertigt werden, die Menschen aber überhaupt keinen Stolz empfanden und immer wieder darauf hinwiesen, dass Verbrenner mehr Teile haben als Elektrofahrzeuge, also auch mehr Arbeitsplätze schaffen. Bei einem Vortrag in der London School of Economics, wo ich mit großer Geste gegen den Brexit als einen historischen Fehler argumentierte, das Friedensprojekt Europa beschwor – und als Gegenargument den Satz kassierte: »Aber für mich ist es ein Verlustprojekt.« Bei einem Werksbesuch bei Audi in Ingolstadt, wo mir der selbstbewusste Betriebsrat mit verschränkten Armen das Gefühl seiner Hilflosigkeit vermittelte.

Und der Bekannte, der seinen Job als Drucker verlor und heute Schlachter in Dänemark ist, steckte sich damals eine Zigarette an und sagte: »Kannste nichts machen.«

Der Niedergang von Industriezweigen in Deutschland ist harte Realität. Auch wenn die Kündigung, der Arbeitsplatzabbau, die Werkschließung einen (noch) nicht persönlich getroffen hat, so ist die Erfahrung doch gesellschaftlich prägend, nachzählbar, sichtbar in verlassenen Hüttenwerken, Kokereien, Zechen, in verfallenen Verlade- und Transportanlagen, leer stehenden Waggonbauwerken, Ruinen von Fabriken, in heruntergekommenen Stadtteilen. Weite Teile des industriellen Sektors stehen vor einer ungewissen Zukunft. Und die neuen Branchen und Geschäftsmodelle brauchen häufig andere Menschen mit anderen Qualifikationen. Jeder zweite Job sei durch die Digitalisierung gefährdet, besagt eine OECD-Studie von 2018. Solche Zahlen bleiben hängen und mit ihnen bei vielen Menschen die Frage, wann ein Roboter ihre Arbeit machen wird und wofür sie dann überhaupt noch gebraucht werden. In diesem Sinn kennzeichnet das Aufkommen des Populismus eine Umbruchsituation des Kapitalismus, dessen ökonomische Erfolge gerade dabei sind, zu gesellschaftlichen Misserfolgen zu werden.

Aber auch hier gilt, dass der technologische Fortschritt insgesamt ja gut ist. Ich habe dies gerade in der Diskussion mit denen gelernt, die ihn im besonderen Maße schon erlebt haben.

Als Landwirtschaftsminister zum Beispiel wurde mir in den Diskussionen mit den Landwirten immer mal wieder vorgehalten, ich hätte ein »romantisches Bauernbild«. Dabei sei es eben auch eine Befreiung von monotoner und knochenharter Arbeit, dass es jetzt Maschinen gibt, die sie tun. Es sei Fortschritt, dass man nicht mehr mit rund gearbeitetem Buckel Kartoffeln aus der Erde klauben müsse. Und die Landwirte haben natürlich recht. Das ist Fortschritt. Die Erfindung von Waschmaschine und anderem hat vor allem Frauen Zeit gegeben und schrumpelige Hände erspart – und einen nicht unerheblichen Anteil an ihrer gesellschaftlichen Emanzipation. Dass wir Kanalisationen und Klärwerke haben, schützt Gesundheit und Umwelt. Eine Welt ohne Kinderlähmung ist eine bessere Welt. Und die Arbeitsbedingungen von früher sollte man sich nicht nur für die Bauern nicht zurückwünschen.

Aber wenn ich diesen Gedanken in anderen Zusammenhängen anklingen lasse, dann merke ich meist schnell, wie mein Gegenüber zusammenzuckt. Ich versuche oft, mit den Menschen, die meinen Reisealltag kreuzen, ins Gespräch zu kommen. Mit den – meist polnischen oder rumänischen – Frauen, die in den Hotels die Zimmer machen, den Kassierer*innen beim Bahnhofsbäcker, den Nachtzugschaffner*innen. So unterschiedlich die Gespräche verlaufen – eine »Befreiung von monotoner Tätigkeit« wünscht sich da niemand. Wenn einem die Arbeit genommen wird, fühlt man sich nicht befreit, sondern überflüssig. Man befürchtet, das Erreichte zu verlieren – ökonomisch und als Teil der eigenen Identität. Und diese Angst vor Abstieg und Verlust ist oft eine mächtigere Kraft als vage Aufstiegshoffnungen durch das Angebot von Weiterbildung und Umschulung.

Eine der Grundstrukturen des Kapitalismus ist, dass er ein permanentes Verlangen nach mehr schafft. Nach besser. Nach neuer. Und das ist so gut wie schlecht. Es ist gut, weil es Fortschritt belohnt und damit Anreize zu gesellschaftlichen Verbesserungen schafft. Es ist schlecht, weil es inzwischen nicht nur einige Industriebranchen, sondern unsere gesamte Erde zu zerstören droht. Und da ist es mehr als zweifelhaft, ob aus der Zerstörung etwas Neues geschöpft werden kann. Die Wirtschaftsjournalistin Ulrike Herrmann hat wieder und wieder herausgearbeitet, dass der globale Kapitalismus nicht an seinen inneren Widersprüchen oder seinen immer wiederkehrenden Finanzkrisen zugrunde gehen wird – wohl aber möglicherweise an Rohstoffmangel, Umweltschäden und der Nichtbewältigung der Klimakrise.

Den Kern des Kapitalismus macht nicht aus, dass Gewinne erzielt werden, dass es Geld gibt, und noch nicht einmal, dass es Derivate und Handel mit Schuldscheinen gibt.

Das alles gab es schon im 2. Jahrtausend vor Christus. Der Kern ist die Notwendigkeit permanenten Wachstums. Ein Wirtschaftssystem, das auf Wachstum ausgerichtet ist, enthält per se Anreize, an Verbesserungen zu arbeiten. Aber es befriedigt nicht nur Bedürfnisse, sondern schafft stets neue. Wir wussten nicht, dass wir Handys brauchten, bis sie da waren. Kaum jemand wollte Urlaub in Thailand oder Australien machen, bis es möglich war. Niemand dachte daran, für 30 Euro nach Lissabon zu fliegen, bis das Angebot geschaffen war. Und die meisten Menschen essen nicht so viel Fleisch, weil sie es brauchen, um ihren Eiweißbedarf zu decken, sondern weil es da ist und billig angeboten wird. Angebot und Nachfrage sind im kapitalistischen System eben nicht zwei kommunizierende Röhren, die ausbalancieren, wie viel zu welchem Preis angeboten wird, sondern eine Spirale, die sich immer höherschraubt. Kapitalismus bedeutet, in neue Technik, neue Märkte zu investieren, die dann neue Güter oder Dienstleistungen in großer Menge herstellen, die dann in großer Menge verkauft werden müssen.

Die Notwendigkeit zum Wachstum gab es in all den Gesellschaften zuvor nicht. Deshalb aber gab es bei Gesundheitsversorgung, Lebenserwartung, Bildung, Mobilität in all den Jahrhunderten zuvor kaum eine Verbesserung. Die Kindersterblichkeit war und blieb hoch, die Gesellschaften blieben agrarisch und patriarchalisch strukturiert, die politischen Systeme feudal – bis das Wachstum durch die Erfindung des Kapitalismus in die Welt kam, der durch die Hyperglobalisierung inzwischen fast die ganze Welt erfasst hat.

Aber von Anfang an ist dem Kapitalismus ein Wachstumsparadox eingeschrieben, genauer gesagt sind es mindestens vier. Durch die arbeitsteilige Gesellschaft verbesserten sich die Arbeitsbedingungen, entstanden Freiheiten und Wohlstand – aber durch unregulierte Freiheiten auch Ungerechtigkeit. Märkte tendieren zu Monopolen und damit zur Zerstörung der Marktmechanismen, die sie hervorgebracht haben. Konkurrenzdruck führt zu Lohndruck und damit immer wieder zu einer Entkoppelung von Produktivität und Kaufkraft, was wiederum zu Absatzkrisen und der Notwendigkeit von künstlicher Stimulation und zu Spekulation führt, die dann in Börsencrashs enden. Und schließlich führt immerwährendes Wachstum zur rücksichtslosen Ausbeutung der Erde, denn es braucht immer mehr Rohstoffe und Ressourcen, um den Energiebedarf zu befriedigen.

Denn genau dieses kapitalistische Wirtschaften erzeugt inzwischen nicht mehr zu übersehende ökologische Probleme. Wegwerfprodukte aus Plastik, Plastiktüten, Coffee-to-go-Becher, Bierdosen mögen dem Prinzip nach dem Mehr und Bequemer genügen. Für die Umwelt und den Ressourcenverbrauch sind sie eine Katastrophe. Im Meer schwimmen inzwischen riesige Inseln aus Müll. 2050 wird es mehr Plastikteile im Meer geben als Fische. Forscher haben errechnet, dass sich in den Nationalparks der USA, also dort, wo Natur unberührt sein sollte, mehr als 1000 Tonnen Mikroplastikpartikel absetzen – jährlich! Das entspricht 123 Millionen Plastikflaschen. Im Mai 2019 erreichte die CO_2-Konzentration in der Atmosphäre den Höchststand seit drei Millionen Jahren. Jeweils schon im August hat die Menschheit die Grenzen der Nutzung der natürlichen Ressourcen überschritten. Und in Deutschland ist der Rohstoffverbrauch doppelt so hoch wie der globale Durchschnitt. Wenn alle so leben würden wie wir, wären drei Planeten Erde notwendig, um den Verbrauch zu decken.

Wir, die heutige Generation, und vor allem wir in den reichen Ländern der nordwestlichen Hemisphäre, verbrauchen mehr, als wir haben. Wir leben von geborgter Zeit und geliehenem Wohlstand. Die ökologischen Kosten unserer Wirtschaftsweise, des ungezügelten Mehr, Besser, Neuer, sind längst nicht mehr tragbar. Sie funktioniert nur noch, weil wir uns über die Konsequenzen hinwegtäuschen, weil wir nicht hinsehen und verdrängen. Denn der globale Kreislauf führt dazu, dass der reiche Nordwesten die Kosten, auf denen sein Wohlstand basiert, auslagert. Wir importieren Steinkohle und Öl, deren Abbau bzw. Förderung in Kolumbien oder Nigeria schwere ökologische und soziale Schäden anrichten. Wir nutzen seltene Erden für unsere Glasfaserkabel und Flachbildschirme, Lithium, deren Abbau zum Beispiel in Bolivien jede Menge Wasser verbraucht, das dann oft der dortigen Landbevölkerung fehlt, oder Kobalt, das im Kongo auch durch Kinderarbeit in engen Gruben gewonnen wird, für Batterien in unseren Handys oder Elektrofahrzeugen. Und wir schicken einen Großteil der Wertstoffe als Müll und Abfall wieder in Staaten wie Malaysia oder Indonesien, wo sie in offenen Deponien in die Umwelt gelangen.

Die Corona-Erfahrung hat einen Raum des Möglichen eröffnet, mindestens das Gefühl erzeugt, dass vieles auch anders möglich sein könnte. Der Möglichkeitsraum des Kapitalismus ist jedenfalls ganz real begrenzt durch die Grenzen der Belastbarkeit der ökologischen Systeme.

Schon seit der Finanzkrise von 2008 / 09 und der folgenden Rezession hat sich das weltweite Wachstum verlangsamt. Es lag in den Jahren 1999 bis 2007 bei 4,2 Prozent und in den Jahren 2011 bis 2019 bei durchschnittlich 3,4 Prozent. (Wobei es sich uneinheitlich verteilt. Indien hat beispielsweise das gleiche Wachstum wie zuvor. Und in der Eurozone war die Reduktion von 2,3 auf 1,3 Prozent wesentlich ausgeprägter als in den USA (2,9 auf 2,3 Prozent). In Deutschland war das Wachstum im Schnitt sogar leicht höher (1,8 versus 1,6 Prozent).)

Mit Corona kam dann der nächste extreme Einbruch, von dem noch unklar ist, welche Märkte sich wann erholen werden. Die politische Frage ist, ob es nicht gelingen muss, diesen Einbruch dazu zu nutzen, etwas anderes zu schaffen als einen hyperglobalisierten Markt mit seinen enormen Gewinnen vor allem im Finanzmarkthandel, aber auch mit seinen ökologisch wie sozial verheerenden Bilanzen.

Dem hyperglobalisierten Kapitalismus neue Regeln geben

Nicht nur die ökologische, sondern viele Krisen der jüngsten Zeit sind unmittelbare Schattenseiten unserer Wirtschaftsweise. Der Kapitalismus entwickelte sich schneller weiter als eine politische Ordnung, die ihn regulieren könnte. Die Zeitabstände, in denen zentrale Säulen unseres Zusammenlebens nachgeben, werden immer kürzer.

Finanz- und Wirtschaftskrisen begleiten den Kapitalismus von Beginn an. Folgt man Ulrike Herrmanns Analyse, führte schon der sogenannte Gründerkrach von 1873 und die anschließende »Große Depression« in letzter Konsequenz zur Entstehung der totalitären Weltanschauungen des 20. Jahrhunderts – auch sie getrieben von dem Wunsch nach einer nicht hinterfragbaren, höheren Wahrheit des »Volks« oder der »Klasse«. In jüngster Zeit folgten das Platzen der Dotcom-Blase 2000, die Finanzkrise 2008, die Eurokrise ab 2010 in engem Zeitabstand. Alle drei trafen Kernländer des Kapitalismus bzw. gingen von ihnen aus.

Aber der Kapitalismus wird sich immer wieder erholen und weitermachen, analysiert Herrmann. Für die Demokratie gilt das allerdings nicht. Sie droht durch die Krisen des Kapitalismus unter die Räder zu kommen. Und so kann man das Ende der Hegemonie des Westens auch als Krise seines Wirtschaftssystems deuten. Die USA sind innenpolitisch zerrissen, sich selbst zum Feind geworden und nehmen sich selbst geopolitisch aus dem Spiel. Ein gesellschaftlicher Konsens über die Grundlagen unseres demokratischen Zusammenlebens, wie es ihn in der analogen Welt der Nachkriegszeit noch gab, gerät in der Welt des digitalen Kapitalismus zunehmend unter Druck. Dass die Zunahme materiellen Wohlstands automatisch Freiheit und Demokratie schafft, ist durch die Entwicklungen in der Türkei, Ungarn, Polen und China widerlegt. Staatlichkeit als Garant für soziale und ökonomische Sicherheit, die Natur als kostenlose Ressource – alles ist infrage gestellt. Unsere Normalität ist nicht länger von Krisen durchgeschüttelt, sondern die Krise selbst ist zur Normalität des politischen Alltags geworden.

Vor diesem Hintergrund wird klar, dass wir dem hyperglobalisierten Kapitalismus dringend neue Regeln geben müssen. Die Mehrung von Gewinn und Eigentum durch Wachstum als Ziel des kapitalistischen Wirtschaftens kann nicht Selbstzweck bleiben. Es muss sich anderen Werten unterordnen, Werten, die die Ausbeutung der einen nicht zur Voraussetzung des Nutzens der anderen machen, sondern aus der Globalisierung eine globale Verantwortung.

Dabei wäre es falsch, ja zynisch, die Maßnahmen gegen die Corona-Krise als Muster für die Bekämpfung anderer Krisen zu nehmen, etwa für mehr Klimaschutz. Zu groß sind die persönlichen und ökonomischen Verluste. Niemand kann sich wünschen, dass dieser Ausnahmezustand der Gesellschaft ein Dauerzustand wird, dass die Wirtschaft kollabiert, Aufträge einbrechen und Löhne nicht mehr gezahlt werden, dass Selbstständige und kleine Betriebe pleitegehen, dass Arbeitslosigkeit und die soziale Not zunehmen, dass Politik dauerhaft Freiheitsrechte beschränkt. Die Bewältigung der Corona-Krise und der Wirtschaftskrise, die sie auslöste, wäre der teuerste und ineffizienteste Weg, andere Krisen zu bestehen. Die astronomische Summe von 12 bis 20 Billionen Euro wird weltweit mobilisiert, um die ökonomischen Folgen zu bekämpfen. Für die soziale wie für die ökologische Frage folgt daraus, dass nicht die Rezession, sondern die Transformation der beste Weg ist. Nicht keine Wirtschaft, sondern eine andere. Die aber setzt eine andere Politik voraus.

Wir müssen die Erderhitzung stoppen, aber nicht auf Kosten all dessen, was eine freie und auch freudvolle Gesellschaft ausmacht. Wir schützen schließlich das Klima, um ein Leben in Freiheit und Würde zu ermöglichen. Daher brauchen wir eine Politik, die Freiheit und Gemeinwohl ins Lot bringt, die die Schöpfung wahrt, vor der Erschöpfung haltmacht und gleichzeitig die Errungenschaften der kapitalistischen Moderne erhält. Die Corona-Erfahrung ist vielleicht insofern ein »anthropologischer Schock« – wie es der Soziologe Ulrich Beck einmal in Bezug auf das Atomunglück von Tschernobyl formulierte –, als dass in unserer spätmodernen hyperkapitalistischen, aufs Funktionieren getrimmten Welt plötzlich Werte erlebbar waren, die über dem Wettbewerbs- und Wachstumsdogma standen. Dass Vogelgesang auch in den Innenstädten zu hören war, als kaum Autos dort fuhren, dass man sah, wie ein Himmel ohne Kondensstreifen aussieht, dass Zeit zu haben wichtig ist, dass Solidarität und Nachbarschaftshilfe etwas Großartiges sind.

Dass Veränderung möglich ist, zeigen überraschenderweise die letzten Jahrzehnte. Seit 1990 sind die CO_2-Emissionen der EU um 23 Prozent gesunken – nicht genug, ja, aber sie sind gesunken, während das Bruttoinlandsprodukt um satte 61 Prozent gestiegen ist. Insofern *ist* es möglich, Wachstum und Energieverbrauch zu entkoppeln. Einsparungen und Effizienzsteigerung können so groß sein, dass sie den sogenannten Reboundeffekt, der besagt, dass zum Beispiel sparsamere Motoren zu dem Kauf größerer Autos und zu mehr Fahrten führen, aufheben.

Die ökologisch schädlichsten Praktiken müssen durch das sogenannte Ordnungsrecht untersagt werden. Beispielsweise durch ein Verbot von Mikroplastik in Kosmetika oder durch Effizienzquoten bzw. Minderungsvorgaben für den CO_2- oder Stickstoffausstoß bei Autos, durch Mindestvorgaben bei der Nutztierhaltung – um nur einige Möglichkeiten aufzuzählen.

Auf der anderen Seite ziehen Verbote immer nur eine Art untere Grenze. Besser wäre es, wenn die Systeme selbst nachhaltig arbeiten könnten, wenn es mehr Lenkungswirkungen geben würde, beispielsweise einen hoch genug angesetzten Preis für CO_2, der den Verbrauch fossiler Energie unattraktiv macht, und eine gleichzeitige Senkung der EEG-Umlage, die die Nutzung von Wind- und Solarstrom attraktiver macht. Die Energie zum Antrieb einer stromgetriebenen Wärmepumpe vervierfacht sich durch die Wärme, die sie aus dem Boden aufnimmt. Es macht also Sinn, Strom jetzt günstig zu machen und die Erneuerbaren auszubauen.

Um Fortschritt und Wohlstand klimafreundlich zu gestalten, brauchen wir insgesamt eine wirtschaftspolitische Konzeption, die die externen Kosten, also die Kosten für Umwelt und Mensch, in den Preis miteinrechnet. Beispiele wären neben der CO_2-Steuer eine Pestizidabgabe, mit deren Einnahmen Bauern gefördert werden, die auf Pestizide verzichten, einen Tierschutzcent auf Fleisch, Eier und Milchprodukte, der bei mehr Tierschutz, zum Beispiel durch den Umbau der Ställe, hilft und auch bei der Reduktion des Fleischkonsums.

Und da es eben um Lenkungswirkungen geht, also um den Versuch, klimafreundliches Verhalten zu fördern und klimaschädliches zu mindern, und eben nicht um mehr Geld für den Staat, sollten die Einnahmen aus der CO_2-Steuer – anders als jetzt vorgesehen – als Energiegeld unbedingt direkt an die Bürger*innen zurückgehen. Und zwar so, dass vor allem Menschen mit geringen Einkommen davon profitieren. Dafür gilt es, die soziale Belastung umzudrehen. Steuern und Abgaben auf den Verbrauch belasten Haushalte im unteren Einkommenssegment besonders stark, weil diese einen größeren Anteil ihres verfügbaren Geldes ausgeben müssen. Wenn man aber die Einnahmen aus einer Verbrauchsabgabe – also aus dem CO_2-Preis – durch die Anzahl der Menschen, die sie zahlen, teilt und allen die gleiche Summe zurückgibt, dreht sich das Verhältnis um. Die unteren Einkommen würden profitieren, denn die reicheren Haushalte verbrauchen mehr Energie, sie haben die größeren Wohnungen, sie fahren mehr Auto. In Deutschland haben die obersten 10 Prozent einen dreifach höheren CO_2-Ausstoß als die untersten 10. Global gesehen schädigt das reichste 1 Prozent das Klima doppelt so stark wie die ärmere Hälfte der Weltbevölkerung zusammen, wie eine Studie der Entwicklungsorganisation Oxfam vor Kurzem gezeigt hat.

Ein dritter Weg, den Kapitalismus ökologisch zu bändigen, ist – neben Ordnungsrecht und Preisanreizen – die Förderung geschlossener Stoffkreisläufe.

Als ich vor ein paar Jahren einen Reinigungsmittelhersteller in Mainz besuchte und wir darüber sprachen, ob man Plastikflaschen nicht zu 100 Prozent aus recycelbarem Material herstellen könne, sagte mir der sehr engagierte

Chef, das sei noch nicht möglich. Ein paar Jahre später lud er mich als Eröffnungsredner in sein neues Werk ein, wo alle Plastikflaschen ausschließlich aus Altplastik hergestellt werden. Und das Unternehmen hat damit in einem sogenannten gesättigten Markt – in Deutschland werden jedes Jahr etwa gleich große Mengen Reinigungsmittel verbraucht – enorme Wachstumsanteile erzielt.

Die gleiche Geschichte kann ich von Plastikflaschen für Mineralwasser erzählen. Lange hieß es, ja, für Spülmittel und Flüssigseife mag Recycling-Plastik gehen, aber für Trinkwasser sei das ausgeschlossen. Inzwischen gibt es Plastik-aus-Plastik-Wasserflaschen in einem großen deutschen Discounter zu kaufen.

Sicher, das wachsende Marktsegment für ökologische Produkte ist wohl der Hauptgrund, warum Firmen beginnen, die Plastikproduktion umzustellen. Für die Meere und das Klima ist es aber letztlich egal, ob Plastik-aus-Plastik-Produkte aus Gewinnstreben oder aus Umweltschutzgründen produziert werden. Die entscheidende Frage ist allerdings, wie eine solche nachhaltige Produktionsweise auch in nicht gesättigten Märkten mit starkem Wachstum stattfinden kann.

Der Kapitalismus funktioniert ja so, dass investiert wird, wenn man sich zusätzliche Gewinne verspricht. Neue Technik oder neue Verfahren werden also dann eingesetzt, wenn sie mehr Gewinn versprechen als andere. Dementsprechend muss der Verbrauch von Rohstoffen so teuer werden, dass möglichst viele Stoffkreisläufe geschlossen werden können. Das Ziel muss sein, möglichst überhaupt keine neuen Rohstoffe mehr zu verwenden, das heißt, möglichst viele Güter und Waren so herzustellen und zu designen, dass sie wiederverwertet werden können: von Turnschuhen über Batterien bis hin zu Windmühlen oder Flugzeugen und ihren Antriebsstoffen. Dieses »Cradle to Cradle«-Prinzip, also von der Wiege zur Wiege, nach dem Produkte nie »sterben«, sondern immer wieder »geboren« werden, haben ein deutscher Chemiker, Michael Braungart, und ein amerikanischer Architekt, William McDonough, 2002 entworfen. Als ich ihr gleichnamiges Buch damals – im Jahr, als ich bei den Grünen eintrat – las, mutete es utopisch an. Heute, beim Wiederlesen, entdecke ich, dass die Beispiele, die in dem Buch aufgeführt sind, bereits hinter dem zurückbleiben, was heute schon passiert. Es gibt Cradle-to-Cradle-Kleidung, -Fliesen, -Bücher, -Stühle, -Hygieneartikel, -Spielzeug …

Der Kapitalismus schafft eben auch die Innovationen, die seine eigenen Probleme lösen, sofern Knappheit oder Ordnungsrecht plus Rechtssicherheit und unternehmerische Freiheit gegeben sind. Vielleicht ist der Kapitalismus tatsächlich »unkaputtbar« – formbar ist er mit Sicherheit. Das wurde nur allzu lange vergessen bzw. politisch nicht gewollt.

Für einige Produkte sollte man auch das Verhältnis zwischen Besitzen und Benutzen neu definieren. Müssen wir wirklich jeder eine Bohrmaschine, einen Rasenmäher, eine Heckenschere oder ein Raclettegerät besitzen? Wir benutzen sie doch nur wenige Stunden im Jahr. Wenn es ein gutes Leih- oder Leasingsystem gäbe, könnten wir die Produktion dieser und vieler anderer Geräte vermutlich deutlich drosseln. Man kennt solche Leihsysteme schon von Autos und von schweren Gartengeräten in Baumärkten.

Ja, das wird bedeuten, dass Arbeitsplätze in solchen Bereichen wegfallen. Ja, auch in der Autoindustrie, denn wir werden nicht nur fossile Antriebe durch elektrische ersetzen müssen, wir werden auch weniger Individualverkehr mit dem

Auto haben müssen (und dürfen, wenn wir an die überfüllten Innenstädte denken, in denen man im Stau steht und Zeit und Nerven verliert). Aber es werden auch neue Arbeitsplätze entstehen, denn die Wartung und Reparatur von Maschinen, die dann häufiger und länger im Einsatz sind, ist aufwendig. Nur wäre das dann Arbeit, ohne dass neue Produkte hergestellt werden.

Hier deutet sich an, wie zusammen mit Effizienzsteigerungen und dem Ausbau erneuerbarer Energie die Entkoppelung von Wohlstand und Wachstum gelingen kann. Wenn in immer mehr Branchen nur das verbraucht würde, was man recyceln kann, also eine echte Kreislaufwirtschaft entstehen würde, und zusätzlich nach dem Motto »Teilen ist das neue Haben« mehr Tausch- oder Leasinggeschäfte entstünden, dann würden wir uns zumindest auf den Weg machen, den Hyperkapitalismus zu bändigen.

Natürlich ist es beim gegenwärtigen Ausmaß des Ressourcenverbrauchs schwierig, eine Kreislaufwirtschaft zu erreichen, und die Cradle-to-Cradle-Produkte sind noch eine kleine Nische. Wie am Anfang auch die erneuerbaren Energien, elektrisch betriebene Autos, ökologische Landwirtschaft ...

Es ist möglich, einen Weg zu beschreiten, der Ressourcenverbrauch und Wohlstand trennt. Dass es ein langer Weg ist, spricht nicht dagegen, sich aufzumachen, wohl aber dafür, es sofort und schnell zu tun. Es ist falsch, vor zu viel Umwelt- und Klimaschutzmaßnahmen zu warnen, weil sie die Wirtschaft gefährden könnten. Die Energiewende beweist, dass wir es in der Hand haben, Klimaschutz mit einem Mehr an wirtschaftlichem Wohlstand zu verbinden. Und die Absatzkrise der deutschen Automobilindustrie beweist, dass man

Märkte verliert, wenn man die Zukunft verhindern will. Die deutsche Automobilindustrie wird entweder fossilfreie Fahrzeuge produzieren oder gar keine mehr. Viele Länder haben bereits das Aus für den fossilen Verbrennungsmotor beschlossen und drei Viertel der in Deutschland produzierten Autos werden exportiert. Während meine Partei vor zwei Jahren noch heftig für einen Ausstiegsbeschluss aus dem fossilen Verbrennungsmotor 2030 kritisiert wurde, scheint es heute so, dass 2030 eher das letzte Datum ist, bei dem überhaupt noch Fahrzeuge mit fossilen Verbrennungsmotoren verkauft werden können. Denn bis dahin werden Elektroautos leistungsfähig und günstig sein – und wer sollte dann noch einen Benziner oder Diesel kaufen (wenn denn überhaupt noch Autos gekauft und nicht geleast werden)?

Um die nachfragegetriebene Logik des Hyperkapitalismus gleichsam umzubiegen, müssen wir auch die politischen Prioritäten neu definieren, sowohl bei uns Bürger*innen wie bei den politischen Entscheider*innen. Und deshalb sollte der gesellschaftliche Wohlstand in Zukunft anders gemessen werden als heute. Heute ist der Indikator für erfolgreiche (Wirtschafts-)Politik das Bruttoinlandsprodukt. Das BIP misst die Summe aller verkauften Güter und Dienstleistungen eines Landes. Es unterscheidet nicht zwischen guten und schlechten, nicht zwischen Panzern und Fahrrädern, nicht zwischen Akkordarbeit in der Fleischindustrie und guter Pflege.

Demnach ist etwa eine Ölkatastrophe, die es erforderlich macht, dass Sand abgebaggert wird, Ölsperren gelegt, Vögel getötet werden, gut fürs BIP. Denn eine Ölkatastrophe schafft Arbeit und damit einen Wert, der das BIP positiv beeinflusst. Sind Ölkatastrophen und Naturzerstörung deshalb wertvoll?

Im BIP werden sie jedenfalls als wertsteigernd eingerechnet. Ebenso ist zum Beispiel eine unfallträchtige Straße besser fürs BIP als eine unfallarme. Denn sie sorgt dafür, dass Autos repariert oder neu gekauft werden müssen, dass Krankenwagen fahren, Ärzte arbeiten, im schlimmsten Fall sogar Bestattungsunternehmer verdienen. Ist alles, was gut fürs BIP ist, gut für die Gesellschaft? Wohl kaum.

Umgekehrt hat intakte Natur keinen Wert fürs BIP, CO_2-Ersparnis nicht, ehrenamtliche Arbeit nicht, nicht Gesundheit, guter Schlaf, Freundschaften, Familie. »Es misst weder unseren Witz noch unseren Mut, weder unsere Weisheit noch unser Lernen, weder unser Mitgefühl noch unsere Hingabe an unser Land. Kurz, es misst alles, bis auf das, was das Leben lebenswert macht«, führte bereits Robert F. Kennedy 1968 in einer Rede an der Universität von Kansas aus.

Dass alles gleich ist, macht das BIP zwar zu einem einfachen und internationalen Vergleichsfaktor. Aber zu einem, den wir nicht mehr brauchen können. Wir brauchen eine andere Bemessungsgrundlage und damit die Möglichkeit anderer politischer Steuerungen. Statt allein ökonomisches Wachstum zu messen und danach Regierungshandeln und politische Entscheidungen auszurichten, braucht es einen Indikator, der den gesellschaftlichen Wohlstand insgesamt misst. Immer weiter, schneller, höher – das führt nicht zu immer glücklicher.

Mögliche Kriterien für diesen Indikator sind lange erforscht und berechnet. Schon 2011 habe ich für die grüne Landtagsfraktion in Schleswig-Holstein einen alternativen Indikator errechnen lassen. Der Wirtschaftswissenschaftler Hans Diefenbacher hat dafür einen »nationalen Wohlfahrtsindex« entwickelt. Es gab auch schon eine Enquetekommission im Deutschen Bundestag zu dieser Frage, die Fraktion der Grünen hat einen Jahreswohlstandsbericht konzipiert. Und der World-Happiness-Index wird jedes Jahr von den Vereinten Nationen herausgegeben.

Zur Messung eines »grünen BIPs« wird ein Index aus unterschiedlichen Indikatoren gebildet. Nicht Konkurrenz, sondern Kooperation steht dann im gesellschaftlichen Mittelpunkt. Bessere soziale Leistungen, höhere Mindestlöhne, funktionierende öffentliche Räume und Zugänge sind dann keine Gefahr für den Wohlstand, sie machen ihn mit aus.

Geiz ist nicht geil. Geiz ist asozial. Und Gier schafft vielleicht materiellen Reichtum für einige, aber zerstört den Reichtum einer Gesellschaft. Märkte brauchen Regeln, sie brauchen soziale Normen und politische Regulierungen. Sie sind keine natürlichen Gegebenheiten, sie sind kein Dschungel. Sie sind menschengemachte Gärten. Sie brauchen Pflege und Arbeit.

Welchen Namen dann dieses Wirtschaftssystem trägt, ob es noch Kapitalismus heißen oder schon etwas anderes sein wird, das kann heute niemand sagen. Ulrike Herrmann weist darauf hin, dass der Kapitalismus auch nicht am Reißbrett erfunden oder durch politischen Beschluss herbeigeführt wurde. Tüftler, noch nicht einmal Unternehmer oder Forscher, sondern Handwerker, die teilweise weder lesen noch schreiben konnten, schufen in England 1760 mit der »Spinning Jenny« einen durch eine Dampfmaschine getriebenen Webstuhl und »erfanden« damit den Kapitalismus. Hundert Jahre später schrieb Marx das »Kapital«, und die Wirtschaftswissenschaft begann das System, das mit dieser Erfindung aus der Taufe gehoben wurde, zu verstehen. Vermutlich, so Ulrike Herrmann, wird das Ende des Kapitalismus wie sein Anfang sein. Es wird einfach passieren. Eine neue Wirtschaftsordnung wird sich aus dem Prozess der Reform entwickeln. Sie wird von unten nach oben wachsen. Und das ist kein schwacher, sondern ein bärenstarker Gedanke. Denn er besagt, dass wir weder abwarten können noch abwarten müssen, bis die richtige Theorie erdacht wurde, sondern einfach anfangen sollten, das Richtige zu tun. Das jetzt schon Mögliche. Das ökologisch Gebotene. Jede Regierung kann ihren Beitrag leisten, jeder einzelne Mensch auch.

Und viele tun es schon. In den Räumen von Ecosia, einer ökologischen Suchmaschine, saß ich neulich mit lauter jungen und auch einigen älteren Unternehmer*innen zusammen, die sich freiwillig enteignen wollen und sich zu der »Initiative Verantwortungseigentum« zusammengefunden haben. Sie stellen das Familienunternehmertum gleichsam auf neue Füße: Verantwortungseigentümer*innen dürfen ihre Unternehmen nicht verkaufen und nicht vererben. Sie dürfen sich und ihren Mitarbeiter*innen marktübliche Gehälter zahlen, aber dürfen die Wertsteigerung des Unternehmens nicht kapitalisieren. Gewinne werden größtenteils reinvestiert, nicht privatisiert. Die Anteilsteile werden stets neu vergeben und bleiben nur so lange in der Hand der Eigentümer*in, wie diese für das Unternehmen arbeitet. Entsprechend arbeiten die Mitarbeiter*innen nicht für die Dividende oder den Profit der Eigentümer*in, sondern für das Unternehmen selbst, für den Zweck der Firma, für die Sache, an die sie glauben. Werte werden geteilt. Die Unternehmen gehören sich selbst, nicht Besitzer*innen, die Marktanteile erworben haben, ohne je einen Fuß in das Unternehmen gesetzt zu haben, und deren Entscheidungen zur Kündigung von Mitarbeiter*innen führen, die sie nie getroffen haben. Die Verantwortungseigentümer*innen sind auf den Unternehmenszweck ausgerichtet, nicht auf reine Gewinnmaximierung. »Eigentum ist eine Aufgabe und keine Geldanlage«, schreiben die Unternehmer*innen auf ihrer Homepage über ihre Mitglieder und dass diese »ihre Eigentümerschaft als Amt, als Aufgabe verstehen. Sie verstehen Unternehmen eher als eine Gemeinschaft von zusammen arbeitenden Menschen.« Damit ist auch die Machtfrage im Wirtschaftssystem neu gestellt.

Das Dumme ist nur, dass es die notwendige Rechtsform in Deutschland noch nicht gibt. Die Stiftung kämpft für eine neue Form von Kapitalgesellschaften – und ich finde, damit auch für eine neue Form der Gesellschaft.

Wir sollten nicht darauf warten, dass irgendwer irgendwo einen Umstieg oder sogar Ausstieg aus dem Kapitalismus plant bzw. beschließt – sondern beginnen, selbst umzusteigen. Man erreicht einen neuen Horizont nur, wenn man sich auf den Weg macht. Eine neue Welt wird nicht entdeckt, indem man über sie redet, sondern indem man lossegelt.

Woran man sich hält,
wenn alles andere nicht mehr hält

Bildungsexpansion, Migration, Industrialisierung der Landwirtschaft, Globalisierung der Industrieproduktion – eine Gesellschaft kann auch durch ihre Fortschritte Schaden nehmen. Spätestens die Corona-Krise hat gezeigt, dass unsere Wirtschaftsweise nicht nur ökologisch eine Katastrophe befeuert, sondern dass sie auch nicht hinreichend auf kritische Situationen vorbereitet ist. Die Globalisierung hat sie störanfällig gemacht. Das war schon vor Corona nicht gut. Durch Corona ist jedoch klar geworden, dass Nachhaltigkeit nicht Nachträglichkeit bedeutet, die die negativen Folgen unserer Wirtschaftsweise zu reparieren versucht, sondern eine Art »Vorhaltigkeit« ist, die die ökologischen, sozialen und gesellschaftlichen Folgekosten gar nicht erst entstehen lässt, sondern verhindert.

Wir haben uns angewöhnt, Nachhaltigkeit mit einer Zeitdimension in die Zukunft zu versehen. Sie wird mit »enkeltauglich« gleichgesetzt. Damit, dass man keinen Raubbau an der Natur vornehmen darf, der zukünftiges Wirtschaften verhindert. Aber vielleicht hat Nachhaltigkeit auch schon eine Bedeutung für die Gegenwart.

Joachim Heinrich Campe definiert in seinem Wörterbuch der deutschen Sprache von 1807 das Wort »Nachhalt« als das, »woran man sich hält, wenn alles andere nicht mehr hält«. Demnach wäre nachhaltige Politik eine Politik, die schon der Gegenwart Halt gibt. Und der Nachhalt der Globalisierung eine Form von globalem Handel, der Gesellschaften stabilisiert.

Wie nötig das ist, lehrt uns gerade die Corona-Krise. Wer hätte vor der Krise gedacht, dass eine reiche Volkswirtschaft wie die unsere nicht in der Lage ist, Centprodukte wie Atemmasken zu produzieren, dass die Einhaltung staatlicher Anordnungen wie das Tragen eines Mund-Nasen-Schutzes anfangs darauf beruhte, dass Menschen noch in der Lage sind, eine Nähmaschine zu bedienen.

Außerdem kam es während des ersten Corona-Shutdowns zum Zusammenbruch ganzer Lieferketten. In den letzten Jahren wurde weltweit eine sogenannte On-demand-Produktion aufgebaut. Auf große Lager und Bevorratung wird verzichtet, weil das viel Geld kostet. Stattdessen sorgt ein eng verflochtenes weltweites Transportnetz dafür, dass die Lieferketten funktionieren. Diese Art des Wirtschaftens und Bewirtschaftens erweist sich jetzt als extrem krisenanfällig. Die Automobilindustrie Deutschlands stellte nicht nur wegen des Gesundheitsschutzes die Produktion ein, sondern auch, weil sie und ihre Zulieferer teilweise keine notwendigen Einzelteile mehr beziehen konnten. Ich selbst habe am Anfang der Krise, im März, zur Reparatur eines Laptopscharniers ein Cent-Produkt über eine Werkstatt bestellt. Vier Monate später war es immer noch nicht da. Zeitgleich listete das Bundesinstitut für Medizin und Arzneimittel 450 Präparate auf, die in Deutschland nicht lieferbar waren. Müssen wir uns also de-globalisieren?

In dem Schlagwort der De-Globalisierung steckt die Forderung, auf einen globalen Austausch von Waren und Gütern zu verzichten oder ihn zumindest deutlich zu verringern. Diese Idee einer de-globalisierten Welt vereint inzwischen rechte wie linke Politiker*innen. Der Anspruch auf soziale Teilhabe, bessere Löhne und ein Ende der Ausbeutung hat die linke Globalisierungskritik mit ihren Protesten gegen die jeweiligen Gipfeltreffen der reichsten Industrienationen schon Ende der 1990er-Jahre aus der Taufe gehoben. Gegen die neoliberale Doktrin setzten sie auf dezentrale Prozesse. Lokale Vielfalt stellten sie der Einheitlichkeit des einen globalen Marktes entgegen. Internationale Organisationen wie WTO, IWF und Weltbank sollten entmachtet und Strukturanpassungsprogramme und Sparpolitiken beendet werden.

Der schlechte Ruf dieser Institutionen hat maßgeblich mit dem sogenannten Washington Consensus von 1990 zu tun, in dem eine durch und durch neoliberale Agenda festgezurrt wurde. Staatsausgaben sollten gekürzt, der Welthandel liberalisiert, öffentliche Infrastruktur privatisiert, Subventionen abgebaut, Märkte dereguliert werden. Heute allerdings ist die politische Ausrichtung dieser Institutionen eine wesentlich andere. Ihre politische Agenda ist nicht mehr das Problem, sondern ihre relative Machtlosigkeit. Die WTO ist nur noch ein Schatten ihrer selbst. Die Weltbank kann ein paar Kredite an die ärmsten Staaten vergeben, aber nicht mehr wirklich gestalten. Und der IWF ist weit entfernt von der Stellung einer Weltzentralbank, die es bräuchte, um Kapitalflucht und Währungs- und Finanzkrisen zu verhindern.

Im Gegensatz zur Globalisierungskritik von rechten Populisten wie Donald Trump oder Nigel Farage und den Brexiteers oder Matteo Salvini in Italien, die soziale, kulturelle und ökonomische Freiheit der Moderne zurückdrängen wollen, herrscht auf der Linken vor allem eine tiefe Enttäuschung darüber, dass die internationalen Lösungen derzeit überhaupt nicht funktionieren und blockiert sind. Sie müssten dringend reanimiert werden, gerade um schwache Staaten bzw. kleinere Unternehmen, Kleinbauern und lokale Kooperativen zu schützen.

Der Vorschlag, die Wirtschaft wieder zu de-globalisieren, hat auch ökonomisch mehrere Haken. So würden ja zum Beispiel deutsche Autos nicht mehr nur in Deutschland gebaut werden, sondern auch nur noch in Deutschland verkauft werden können. Jedenfalls nicht mehr in Frankreich, den USA oder China, die jeweils eigene Autoindustrien haben. Und die Rückverlagerung aller oder zumindest der meisten Produktionsstandorte würde all die positiven Effekte der Globalisierung sofort zunichtemachen und in den Ländern, die die Produktion verlieren, zu neuer Arbeitslosigkeit, Armut und wohl auch zu sozialen Unruhen führen. Die Forderung, Deutsche sollten nur deutsche Produkte kaufen, ist deshalb absurd und gefährlich.

Wenn aber einerseits die konsequente De-Globalisierung in die Abgründe des Nationalismus zu führen droht, zu einer harten Konkurrenz der Nationalstaaten um Rohstoffe und Märkte, nicht zuletzt zur Gefahr von neuen alten Kriegen, andererseits die Globalisierung, wie wir sie kennen, auch soziale Ungerechtigkeit, Klimakrise und Ausbeutung bedeuten, brauchen wir dringend einen anderen Weg: eine sozial und ökologisch qualitative, gesellschaftlich eingebettete Globalisierung. Leitlinien und Maßgaben dafür sind vielfach diskutiert worden und in den »Sustainable Development Goals« der Vereinten Nationen eigentlich auch schon niedergeschrieben und von den UN-Mitgliedsstaaten 2016 beschlossen worden. Diese Leitlinien definieren Ziele für die nächsten 15 Jahre. Im Unterschied zu vorherigen Programmen konzentrieren sie sich nicht nur auf die Entwicklungs- und Schwellenländer, sondern nehmen auch die reichen Länder in die Pflicht. Von der Beendigung der Kinderarbeit bis zur Versorgung mit Wasser und ausreichend gesunder Ernährung, von der Gleichstellung der Geschlechter bis zu Anstrengungen für mehr Klimaschutz reicht die Palette der politischen Forderungen.

Damit aber taucht auch hier wieder ein Widerspruch auf. Denn die Globalisierung, wie sie sich in den letzten Jahrzehnten entwickelt hat, beruht ja auf der Konkurrenz um die günstigsten Produktionsstandorte, auf dem Wettbewerb um den günstigsten Preis, während die Sustainable Development Goals ausdrücklich ein gutes Lohnniveau gegen Armut, Investitionen in Infrastruktur und Bildung, eine engagierte Klimapolitik etc. einfordern. Damit das gelingen kann, müssten die starken Länder darauf verzichten, von den ärmeren zu verlangen, Schutzzölle oder Importquoten gleichmäßig abzubauen, wie es heute bei den geschlossenen Freihandelsabkommen gang und gäbe ist. Denn wenn man ökonomisch stärkeren Staaten den maximalen Export ermöglicht und ökonomisch schwächeren Staaten nicht erlaubt, sich vor Importen aus dem Ausland zu schützen, werden die wirtschaftlichen Gewinne immer aus den noch nicht entwickelten Ländern abfließen. Bis die Länder sich zu Handelspartnern mit etwa gleichen Möglichkeiten entwickelt haben, müssten Zölle oder Importquoten für die Wirtschaftsbereiche, die man im Land selbst entwickeln will, deren Märkte schützen.

Damit sich der Handel entlang der Nachhaltigkeitsziele der Vereinten Nationen entwickelt, wären die Märkte vor allem ökologisch zu strukturieren. Statt Zölle als Instrumente von Handelskriegen und nationalem Protektionismus zu installieren, wäre es besser, Zölle immer dann zu erheben, wenn mit ihnen der Schutz bzw. die Förderung einer ökologisch höherwertigen und sozialeren Produktion verbunden ist. Durch solche sozialökologischen Zölle wären der Schutz von heimischen Märkten und gute Arbeitsbedingungen miteinander vereinbar.

Eins muss man sich allerdings klarmachen: Die Globalisierung, die wir in den letzten Jahrzehnten politisch gefördert haben, hat zu den günstigen Preisen geführt, die wir heute haben. Und alle Maßnahmen, die man unternimmt, das System zu ändern, um zum Beispiel die Entwicklungsziele der Vereinten Nationen zu erreichen, werden konsequenterweise zu höheren Preisen führen oder zu höheren Steuern, um mit diesen die Preisdifferenz auszugleichen. Aber: Diese höheren Preise oder Steuern würden für mehr Klimaschutz, mehr Sicherheit und mehr soziale Gerechtigkeit sorgen. Für eine Nachhaltigkeit, die ökologisch dringend notwendig ist und auf lange Sicht auch mehr sozialen Halt gibt.

In der Corona-Krise hat man anhand der Mund-Nasen-Masken und der medizinischen Schutzanzüge gesehen, wie anfällig eine Gesellschaft ist, wenn allein der Preis diktiert. Will man eine größere Krisenfestigkeit und Resilienz und zumindest die Produktion von kritischen Gütern, die wir im Zweifelsfall zum Leben und Überleben brauchen, in Europa ermöglichen, muss der Primat des Preises in seiner Absolutheit gekontert werden, indem man andere Vergütungs- und Produktionslogiken ins Zentrum stellt. Denn mit der Erfahrung von Corona, aber auch mit Blick auf eine geänderte sicherheitspolitische Weltlage, auf die Zunahme autoritärer Regime, die Angst vor dem soziokulturellen Abstieg von vielen kann die Abhängigkeit vom Weltmarkt nicht das letzte

Wort sein. Die Cloudspeicher, auf denen unsere sensibelsten Daten liegen, die 5G-Technologie, die demnächst unsere Verkehrsflüsse und Energieversorgung steuern wird, Antibiotika, Impfstoffe, Lebensmittel – sie alle können nicht gänzlich Globalisierungsprozessen ausgesetzt werden.

Mit Blick auf die digitale Überwachung, die in China immer bedrohlichere Ausmaße annimmt, wäre es zum Beispiel fahrlässig, unsere Daseinsvorsorge im Bereich des Internets chinesischer Technik zu überlassen und uns damit abhängig von einem Land zu machen, das immer offener als Konkurrent mit eigenen Machtinteressen auftritt. Es wäre gefährlich, wenn in Zukunft unsere Energieversorgung, Krankenhaus- und Gesundheitsversorgung, Verkehrssteuerung und Kommunikation immer stärker auf Technik von Firmen angewiesen ist, die gezwungen sind, ihr Datenwissen an Regierungen weiterzugeben, bzw. von denen wir nicht 100 Prozent sicher sein können, ob sie ihr Wissen und ihre Möglichkeiten nicht nutzen werden, um gegen europäische Interessen zu agieren. Das ist, als lüde man sich das trojanische Pferd ein.

Auch dass die Grundstoffindustrie wie Stahl, Aluminium, Chemie, aber auch Glas oder Papier immer weiter abwandert und Europa es dadurch immer weniger selbst in der Hand hat, umweltfreundlich und klimaneutral zu produzieren, ist ein großes Problem. Es könnte angegangen werden, indem die Politik beispielsweise Quoten für klimaneutrale Grundstoffe vorschreibt und gleichzeitig die hiesige Industrie dabei unterstützt, umzustellen. Die klimaneutrale Stahlerzeugung, Kunststoffe, die mit Wasserstoff produziert werden, eine Aluminiumproduktion, die über eine Power-to-Metal-Steuerung an die erneuerbare Stromproduktion angeschlossen ist und dann schmilzt, wenn Energie in großen Mengen zur Verfügung steht – all das würde die industrielle Produktion in Europa halten können, indem der globale Wettbewerb nicht über den Preis, sondern über den Klimaschutz geführt wird. Bei sehr hohen CO_2-Kosten würden sich solche Prozesse lohnen. Aber heute sind die CO_2-Kosten noch zu niedrig. Investitionen in CO_2-neutrale Industrieprozesse rentieren sich derzeit oft nicht.

Denkbar wäre auch hier, über Klimazölle einen Zuschlag auf die Produkte zu erheben, die nicht zu den ökologischen Bedingungen produziert wurden, die zum Standard werden sollten. Ein anderes, weniger marktbasiertes Instrument, das ohne diese Zölle auskäme, wäre, Quoten für klimafreundliche Produkte vorzuschreiben. Der globale Markt wäre nicht ausgehebelt, aber neu ausgerichtet. Ein drittes Instrument wäre der sogenannte Carbon-Differenzkontrakt (Carbon Contract-for-Difference), ein Begriff, der eigentlich aus dem Investmentbanking kommt. Damit eine Umstellung schon heute beginnen kann, müssten den Unternehmen die Differenz zwischen dem aktuellen CO_2-Preis und den tatsächlichen CO_2-Vermeidungskosten (Grenzvermeidungskosten) erstattet werden.

Alle diese Maßnahmen würden das System des Freihandels deutlich verändern. Denn in den Freihandelsverträgen, die in den letzten Jahrzehnten geschlossen wurden, wurden Arbeitsrechte und Umweltstandards als sogenannte nichttarifäre Handelshindernisse gesehen. Damit wurden wichtige und oft durch die Zivilgesellschaft erkämpfte Rechte nur durch die Brille des Preises betrachtet. Wenn aber globaler Fortschritt tatsächlich auf Dauer nicht mehr Verlierer als Gewinner hervorbringen soll, wenn die Klimakrise beherrschbar bleiben soll, dann müssen wir diese Brille absetzen. Bessere Löhne, die

Einhaltung von Arbeitsschutzrechten, höhere Umwelt- und Klimaschutzstandards müssen durch politische Maßnahmen von einem Wettbewerbsnachteil zu einem Wettbewerbsvorteil gemacht werden. Importierte Produkte, die nur deshalb günstig sind, weil Umwelt- und Sozialstandards unterlaufen werden, müssen um diese Differenz teurer werden, sodass es für Unternehmen einen Anreiz gibt, selbst zu den vorbildlichen zu gehören. Würden auch andere Staaten ihre Ökonomien so vor klimaschädlichen und durch Sozialdumping erzeugten Produkten schützen, hätten wir bald einen globalen Wettbewerb um die höchsten Standards. Dies ist eine andere Globalisierung, keine De-Globalisierung.

Was den Vorhalt von kritischen Gütern und Produktionskapazitäten angeht, erscheint es allerdings weder notwendig noch sinnvoll, jetzt für die nächste Epidemie, von der niemand weiß, wann sie kommt, Milliarden von Masken einzulagern, die zum gegebenen Zeitpunkt dann porös sind, nicht mehr funktionieren oder auch überholt sind. Das Gleiche gilt für medizinische Präparate. Was aber vorgehalten werden sollte, sind die Kapazitäten zur Produktion.

Dazu könnte man an ein schon bestehendes System andocken. So bekommen derzeit einige Kohlekraftwerke, die eigentlich nicht mehr zur Energieproduktion benötigt werden, Zahlungen dafür, dass sie eine Art Reserve sind: Wenn es nicht genügend Strom geben sollte, könnten sie rasch anfahren. Nun will ich definitiv nicht den ohnehin zu langsamen Kohleausstieg weiter verlangsamen und keine veralteten Techniken am Leben erhalten, dennoch kann man davon lernen: Was gemacht wurde, um den Arbeitsplatzabbau in der Kohleindustrie zu steuern und abzumildern, kann als Instrument für kritische Produkte insgesamt genutzt werden. Der Staat würde Vorsorgekapazitäten ausschreiben, sodass für den Fall der Fälle die Produktion hochgefahren werden kann.

Die Entwicklung und Forschung an neuen, für die Weltgemeinschaft wichtigen Medikamenten und Wirkstoffen kann zum Beispiel heute schon der reinen Preis- und Profitlogik entzogen werden. Als vor Jahren endlich wirksame Medikamente gegen HIV gefunden wurden, waren diese zunächst durch Patente geschützt und teils absurd teuer. Bei Weitem nicht alle Betroffenen konnten sich die Medikamente leisten, von der flächendeckenden Anwendung in den besonders betroffenen afrikanischen Ländern ganz zu schweigen. Hintergrund ist, dass die Forschung und Entwicklung von Medikamenten oft horrende Summen verschlingen. Obwohl die Produktion am Ende meist sehr günstig ist, müssen die Pharmaunternehmen diese Kosten dann durch den Verkauf der Präparate wieder einspielen – auch um die Forschung an den nächsten Produkten zu finanzieren. Deshalb werden Medikamente über 20 Jahre patentiert.

Aber manchmal ist es eben notwendig, dass bestimmte Präparate schneller und günstiger zum Einsatz kommen. Auch hier gibt es verschiedene Möglichkeiten. Beispielsweise wurden der Pharmaindustrie für die Entwicklung eines Corona-Impfstoffes hohe Milliardensummen an öffentlicher Unterstützung gewährt. Diese Fördergelder müssten entsprechend auch an Bedingungen wie niedrige Preise und Zugänglichkeit für alle geknüpft werden. So könnte man vorsorglich einen Vertragsrahmen schaffen, der das Entwicklungsrisiko mindert und Zugang für alle schafft. Doch die meisten Staaten und auch die Europäische Investitionsbank stellten keinerlei Bedingungen zum Umgang mit geistigem Eigentum oder dem

Zugang zu den Medikamenten. Ein Fehler, den die öffentliche Hand immer wieder begeht, wenn sie investiert, und auf den die Ökonomin Mariana Mazzucato in ihrem Buch »Das Kapitel des Staates« schon vor einigen Jahren eindringlich hingewiesen hat. Aber denkbar und möglich wäre es gewesen. Schließlich könnte man Prämien ausloben, damit Medikamente gegen Krankheiten erforscht werden, mit denen sich wenig Geld verdienen lässt, weil es wenige Betroffene gibt.

Für eine nachträgliche Änderung steht das in der Folge der HIV-Medikamente geschaffene System zur Verfügung, nach dem Patentinhaber durch Zwangslizenzen (»compensatory licensing«) auch dazu verpflichtet werden können, diese für alle nutzbar zu machen. Dieses System ist durch internationale Vereinbarungen implementiert worden und im nationalen Recht verankert. Es kann immer dann zur Anwendung kommen, wenn Krankheiten nicht anders behandelt werden können, eine Unterversorgung stattfindet bzw. das öffentliche Interesse wie jetzt bei Corona groß ist.

So, wie wir nach der weltweiten Finanzkrise und der Eurokrise gelernt haben, welche katastrophalen Folgen ein globaler, nicht regulierter Finanzmarkt haben kann, und seitdem daran arbeiten, Regeln zur Finanzmarktstabilität einzuführen – höhere Eigenkapitalausstattung, Liquiditätsvorgaben, Regeln zur Bankenabwicklung –, so müssen wir solche Konsequenzen auch für die Realwirtschaft ziehen und die Resilienz im europäischen Raum stärken. Das ist keine Absage an globale Kooperation, aber ein Plädoyer für eine gewisse Regionalisierung der Realwirtschaft in kritischen Bereichen. Der Markt allein kann das nicht richten.

Ein europäisches
Sicherheitsversprechen

Die Frage einer besseren und gerechteren Ausgestaltung der Globalisierung ist nicht nur eine, die die Ungleichgewichte in der Welt betrifft. Wie gesehen gibt es auch innerhalb von Europa Gewinner und Verlierer eines einheitlichen Wirtschafts- und Währungsraums. Und zwar sind die Gewinner die ökonomisch starken Staaten, allen voran Deutschland, obwohl zum Beispiel Italien ja vor der Währungsunion kein ökonomisch schwaches Land war, sondern stärkere Wachstumsraten als Deutschland hatte. Der Hauptgrund für dessen Problem und den deutschen Aufstieg ist die einheitliche Währung, der Euro. Sein Wert bildet gleichsam den Durchschnitt der ökonomischen Leistungsfähigkeit in Europa ab. Durchschnitt aber heißt, dass die Güter der Staaten, die eine starke Ökonomie haben, unterbewertet, also zu billig sind, und die, die sie günstiger produzieren könnten, überbewertet sind. Der Euro nützt so vor allem Deutschland, weil in einer Gemeinschaftswährung die stärkste Wirtschaft zwangsläufig im Vorteil ist. Die anderen Staaten, die nach der Finanzkrise wirtschaftliche Probleme hatten, Griechenland, Italien, Spanien, Irland, hätten in einer Welt mit nationalen Währungen die ihre abgewertet, um ihre Produkte günstiger zu machen und damit ihre Wirtschaft anzukurbeln. Umgekehrt wäre Deutschlands Währung, gäbe es die D-Mark noch, aufgewertet worden. Wodurch sich die bei uns produzierten Güter verteuert und wir weniger von ihnen verkauft hätten. In einer gemeinsamen Währung ging das nicht mehr.

Deutsche Produkte werden also durch den Euro billiger und damit konkurrenzfähiger auf dem Weltmarkt, italienische Produkte oder auch griechische oder portugiesische, die eigentlich günstiger wären, werden teurer. Dass Deutschland weiterhin so ein starkes Exportland ist, dass wir vor Corona über Jahre Haushaltsüberschüsse hatten und unsere Wirtschaft boomte, liegt viel weniger an der Sparsamkeit unserer Finanzminister als an dem gemeinsamen Währungsraum. Und dass andere Staaten es so schwer haben, auf die Beine zu kommen, ebenfalls.

Italien beispielsweise, das durch Corona besonders betroffen war, ist unser sechstwichtigster Handelspartner. Wir exportieren Waren im Wert von 68 Milliarden Euro dorthin. Spanien, gleichfalls schwer getroffen, steht an zwölfter Stelle mit Exporten von 44 Milliarden Euro. Wenn diese Volkswirtschaften straucheln, zieht es uns mit. Wir können nur starkes Exportland bleiben, wenn unsere innereuropäischen Handelspartner stabil sind. Hinzu kommt: Es drohen in den angeschlagenen Volkswirtschaften tiefe Rezession und hohe Arbeitslosigkeit, zusammen ein Konjunkturprogramm für den Populismus, der sich ohnehin schon wie ein Gift in Europa ausgebreitet hat.

Geldpolitik, also via Zinssteuerung Inflation und Deflation zu kontrollieren, kann keine gemeinsame Fiskalpolitik ersetzen. Die Geldpolitik steuert über den Umweg der Konjunktur. Von daher kontrolliert sie auch Maßnahmen, die zum Beispiel gegen Arbeitslosigkeit wirken. Das Problem ist nicht, dass Geldpolitik nicht mächtig wäre, sondern dass sie allein nicht mehr ausreicht.

Wenn man also will, dass der Euro überlebt – und in letzter Konsequenz die Europäische Union –, muss man dafür sorgen, dass der Währungsraum zu einem einheitlicheren Wirtschaftsraum wird. Das bedeutet, dass Europa dringend eine gemeinsame Finanz- und Fiskalpolitik braucht, inklusive der Möglichkeit gemeinsamer Steuern. Beispielsweise bei der Besteuerung digitaler Großkonzerne, die im Moment die Staaten so gegeneinander ausspielen, dass sie am Ende fast keine Steuern mehr bezahlen. Dass jeder Buchhändler und jeder Schuhverkäufer Gewerbesteuern und Einkommenssteuern bezahlt, Google, Facebook und Amazon aber ihre Gewinne kleinrechnen und sich dadurch kaum an der Finanzierung des Gemeinwesens beteiligen, zerstört jedes Gefühl, dass es fair zugeht.

Entsprechend müssten die sogenannten Leistungsbilanzüberschüsse reduziert werden. Wenn Deutschland hohe Einnahmen hat, weil andere Länder unsere Güter kaufen, sein Geld dann in den Schuldenabbau steckt, um schließlich zu fordern, dass es die anderen Länder genauso machen, handelt es am Ende gegen seine eigenen Interessen. Denn wenn die anderen Länder ebenfalls anfangen zu sparen, wenn sie die Gehälter und Pensionen ihrer Polizist*innen, Lehrer*innen und Rentner*innen kürzen müssen, wenn nicht mehr in Schulen, Brücken, Eisenbahnschienen investiert wird, dann endet das in einer Wirtschaftskrise, in der immer weniger Menschen Geld ausgeben können. Und wenn niemand mehr Geld ausgibt, dann ist das vor allem schlecht für den, der etwas verkaufen will.

Wir Deutschen haben also ein ureigenes Interesse daran, dass die Volkswirtschaften ökonomisch angeschlagener Länder jetzt nicht untergehen. Der Hauptprofiteur der europäischen Einigung ist Deutschland. Als Land in der Mitte Europas, als wiedervereinigtes, mit einer stark exportorientierten Wirtschaft profitieren vor allem wir von Frieden und wirtschaftlichen sowie kulturellen Möglichkeiten. Die Ablehnung einer gemeinsamen Fiskalpolitik inklusive gemeinsamer Kreditaufnahme aber gefährdet die Stabilität Europas, des Euroraums und damit auch Deutschlands. Eine gemeinsame Verschuldung würde umgekehrt zu insgesamt niedrigeren Zinsen führen und der Euroraum würde profitieren.

Das ist umso notwendiger, als Deutschland und die EU ja nicht allein auf der Welt sind. Der Euro hat schon durch die Handhabe der Eurokrise erheblich an Bedeutung eingebüßt. Und das Fehlen einer gemeinsamen europäischen Fiskalpolitik ist einer der Gründe, warum der Euro immer noch eine relativ geringe Rolle als weltweite Währungsreserve spielt. Damit verspielt Europa die Chance, an geopolitischem Einfluss zu gewinnen. Euros machen nur etwa 20 Prozent der globalen Währungsreserven aus, Dollar hingegen liegen bei 60 Prozent. Und das, obwohl die europäische Wirtschaftsleistung mit der der USA vergleichbar ist. Viele unserer Nachbarn, wie die Ukraine oder die Türkei, orientieren sich am Dollar, aber nicht am Euro. Sogar europäische Unternehmen sind auf eine Versorgung mit Dollarliquidität angewiesen. Obwohl Europa zu Recht das Atomabkommen mit dem Iran, aus dem die USA ausgestiegen sind, erhalten möchte, so fehlt ihm doch die ökonomische Macht, das auch gegen den Willen der USA durchzusetzen. Denn nahezu alle Exportgeschäfte mit dem Iran werden in US-Dollar abgewickelt und unterliegen somit den US-Sanktionen gegen den Iran. So können europäische Firmen nicht mal dringend benötigte medizinische Produkte in den Iran exportieren, ohne hohe Strafen fürchten zu müssen.

Europa macht sich selbst klein bzw. vergibt die Möglichkeit, über eine starke gemeinsame Währung auch gemeinsame Werte politisch zu transportieren. Denn die Europäische Union steht, trotz herber Rückschläge insbesondere im Bereich der Asyl- und Flüchtlingspolitik, weltweit noch immer für Rechtsstaatlichkeit, Demokratie und stabile Institutionen. Die Welt wartet daher nur darauf, dass Europa eine sichere Euro-Anleihe ausgibt, wie es die USA mit ihrem Dollar tun.

Was wir ebenfalls dringend brauchen, ist mehr europäische Kooperation in allen sozialen Bereichen. In einem so großen Währungsraum sind die Lebensverhältnisse niemals gleich, die Spannungen riesig, der Unterschied im Wohlstandsniveau zwischen Finnland und Griechenland immens. Deshalb braucht es mehr Kooperation. Die Koordinierung des Gesundheitsbereichs beispielsweise muss auf europäischer Ebene dringend angegangen werden. Europäische Mindestlohnvereinbarungen, die relativ zum jeweiligen Lebensstandard errechnet werden, also nicht der gleiche Mindestlohn zwischen Rumänien und den Niederlanden, aber die gleiche Berechnungslogik, europäische Arbeitslosenrückversicherung, europäische Sozialstandards hätten längst als Antwort auf die ökonomische Einheit gegeben werden müssen.

Der Wunsch nach einer eigenen Fiskalpolitik und Steuerhoheit, nach dem Ausbau der Sozialpolitik führt natürlich zu der Frage nach politischer Verankerung und demokratischer Kontrolle von Entscheidungen. Auf dem Juli-Gipfel des Europäischen Rates wurde 2020 erstmals beschlossen, dass die EU eigene Steuerkompetenzen bekommen soll: eine CO_2-Steuer, eine Plastiksteuer, eine Finanztransaktionssteuer wurden genannt. Ob es so kommt, werden wir sehen.

Ein 250 Jahre alter Grundsatz der Demokratien lautet: »No taxation without representation«. Aber in Europa macht heute die Europäische Zentralbank in weiten Teilen den Job der politischen Vertretung, obwohl sie eigentlich unabhängig von der Politik agieren soll. Sie muss es tun, weil die Politik lange nicht handlungsfähig war, weil Deutschland unter Angela Merkels Führung über anderthalb Jahrzehnte jede Initiative für eine gemeinsame Haftung von Krediten abgelehnt hat und stattdessen die Staaten, von deren Exportschwäche wir profitierten, zwang, zu sparen. Erst im Angesicht der Corona-Krise hat Angela Merkel ihre Politik geändert, weil sonst wohl der Euro und damit wahrscheinlich die Europäische Union untergegangen wären. Bis dahin musste die EZB durch niedrige Zinsen und den Aufkauf von einzelnen Staatsanleihen die Last, den Euro zu stabilisieren, allein tragen. Aber die Entscheidungen der EZB ersetzen häufig politische Entscheidungen, oder genauer: füllen die Lücke, die die Politik lässt. Die Vertreter*innen des Zentralbankrats werden zwar von Parlamenten gewählt, aber das kann keine europäische Fiskalpolitik und ihre Legitimation durch Politik ersetzen. Die EZB setzt über den Zins Anreize, sich zu verschulden, um damit die Konjunktur in Gang zu bringen. Wenn Unternehmen zur Bank gehen und einen Kredit bekommen, erhöht sich die Geldmenge entsprechend. Die EZB setzt also nur Anreize, dass mehr Geld geschöpft wird. Über die Verwendung entscheidet sie nicht. Und diese Lücke definiert den Raum der Politik, der endlich betreten werden muss.

Die Europäische Kommission ist zwar demokratisch besser legitimiert, vom Parlament gewählt, aber eine demokratische Regierung mit vollen Rechten ist sie dennoch nicht.

Und der Rat, das Gremium der Staats- und Regierungschefs, blockiert oft notwendige Handlungen. Denn die Staats- und Regierungschefs sind zuallererst ihren nationalen Interessen verpflichtet. Sie wurden von den Bürger*innen ihres Landes gewählt. Ihnen müssen sie sich verantworten. Entsprechend handeln sie allzu oft nicht nur nicht im Interesse einer gemeinsamen europäischen Sache, sondern, schlimmer noch, nur im Interesse ihres jeweiligen Landes. Und solange in wesentlichen Politikfeldern jeder Staat ein Vetorecht hat, die Union also nur ein Staatenbund und kein Bundesstaat ist, droht das auf Dauer die Gemeinschaft zu sprengen.

Jetzt, in der Corona-Krise, ist der Moment, an dem sich viele Europäer*innen wieder daran erinnern, dass Europa nicht allein eine Wirtschaftsunion, sondern auch eine Werteunion sein soll. Die Vertiefung wirtschaftlicher Beziehungen war der Hebel zum Frieden. Je stärker die wirtschaftliche Integration, desto stärker würde im Folgenden die politische werden, so die Idee. Aber diese Tradition, ja hoffentlich Renaissance Europas, muss sich der Widersprüche seines Erfolgs bewusst sein. Es muss zu einem sozialen Europa werden, das den Prosperitätsgewinn nutzt, um einige Bereiche aus dem ökonomischen Verdrängungswettbewerb zu nehmen. Wenn es nicht die Arbeitslosigkeit selbst, sondern die Angst vor ihr und vor dem damit einhergehenden gesellschaftlichen Statusverlust ist, die den Populismus nährt, dann braucht es ein neues europäisches Sicherheitsversprechen. Und da die EU in den letzten Jahren vor allem auf ökonomische und kulturelle Freizügigkeit gesetzt hat, ist jetzt die Zeit gekommen, um – neben der Lösung immenser ökologischer Probleme – mithilfe einer vom Europäischen Parlament kontrollierten gemeinsamen Fiskalpolitik den sozialen und gesellschaftlichen

Schutz der Europäer*innen zu stärken. Schafft man eine Fiskalunion, schafft man einen weiteren Schritt zu einer vertieften europäischen Einheit, die in einer föderalen europäischen Republik enden kann und sollte, die sich aus den Nationalstaaten zusammensetzt, aber ein gemeinsamer Rechtsraum ist.

Dass Angela Merkel am Ende ihrer Kanzlerschaft die Prinzipien, die über Jahre ihr Handeln leiteten, aufgab, machte den Weg zu dem Gipfelbeschluss vom Juli 2020 frei. Mit der Zusage von Deutschland, gemeinsame Anleihen mitzutragen (wenngleich auch keine gesamtschuldnerische Haftung, weshalb der Zins vermutlich immer noch höher als zum Beispiel die Bundesanleihen sein wird), wurde ein neuer Mechanismus in Europa geschaffen. Aber damit beginnt ja die Debatte in Deutschland erst. Und in den Niederlanden, Dänemark, Schweden, Finnland und Österreich auch. Die Beschlusslage der CDU/CSU in Deutschland zum Beispiel decken die Gipfelbeschlüsse nicht. Und es wird sich erst noch zeigen müssen, ob mit diesem Gipfel ein neuer Weg beschritten wird oder ob er ein einmaliges Ereignis bleibt und die Engstirnigkeit obsiegt.

Neue Spaltung im Dienstleistungssektor

Die gesellschaftlichen Spannungen, die gerade durch die Erfolge von industrialisierter Landwirtschaft und globaler Industrialisierung entstanden sind, machen vor dem tertiären Sektor, also dem Bereich der Dienstleistungen, nicht halt. Erstens wird auch dieser Sektor insbesondere bei den sogenannten Care-Tätigkeiten, die früher unbezahlt blieben, von der systemisch angelegten Auf- und Abwertungsdynamik erfasst. Zweitens geht diese zunehmende Ökonomisierung des Sozialen über reine Beschäftigungsverhältnisse hinaus und kapitalisiert die letzten Bereiche des Persönlichen. Und drittens beschleunigt die Digitalisierung die Aufspaltung von Dienstleistungsangeboten in prekäre und sehr gut bezahlte.

Durch beruflichen Erfolg und den sozialen Aufstieg der einen entsteht gleichzeitig ein immer größerer Dienstleistungssektor Niedriglohnbeschäftigter. Berufe in der Gastronomie, der Reinigungsbranche, beim Sicherheitspersonal, im Transportwesen, in der Pflege sind häufig Arbeiten, die körperlich belastend sind und eine gewisse Routine aufweisen. Viele von ihnen finden außerhalb der regulären Beschäftigungsverhältnisse statt: als Mini-Jobs, ohne Tarifbindung, mit Befristungen, als Leiharbeit, schwarz. Maarten Goos und Alan Manning beschrieben diese als »lousy jobs« im Gegensatz zu »lovely jobs«.

Wie der Niedriglohnsektor gerade im Dienstleistungsbereich in Deutschland politisch bewusst hergestellt wurde, ist oft beschrieben worden. Entscheidend an dieser Stelle ist, dass er eben auch Resultat des Paternostereffekts ist. Deutlich wird dies gerade an dem großen Bedarf an Care-Berufen wie Erzieher*innen und Pfleger*innen, Arbeiten, die vormals unbezahlt und in der Regel von Frauen ausgeführt wurden. Sogenannte häusliche Arbeit – Alte oder Kranke zu pflegen, Kinder zu betreuen, im Haushalt zu kochen und zu putzen – wird inzwischen zunehmend professionalisiert und dementsprechend bezahlt. Damit bekommen diese Tätigkeiten einen finanziellen Wert und werden entsprechend nach ihrem Nutzen beurteilt. In der Praxis wird genau dieser Wert, also die Kosten, mit dem ökonomischen Nutzen abgewogen. Die Frage in Familien ist nicht mehr nur, wer arbeiten geht und wer sich um die Kinder kümmert (was meist immer noch Frauen tun, da sie im Durchschnitt immer noch weniger verdienen als Männer), sondern die Frage ist jetzt auch, wie teuer die Kita sein darf, ob sich eine Haushaltshilfe lohnt, ob man die Eltern selbst pflegen oder eine Pflegekraft beschäftigen soll, um in der Zeit selbst arbeiten gehen zu können. Je niedriger das Einkommen, das durch eigene Erwerbsarbeit erzielt wird, desto weniger lohnen sich die Ausgaben für Haus-, Pflege- und Care-Arbeit. Entsprechend entsteht Druck auf die Löhne der Erzieher*innen, Pflegekräfte und Haushaltshilfen. Umgekehrt – und darüber wird gerne geschwiegen – würde eine bessere Bezahlung von Pflegekräften oder Haushaltshilfen wohl bedeuten, dass wieder mehr Menschen selbst putzen oder pflegen müssten, vermutlich – in einer noch immer nicht gleichberechtigten Gesellschaft – Frauen. Die Autorin Teresa Bücker hat dieses Dilemma einer gesellschaftlichen Spaltung durch Care-Tätigkeiten analysiert und stellt eine »oft ausbeutende, oft rassifizierte Arbeitsteilung« fest. Für diejenigen, die ökonomisch eh schon gut dastehen, bedeutet die Auslagerung von Care-Arbeit einen Statusgewinn und ein Privileg. Wenn beide Partner es sich leisten können, trotz pflegebedürftiger Eltern zu arbeiten oder trotz kleiner Kinder Karriere zu machen, stärken sie nicht nur ihre ökonomische, sondern auch ihre gesellschaftliche Position. Und die Care-Arbeit wird von denen gemacht, die »in der jeweiligen Gesellschaft schlechtere Chancen auf Bildung und Arbeit haben«, wie Bücker schreibt.

So ist in den letzten Jahrzehnten eine ökonomische Dimension in einen Bereich eingezogen, der früher der ökonomischen Logik entzogen war: Spielen, bei Hausaufgaben helfen, kochen, putzen, pflegen, einkaufen, also soziale Verhaltensweisen, sind nun ein Arbeitsmarkt. Und das ist so fortschrittlich wie problematisch. Dass das Soziale nun ebenfalls finanziell bewertbar ist, ermöglicht Aufstieg, Emanzipation und – für viele Frauen – die Möglichkeit, einer Erwerbstätigkeit nachzugehen. Andere – ebenfalls meist Frauen – werden beruflich abgewertet. »Selbst hoch qualifizierte Migrant*innen – auch in dieser Gruppe sind es deutlich mehr Frauen als Männer – arbeiten oft zunächst oder dauerhaft im Niedriglohnsektor oder unangemeldet in Privathaushalten«, so Bücker.

Es findet also eine »Ökonomisierung des Sozialen« statt, wie Andreas Reckwitz es nennt. Diese ist nicht allein auf die Sphäre der Bezahlung von Care-Tätigkeiten oder dem Entstehen eines Niedriglohnsektors beschränkt, sondern sie erfasst im Grunde den ganzen Bereich unseres sozialen Lebens und ordnet ihm einen Wert zu. Das ist bei den Bildungsinstitutionen zu beobachten, die sich über einen Wettbewerb, beispielsweise durch diverse Exzellenzinitiativen, miteinander messen müssen und damit Bildung und Bildungsabschlüsse ökonomisch auf- oder abwerten. Das Freizeit- und Urlaubsverhalten wird zu Statusverhalten, mit dem sich neue Märkte auftun. Der Wohnungsmarkt und entsprechende Maklertätigkeiten unterziehen die Orte, in denen wir leben, einer permanenten Bewertung. Die Freunde, die wir haben, und wie viele wir haben, bekommen durch die sozialen Medien buchstäblich einen Wert, ja selbst die Partnerschaften, die wir eingehen, werden zunehmend über den Wettbewerb der Datingportale organisiert.

Die israelische Soziologin Eva Illouz beschrieb schon 2011 in »Warum Liebe weh tut«, wie die Ökonomie unsere Intimbeziehungen erfasst und wie Vergleich, Status und Gewinn die Partner*innenwahl über Dating-Plattformen verändert. Gefühle und Beziehungen werden zunehmend vom Marktdenken geprägt. Die gleiche Gewinn-Verlust-Logik, die die kapitalistische Ökonomie beherrscht, greift nun in unsere Gefühle, Begehren und Wünsche ein. Illouz entdeckte selbst in dem Persönlichsten, das wir zu haben glauben, unsere Liebe, einen Marktmechanismus, der über den Erfolg und Misserfolg unserer Leben bestimmt. Wie und wen wir lieben, ist ihr zufolge ebenfalls ein Ergebnis von Angebot und Nachfrage.

Gerade im tertiären Sektor werden so immer neue (soziale) Märkte erschlossen bzw. erfunden. Und diese weisen die gleichen Aufstiegs- und Abstiegslogiken auf, die die anderen Sektoren kennzeichneten.

Die Logik der Ökonomie durchzieht auch die soziale Struktur unseres gesellschaftlichen Zusammenlebens und entscheidet wie eine anonyme Macht über Erfolg oder Misserfolg. Oft ist uns gar nicht klar, warum die einen im Leben schlechter klarkommen als andere. Warum manche zum Beispiel trotz guten Schulabschlusses keinen Ausbildungsplatz finden oder trotz guten Gehalts keine Wohnung. Der Grund besteht nicht zuletzt darin, dass auch ökonomisierte soziale Beziehungen zur Monopolbildung, also zur Konzentration von Macht, neigen. Warum der eine nicht erfolgreich ist und die andere dafür umso mehr, hängt oft weniger mit Können oder Fleiß zusammen, sondern mit dem Mechanismus der Monopolbildung, der vor unseren Sozialbeziehungen nicht mehr haltmacht. In einer Band beispielsweise, deren Mitglieder gemeinsam einen Hit geschrieben und produziert haben, wird der Name der Sängerin weltberühmt – aber selten die Namen der anderen Bandmitglieder. In einer erfolgreichen Sportmannschaft konzentriert sich inzwischen alles auf den einen oder die eine Führungsspieler*in – die restliche Mannschaft muss mit gefühlt fehlender Anerkennung für ihre Leistung klarkommen. Die beste Universität bekommt die besten Studierenden, die sich wiederum vermutlich um den besten Professor oder die beste Professorin scharen.

Auch diese zunehmende ökonomische Monopolisierung des Sozialen ist bedeutsam für den Verlust von gesellschaftlicher Anerkennung. Anerkennung ist nicht allein auf eine Gruppenzugehörigkeit oder den Verdienst bezogen, sondern auch auf das individuelle Lebensglück. Zunehmend wird das Gerechtigkeitsempfinden derjenigen verletzt, die trotz Suchen und Bemühen nicht die Wohnung, den Beruf, die Partner*in finden, die sie sich vorstellen. Die Chancen, die wir im Leben ergreifen können, die Möglichkeiten, die über das Gelingen und Scheitern unseres Lebens entscheiden, auch sie

haben ihren Anteil an der Be- und Entwertung von Lebens-
entwürfen. Der Paternostereffekt macht vor sozialen Beziehungen nicht mehr halt und schafft einen »Mechanismus der
Enttäuschungsproduktion«, so Reckwitz.

Die sich beschleunigende Digitalisierung erweist sich als Katalysator und Beschleuniger für die Spaltung innerhalb des
Dienstleistungssektors. Sie erfasst schon jetzt immer mehr sicher geglaubte Berufsbilder, und es steht zu befürchten, dass
die Verlustängste und Abstiegssorgen weitere Teile unserer
Gesellschaft erfassen und anfällig für populistische, nationalistische Politik machen werden. Der Dienstleistungsbereich
spaltet sich durch die Digitalisierung immer mehr auf und
entwickelt sich einerseits zu einer Wissensökonomie, einem
kognitiven Kapitalismus, dessen Gewinne dadurch erzeugt
werden, dass bestimmte Dinge oder Tätigkeiten, Wissen, soziale Kontakte oder Ideen einen Wert erhalten, andererseits
entstehen immer mehr Billigdienstleistungen und damit ein
neues Prekariat. Einerseits schafft die Digitalisierung für einzelne Menschen unglaubliche Gewinnmöglichkeiten, schafft
gut bezahlte und hoch anerkannte Jobs in der Herstellung
und Verwaltung digitaler Infrastruktur, andererseits führt sie
zu einer Zunahme von prekären Jobs, in denen Menschen für
Uber fahren, als Clickworker ohne jede soziale Absicherung
beschäftigt sind, als Lagerarbeiter*in bei Amazon und Co
arbeiten, als scheinselbstständige Paketboten unterwegs sein
müssen, als selbstständige Yoga-Lehrerin oder Masseure oder
Achtsamkeitscoaches arbeiten, die den auf Selbstoptimierung
bedachten Erfolgreichen zu innerer Ruhe und äußerer
Schönheit verhelfen, aber – auch eine Lehre von Corona – sozial meist extrem schlecht abgesichert sind.

Die Digitalisierung wird alle Berufe verändern und viele schlicht überflüssig machen. In jedem Fall werden Berufsbiografien immer stärker durch technologische Sprünge beeinflusst. Fremdsprachen- und technische Kenntnisse werden immer wichtiger. Auch die oben in Bezug auf Kompetenzen im Bildungsbereich aufgezeigte Dichotomie zwischen praktisch-konkretem und strategisch-langfristigem Denken wird hier besonders wirksam werden. Prognosen und Schätzungen gehen davon aus, dass Millionen von Jobs wegfallen werden. Bereits 2013 wurde die Automatisierungswahrscheinlichkeit von Berufen berechnet. In Deutschland sind demnach 57 Prozent aller Jobs in Gefahr, zukünftig von Maschinen und Robotern gemacht zu werden. Nicht nur die Arbeitswelt von Toilettenreinigungskräften oder Kassierer*innen wird sich ändern, sondern auch die von Banker*innen, Radiolog*innen, Versicherungsangestellten.

Gerade werden Supermärkte entwickelt, die keine Kassen mehr haben. Beim Reingehen wird man per Scanner identifiziert und per künstlicher Intelligenz wird beobachtet, welche Ware man aus den Regalen nimmt, und diese dann automatisch abgerechnet. Man verlässt den Shop, ohne zu bezahlen.

Die Leseprogramme der neuesten Generation können schon jetzt fast jede Handschrift und natürlich jede PC-Schrift entziffern und übersetzen. Ich habe auf diese Weise einen Urlaub lang perfekt mit Georgiern kommuniziert, ohne ein Wort Georgisch sprechen zu können bzw. ohne die georgische Schrift schreiben oder lesen zu können. Welche Auswirkungen diese Sprachprogramme zum Beispiel auf den Beruf der Übersetzer*in haben, ist noch gar nicht absehbar.

Roboter, die menschliche Mimik und Gestik analysieren, die also auf unsere Gefühlszustände reagieren können, werden in Büros, Krankenhäusern und Pflegeeinrichtungen eingesetzt werden. Per GPS-System ist ein Handy heute schon in der Lage, Millionen von Menschen zum ersten Mal eine Adresse zu geben und so in die Slums der Großstädte Afrikas oder Südamerikas einen Krankenwagen, eine Hebamme, Polizei oder Freunde zu schicken. Mit einem Mobilfunkscan der Netzhaut kann man heute schon selbst sein Herzinfarktrisiko feststellen. Mit künstlicher Intelligenz lassen sich individuelle Diagnosen und Vorsorgeprogramme für jeden Menschen erstellen. Die Forschung an Impfstoffen und neuen medizinischen Produkten wird über KI, die verschiedene Muster und Daten abgleicht, enorm beschleunigt werden. Die Zukunft der Post werden Drohnen sein. Statt großer Lieferwagen auf unseren Straßen und schwerer körperlicher Arbeit für Paketboten wird es vermutlich in Zukunft Luftfrachtzustellungen geben. Die Steuerfahndung wird über KI-Programme Steuerbetrug aufdecken können. Und selbst der Beruf des Soldaten bekommt digitale Konkurrenz. Roboter, die Soldaten ersetzen, sind heute schon an allen Fronten im Einsatz. Sie entschärfen Bomben, suchen Minen, schützen Leben und sorgen dafür, dass weniger Menschen sterben. Aber natürlich töten sie auch – schießen auf Menschen, die um ihr Leben rennen, ohne selbst ein Leben zu haben.

Künstliche Intelligenz hat die Arbeitswelt schon längst geändert. Wenn man durch die Produktionshallen von Audi in Ingolstadt oder VW in Wolfsburg geht, sieht man fast nur noch Roboter. Die Produktion läuft praktisch voll automatisiert. Materialzulieferfahrzeuge zum Beispiel lernen mit künstlicher Intelligenz, was am Fließband gerade gebraucht wird, und bringen die entsprechenden Teile. Dennoch arbeiten heute in

Wolfsburg knapp 63 000 Menschen. Vor zehn Jahren waren es 30 000 weniger.

Trotz des gigantischen Wandels, der uns ins Haus steht, spricht also nicht allzu viel dafür, dass die Digitalisierung uns alle arbeitslos machen wird. Letztlich sind wir ja schon mittendrin im Wandel und vor Corona hatte Deutschland eine Million offene Stellen. In vielen Bereichen gibt es Fachkräftemangel. Pflege ist da nur ein Beispiel. Auch im öffentlichen Dienst, inklusive des Schuldienstes, steht eine Pensionierungswelle bevor. Tischler- und Zimmereibetriebe finden nicht mehr genug Nachwuchs.

Die Digitalisierung ist auch nicht die erste große Veränderung unserer Arbeitswelt. Vor 100 Jahren arbeiteten noch 38 Prozent der Menschen in Deutschland in der Landwirtschaft. Hätte man den Menschen vor 100 Jahren gesagt, dass der Beschäftigungsanteil von Landwirten inzwischen bei 2 Prozent liegt, wir aber vor Corona fast Vollbeschäftigung hatten, sie hätten es nicht verstanden. Sie hätten uns gefragt, was denn all die Menschen machen würden. Und wenn wir gesagt hätten: Sie programmieren Computer, arbeiten in Büros, unterrichten Sport, spielen Theater, arbeiten in der Pflege oder in Kitas und Schulen und bringen unseren Kindern Weltwissen bei, hätten die meisten Menschen geantwortet: Was sollen die Kinder denn mit diesem Wissen? Sie sollen doch auf dem Feld arbeiten!

Getrieben von der technischen Dynamik bildet sich aus dem tertiären Sektor seit einiger Zeit jedenfalls ein weiterer, ein quartärer, heraus, der entlang der digitalen Informationstechnologien ausgerichtet ist. Er ist noch nicht voll da und noch ist nicht genau zu sehen, wie er funktionieren wird, wie das Leben und Arbeiten in ihm aussehen wird. Aber er wird die metaphorische Rede von »Daten als Rohstoff«, vom »Wissen als ökonomischem Wert« in eine handfeste Wirklichkeit verwandeln und vor allem die Arbeitsbedingungen und die kulturelle Anerkennung in den anderen Sektoren deutlich verändern. Neues Wissen zu produzieren, zu verarbeiten, zu verteilen wird neue Mischformen zwischen menschlicher Arbeit und künstlicher Intelligenz hervorbringen.

Die Herausbildung dieses neuen Sektors erklärt unter anderem die Gereiztheit und Nervosität vieler Menschen heute. Die Veränderungen werden – wie im Übergang von der Agrargesellschaft zur Industriegesellschaft und von der Industriegesellschaft zur Dienstleistungsgesellschaft – gesellschaftliche Gewinner und Gewinne hervorbringen, aber auch Verluste und Verlierer, die Gesellschaft weiter ausdifferenzieren und die soziale Ungleichheit voraussichtlich noch verschärfen.

Es ist schwer, sich vorzustellen, was noch nicht ist. Aber die entscheidende Frage ist, welche Politik wir brauchen, um den beschleunigten technologischen Wandel so zu begleiten, dass die Werte unserer Gesellschaft, die Freiheit und Würde des Einzelnen, gewahrt bleiben.

Die Dividende der Digitalisierung

Die Grenze zwischen Mensch und Maschine wird zukünftig immer schwerer zu ziehen sein. Der Mensch ist »im Zeitalter der technischen Reproduzierbarkeit« – wie Walter Benjamin einmal schrieb – selbst reproduzierbar geworden. Erst haben Maschinen uns von viel körperlicher Schufterei befreit. Dann wurden Computer erfunden und so designt, dass sie unser Denken ersetzen, dann unsere Kreativität, bald unsere Gefühle.

Lange hieß es, es sei unmöglich, dass ein Computer einen Schachweltmeister beim Schach schlagen könne. Schach zu spielen erfordere ein so komplexes Denken und so viel Strategiefähigkeit, dass das eine Maschine nie könne. Nachdem Google einen Computer mit künstlicher Intelligenz ausstattete, die Maschine also nicht nur alle jemals gespielten Züge auswendig konnte, sondern selbst »lernte«, dauerte es nur Stunden, bis der Computer, der bei null anfing, besser Schach spielte als der damalige Weltmeister Garri Kasparow. Das war 1999.

Danach hieß es, dass es die Sprache sei, die den Menschen von der Maschine unterscheide. Heute sind Navigationssysteme, Handys, intelligente Lautsprecher wie Alexa etc. in der Lage, fast jede Form von Dialekt zu verstehen und zu lernen. Dann waren es Kunst oder Kulturleistungen – heute gibt es von Computern komponierte »neue« Beethoven-Symphonien, die vom Publikum für eindringlicher gehalten werden als die von Beethoven selbst.

Das letzte Residuum der Menschheit scheinen noch Gefühle zu sein. Aber im Bereich der Erotik gibt es zum Beispiel inzwischen smarte Unterwäsche. Als neuester Clou der sogenannten Wearable Technology wurde der japanische »True Love Tester«-Büstenhalter auf den Markt gebracht. Der BH-Verschluss ist gleichzeitig ein Sensor, der die Herzfrequenz und den Hormonhaushalt der Trägerin misst. Der BH lässt sich nur bei schnellem Herzschlag öffnen, also bei einem Symptom »echter Liebe«. Was Liebe ist und was nicht, entscheiden hier Computerprogramme. Das, was bisher der kommerziellen Verwertbarkeit entzogen war, die eigene Couch, eine Nacht in der eigenen Wohnung, Nachbarschaftsdienste, Trampen, kann über die sozialen Plattformen einen Tauschwert bekommen.

Harari wies kürzlich in einem Gastbeitrag in der *Financial Times* darauf hin, »dass Ärger und Freude, Liebe und Langeweile biologische Phänomene sind wie Fieber oder Husten. Dieselbe Technologie, die Erkältungen erkennt, kann auch Gelächter erkennen. Wenn Konzerne und Regierungen unsere biometrischen Daten in Massen abgreifen, dann lernen sie uns besser kennen, als wir uns selbst kennen, und sie können dann unsere Gefühle nicht nur identifizieren, sondern auch manipulieren und uns andrehen, was sie wollen, ob Produkt oder Politiker.«

Besonders sind jedenfalls die Geschwindigkeit der Entwicklung und die Konzentration von Macht. Erst 2007 stellte Steve Jobs das Smartphone vor. Seitdem wurden Autos gebaut, die halb- oder vollautomatisch fahren können, Häuser und Heizsysteme, die man mit dem Handy bedienen kann. Computer haben ihre Leistungsfähigkeit exponentiell gesteigert, dabei ihre Größe immer weiter reduziert und die Geschwindigkeit multipliziert. Die meisten der größten Firmen des Digitalzeitalters wurden alle in den letzten 25 Jahren gegründet: Amazon 1994, Google 1998, Tesla 2003, Facebook 2004 (Microsoft 1975 und Apple 1976) – und haben nicht nur die Welt von uns Nutzern und Konsumenten verändert, sondern auch die Basis unserer Ökonomie. Die besondere Struktur des digitalen Kapitalismus hat das Versprechen und die Notwendigkeit von Wachstum noch einmal in eine ganz neue Sphäre katapultiert. Es heißt ja gemeinhin, Informationen bzw. Daten seien der Rohstoff des 21. Jahrhunderts. Aber das Wissen über die Einstellungen von Menschen, der Besitz von Informationen über sie hat ja zunächst gar keinen materiellen Wert. Er äußert sich lediglich in Urheberrechten, Patenten, Datensätzen oder Netzwerken. Deren Wachstum aber ist faktisch unbegrenzt, ja vielleicht unbegrenzbar.

Die ökonomischen Verschiebungen in einer datenbasierten Wirtschaft werden weit über die klassischen Verteilungsfragen der analogen Wirtschaft hinausgehen. Wenn der Erfolg oder Misserfolg sowohl des Einzelnen wie eines Unternehmens, ja des ganzen ökonomischen Systems immer mehr auf Wissen und Daten beruht, laufen die ökonomischen Prozesse nach gänzlich anderen Regeln ab. Der US-amerikanische Ökonom Jeremy Rifkin diskutiert in »Die Null-Grenzkosten-Gesellschaft«, was passiert, wenn Kommunikationsprozesse zu den eigentlichen Gütern werden und bei ihrer Herstellung und Reproduktion faktisch keine Kosten mehr anfallen. Er folgert, dass es dann auch keinen Wettbewerb bei ihrem Konsum geben muss. Und entsprechend alle Menschen daran teilhaben können. Wissen und Teilhabe an Daten sind dann kein Privileg mehr, umgekehrt lassen sie sich global – ja buchstäblich grenzenlos – vermarkten. Der Gewinn der erfolgreichen Unternehmen steigt dann ins Astronomische. Auf Steuereinnahmen allein zu setzen greift dann wohl zu kurz. Das Kartellrecht muss auf die digitalen Konzerne Anwendung finden, sodass zum Beispiel Facebook nicht mehr auch noch Instagram und WhatsApp hätte übernehmen können. Und vor allem muss es einen Schutz von geistigem und digitalem Eigentum geben, das zwar die allgemeine Nutzung von Wissen erlaubt, gleichzeitig aber noch ökonomische Anreize zur Schaffung neuen Wissens aufrechterhält.

Die klassischen Wettbewerbsregeln funktionieren in diesen wissensökonomischen Märkten also noch viel weniger als in der klassischen Industrie, die ja ebenfalls zur Konzentration von Marktmacht tendiert. Immerhin aber ist dort bezifferbar, wie wertvoll ein Maschinenpark ist, wie groß ein Bauernhof, oder wie viele Rohstoffe jemand besitzt. Der Wert von WhatsApp aber besteht in der Zahl seiner Nutzer und wurde erst realisiert, als das Unternehmen an Facebook verkauft wurde.

Daten sind ein »Rohstoff«, der sich durch Gebrauch nicht aufzehrt, sondern vermehrt. Der Besitz von sozialen Informationen, Kenntnisse über Produktvorlieben, Urlaubsverhalten, politische Einstellungen schaffen reale Macht. Die Börsenwerte von Google, Amazon, Facebook und Apple sind in den letzten zehn Jahren regelrecht durch die Decke gegangen. Ähnliches kann man von Netflix oder Zalando sagen. Vor zehn Jahren war Microsoft der wertvollste Techkonzern der Welt. Er hatte einen Börsenwert von 246 Milliarden Dollar. Zehn Jahre später ist Microsoft eine Billion Dollar wert. Auch Apple konnte seinen Wert in zehn Jahren auf eine Billion

Dollar verzehnfachen, Facebook seinen Marktwert sogar um den Faktor 12. Und Amazon steigerte seinen Börsenwert in einer Dekade um sagenhafte 1300 Prozent.

Eine Welt ohne die digitalen Großkonzerne ist inzwischen viel weniger vorstellbar als eine Welt ohne VW, Siemens oder die Deutsche Bank. Und Firmen mit neuen Geschäftsmodellen werden gegründet werden und Antworten auf Probleme finden, von denen wir heute noch gar nicht wissen, dass wir sie haben. Ein Ende der Entwicklung ist nicht in Sicht.

Mit der technischen Veränderung verändern sich auch die Werte unserer Gesellschaft. Denn Technik ist nicht etwas der Gesellschaft Nachrangiges. Technik selbst schafft Gesellschaft und verändert ihre Werte. Sie hat selbst einen »Herrschaftscharakter«, wie der Philosoph Martin Heidegger es in »Die Frage nach der Technik« nennt. Weil Technik sich »nicht nur im Menschen und nicht maßgebend durch ihn« vollzieht, sondern der Mensch zum Gegenstand der Maschinen wird, wird er dienstbar gemacht, sodass es für ihn keine Möglichkeit mehr gibt, das Ziel seiner Arbeit selbst zu bestimmen. Der Mensch wird »Humankapital«.

Schon die industrielle Arbeit am Fließband hat eine mentale gesellschaftliche Veränderung ausgelöst. Die Massenproduktion machte Menschen zu Massenkonsumenten. Die Gleichförmigkeit der Arbeit schuf eine »Gesellschaft der Gleichen«, wie der französische Politikhistoriker Pierre Rosanvallon das im 20. Jahrhundert etablierte wohlfahrtsstaatliche Arrangement nennt. Wenn Technik Gesellschaft schafft, schafft neue Technik neue Gesellschaften.

Unser Verhältnis zur Technik und unser Rechtssystem beruhen auf der Unterscheidung, dass ein Subjekt handelt und ein Objekt behandelt wird. »Aber was ist ein handelndes Objekt?«, fragt der Soziologe und Journalist Christoph Kucklick in »Die granulare Gesellschaft«. Ideengeschichtlich ist das handelnde Subjekt ein freies. Weil es frei ist, ist es rechtsfähig, kann Verantwortung übernehmen, verurteilt werden und hat Rechte, die seine Freiheit schützen. Das behandelte Objekt unterliegt einer Kausalität, einer Notwendigkeit. Es ist nicht frei und kein Rechtssubjekt. Kucklick aber schreibt: »In der uns vertrauten humanen Welt, in der Prägeform der Industriegesellschaft, werden wir nicht bleiben können. Dazu fordern uns die Maschinen zu sehr heraus. Sie sabotieren die Gewissheiten, auf denen wir unsere bisherige Welt errichtet haben.«

Die Maschinen, die wir heute schon bauen können, und erst recht die, die wir in der Zukunft bauen werden, sind als »handelnde Objekte« von einer kategorial anderen Art als die analogen. Unter dem Begriff »legal artificial agents« oder »e-persons« diskutieren heute schon Jurist*innen, ob »handelnde Objekte«, also Objekte, die eine Art von Intelligenz haben, weil sie lernfähig sind, auch schuldfähig sein können. Und unter Programmierer*innen und Philosoph*innen wird diskutiert, ob und wie wir Robotern moralisches Verhalten beibringen können. Wenn man selbstfahrende Zimmerstaubsauger so programmieren kann, dass sie organische Wesen – Fliegen, Spinnen und Marienkäfer – erkennen und nicht einsaugen, dann kann man auch landwirtschaftliche Fahrzeuge so programmieren, dass sie lernen, keine lebenden Junghasen oder Kitze in Gras- oder Strohballen einzuwickeln, weil diese nicht flüchten, sondern sich flach ins Gras drücken. Digitale Technik kann die Tiere erkennen und aufscheuchen oder die Fahrzeuge bremsen.

Wenn wir selbst Auto fahren und ein Reh oder eine Katze über die Straße läuft, dann versuchen wir instinktiv auszuweichen. Bei Fröschen und Vögeln – manchmal. Die Frage ist also, wie groß ein Tier sein soll, damit selbstfahrende Autos bremsen. Und in welcher Verkehrssituation sie bremsen sollen. Bremst das Auto auch dann für eine Katze, wenn das Risiko bestehen würde, dass der Fahrer mit dem Kopf gegen das Lenkrad knallt? Oder fährt das Auto eher mit dem Fahrer gegen die Wand, als fünf Kinder zu töten, die plötzlich auf die Straße gelaufen sind, um den Preis, dass der Fahrer dann stirbt?

Abstrakt ist das schwer zu beantworten und auch die Frage, wer denn so etwas entscheiden darf, ist offen. Aber wenn sie einmal beantwortet ist, können Maschinen so programmiert werden, dass sie sich immer daran halten. Wir Menschen können das nicht bzw. die Frage stellt sich nicht, weil unsere Reaktionszeit das ohnehin nicht zulässt. Also werden Autos, Staubsauger, »die Maschinen«, in einem streng moralischen Sinn perfekter sein als wir.

Das gilt vermutlich auch für den Umgang mit digitalen Informationen. Wahrscheinlich wird uns in einer liberalen Demokratie kein anonymer großer Bruder ausspähen, wie ihn George Orwell in »1984« noch vorhersah (auch nicht über eine Corona-App oder eine digitale Patientenakte), sondern wir selbst werden zu »großen Brüdern« werden. Wir gehen mit einer Technik um, die uns das Privateste anderer zugänglich macht und durch die wir andere andauernd daraufhin überprüfen können. Unverdrossen posten wir Privates und Privatestes, Urlaubsbilder und Kindheitserinnerungen, Vorlieben und Sonnenuntergänge. Die meisten Menschen haben ihre Handys allzeit bereit in ihren Taschen und schnell sind sie gezückt, auch, um ein Foto von anderen zu machen. Als ich zum Beispiel einmal von München nach Hamburg fliegen musste, fotografierte mich ein unfreundlicher Mitreisender am Flughafen und teilte das Foto auf Twitter, um einen kleinen politischen Shitstorm gegen mich auszulösen. Und so wichtig die Achtsamkeit bei Corona ist, in Kombination mit den sozialen Medien fördert sie auch das Denunziantentum. Der Kioskbesitzer, bei dem ich manchmal einkaufe, musste neulich 500 Euro Strafe zahlen, weil er einen Kunden bedient hatte, der einen Schal statt einer Maske vor Mund und Nase trug. Jemand hatte das fotografiert und der Polizei gemeldet. Die Möglichkeit permanenter sozialer Kontrolle ist grenzenlos: die Fahrradfahrt ohne Helm, das Bier auf der Parkbank, das Gespräch mit der falschen Person. Alle Menschen, die in der Öffentlichkeit stehen, müssen heutzutage nach Veranstaltungen für Selfies zur Verfügung stehen. Und alle kennen die heimliche Sorge, sich mit jemandem ablichten zu lassen, der ihnen schaden kann.

Dass Technik nicht nur einen Nutzen hat, sondern uns selbst verändert, sehen wir gerade an den sozialen Medien. Sie haben nicht nur die politische Debatte und die Medienlandschaft verändert, sondern auch unsere Seele. Die politische Sorge, die wir haben sollten, ist daher nicht nur, dass die digitale Technik staatlich missbraucht wird (auch dafür gibt es inzwischen reihenweise Beispiele, aber theoretisch kann zumindest in einer funktionierenden liberalen Demokratie der Staat selbst kontrolliert werden), sondern dass sie uns selbst so verändert, dass wir zunehmend in einer missbräuchlichen Gesellschaft leben (und ob wir uns selbst kontrollieren können, ist oft mehr als fraglich).

Das neue digitale Maschinenzeitalter hält neben Großartigem, Aufregendem und Bequemem auch viel Verstörendes, Aufwühlendes und Beängstigendes bereit. Es wird zu drastischen Veränderungen in allen Lebensbereichen führen. Und da Veränderungen eben auch beunruhigen und Angst machen, stehen wir vor unruhigen und beängstigenden Zeiten. Denn der Statusverlust in der analogen Welt, der in seinen psychologischen Auswirkungen oben analysiert wurde, droht sich in der digitalen Welt zu wiederholen. Ja, Menschen können virtuelle Freundschaften schließen, können sich austauschen, sie können aber auch durch den ewigen Vergleich und Wettbewerb im digitalen Raum schlecht gelaunt und aggressiv werden. Es ist offensichtlich, dass Medien wie Twitter und Facebook von der Verbreitung von Hass und Lügen ökonomisch profitieren, dass sie statt auf Erkenntnisse auf Emotionen setzen. Aber was macht das mit uns Nutzern? Nur wenige werden durch diese Welt wirklich Selbstachtung und Selbstwirksamkeit gewinnen, selbst den Erfolgreichen gaukeln die Klickzahlen, die gehobenen Daumen und Herzchen gesellschaftliche Anerkennung meist nur vor. Die meisten werden verlieren. Und die Enttäuschungs- und Abwertungserfahrung durch die digitalisierte Wirtschaft droht sich hier durch den Statusverlust im digitalen Raum selbst zu wiederholen.

Es wird eine der zentralen politischen Aufgaben sein, die digitalen Prozesse so zu begleiten und Rahmenbedingungen zu schaffen, dass die Veränderung gesteuert verläuft. Das beginnt mit der Übersetzung der Rechtsnormen aus der analogen Welt in die digitale – einem digitalen Kartellrecht gegen Oligopole, einer Besteuerung des Umsatzes der Digitalunternehmen, die gleichsam ohne Ort agieren und sich so der Besteuerung entziehen, einer Regulierung von Datennutzungen – und es endet mit einer ethischen Reflexion über das Wesen der digitalen Technik.

Wir müssen einen demokratischen, humanen, republikanischen Weg finden, Maschinen zu bauen und zu programmieren, die menschlichen Werten dienen. Könnten wir nicht Maschinen einsetzen, um Mitmenschlichkeit und Nähe zu stärken? Dort, wo heute der größte Stress herrrscht, in Krankenhäusern, Pflegeheimen, Kindergärten, Schulen, muss schließlich dringend eine deutliche Entlastung stattfinden. Pflegekräfte arbeiten seit vielen Jahren unter enormem Druck und mehr noch als unter schlechter Bezahlung leiden sie unter dem Mangel an Zeit für das, wofür sie mal ihre Arbeit aufgenommen haben: Kranke und Alte zu betreuen und zu pflegen.

Während einer politischen Sommerreise 2020, die unter dem Motto »Zu achten und zu schützen« stand, besuchte ich eine Reihe von Krankenhäusern, große und kleine. Aber egal ob groß oder klein, immer war das Thema Pflege zentral. In einigen Universitätskliniken wurde mir erzählt, dass sie zwar Intensivbetten in hoher Anzahl hätten, aber sie nicht belegt werden könnten, weil zu viele Pflegestellen offen seien. Und die Pflegekräfte, mit denen ich sprach, erzählten mir, dass die stark reduzierte Belegung während des ersten Corona-Shutdowns ungefähr dem entspreche, was sie schafften, wenn sie normal arbeiten würden. Man kann daran ablesen, dass der Bedarf an Pflegekräften noch viel größer ist, als die unbesetzten Stellen anzeigen. Warum also nicht dafür sorgen, dass Roboter die Tätigkeiten übernehmen, die nicht das direkte menschliche Miteinander berühren, also Medikamente von A nach B bringen, Essen verteilen, putzen, wischen – aber nicht, um Pfleger*innen zu ersetzen, sondern damit diesen die Zeit bleibt, die Kranken oder Alten in Ruhe zu betreuen?

Noch ist es fast immer so, dass die Arbeiten, in denen Menschen mit Maschinen umgehen, gut bezahlt sind, und die, in denen Menschen mit Menschen umgehen, schlecht. Fast unnötig zu sagen, dass Erstere immer noch meist von Männern und Letztere meist von Frauen ausgeführt werden. Das politische Ziel muss sein, die Dividende der Digitalisierung so zu nutzen, dass die Arbeiten, bei denen Menschen mit Menschen umgehen, zumindest nicht mehr schlechter bezahlt werden.

Gemeinsamkeit der Gesellschaft

Schon jetzt ist die Unterteilung zwischen Erwerb (Arbeit ist, was Einkommen bringt, man muss für dieses Einkommen aber nicht zwingend »arbeiten«) und Tätigkeit (was kein Einkommen bringt, ist keine Arbeit, auch wenn man immerzu beschäftigt ist) eher Problemanzeige als logisch. Denn wer erbt, hat mehr, ohne dafür je gearbeitet haben zu müssen. Wer Aktionär*in oder Vermieter*in ist, hat Einkommen, ohne zu arbeiten. Umgekehrt gilt die Arbeit vieler Menschen, die sich in Familien, Vereinen, der Flüchtlingshilfe engagieren, nicht als Arbeit. Und 3,5 Millionen Menschen hatten in Deutschland vor Corona sogar zwei Jobs, arbeiten sich den Buckel krumm und können dennoch ihre Existenz nicht ohne staatliche Zuschüsse sichern.

Diese Ungleichheit kann – und viele Experten sagen, sie wird – sich in Zukunft aufgrund der Digitalisierung noch verstärken. Darauf muss die Politik eine Antwort geben. So wie auf die Industrialisierung im 19. und 20. Jahrhundert mit dem Aufbau eines Sozialstaats geantwortet wurde, so muss heute dieses Garantieversprechen für die Digitalisierung erneuert und umgebaut werden. Maßgeblich dafür ist neben einem gut ausgebauten öffentlichen Raum und öffentlichen Netzen, den Schulen, Bibliotheken, den Bussen und Bahnen, den Schwimmhallen, Theatern und Spielplätzen, dass die sozialen Systeme, die eine Säule der Gerechtigkeit sind, zu den neuen

Herausforderungen passen. Dass sie den Menschen Sicherheit geben und Würde lassen und nicht die Dynamiken der Spaltung noch weiter befeuern.

Die gesellschaftlichen Systeme, in denen wir uns heute bewegen, die nicht zuletzt unser Denken prägen, sind in einer spezifischen Zeit in einem spezifischen Kontext entstanden. Das erklärt sie, rechtfertigt aber nicht, sie so zu lassen, wie sie sind. Eher im Gegenteil. Dass die Kinder meist immer noch zwischen 8 und 13 Uhr zur Schule gehen, liegt auch daran, dass sie früher bei der Arbeit auf dem Feld oder in der Werkstatt helfen mussten – heute arbeiten viele Eltern ganztags und Kinderarbeit ist abgeschafft. Das dreigliedrige Schulsystem mit Hauptschule, Realschule und Gymnasium reicht bis zu den Humboldt'schen Bildungsreformen zurück. Es bildet eine gesellschaftliche Wirklichkeit ab, die es heute so nicht mehr gibt, mit dem Gymnasium für die Oberschicht, der Realschule für die Handwerkerkinder und der Hauptschule für die Kinder der Arbeiterklasse. Es ist überfällig, dass es seit einiger Zeit Schritt für Schritt überwunden wird.

So ähnlich sind auch die anderen sozialen Systeme gegliedert bzw. historisch gewachsen. Wir haben eine private Krankenversicherung für Beamte und Wohlhabende, eine gesetzliche für Arbeiter und Angestellte, und für die ALG-II-Bezieher*innen und Sozialhilfeempfänger*innen übernimmt das Jobcenter, also der Staat, die Kosten. Wer viel verdient, bekommt ein höheres Elterngeld. Bei Eltern in Hartz IV wird das Kindergeld verrechnet, sie bekommen also faktisch keine staatliche Zusatzleistung, bei Familien mit relativ geringem Einkommen wird das Kindergeld von rund 200 Euro pro Kind ausgezahlt, die Besserverdienenden profitieren vom sogenannten Kinderfreibetrag ab ca. 300 Euro pro Kind. Wenn

Gehälter dank Tariferhöhungen steigen, dann steigen sie prozentual zum vorherigen Gehalt. Dadurch verringert sich aber logischerweise nicht die absolute Ungleichheit. Das ist auch so gewollt. Die größten Teile des deutschen Sozialstaats haben gar nicht den Zweck, Ungleichheit zu reduzieren, sondern die Lebensrisiken zu versichern. Die Rente ist der mit Abstand größte Brocken und der soll explizit verteilungsneutral sein. Mit anderen Worten: Der deutsche Sozialstaat ist darauf ausgerichtet, den Status quo zu wahren, auf »schichtbezogene Einkommenssicherheit«, wie Aladin El-Mafaalani es nennt.

Das ist alles so lange erfolgreich gewesen, wie der Status quo stabil und akzeptiert war, die einen nicht das Verlangen hatten, weiter aufzusteigen, und die anderen keine Angst abzusteigen. Aber in einer Zeit des massiven Wandels der Arbeitswelt, der Angst, dass die Roboterisierung jeden arbeitslos machen kann, in einer Zeit, in der auch die beste Ausbildung keine Garantie mehr ist, dass einem das berufliche Leben gelingt, und eine Pandemie alles Aufgebaute vernichten kann, klingt »schichtbezogene Einkommenssicherheit« wie eine Drohung. Denn entweder erreicht man ökonomisch und kulturell nicht, was andere erreichen, wird also gar nicht erst Teil der anderen, neuen Gesellschaft, oder man droht, aus dem eigenen Milieu abzurutschen.

Auch hier macht Corona das Problem sehr deutlich: Angestellte bekamen und bekommen Kurzarbeitergeld, Soloselbstständige, also all die Menschen, die in zunehmender Zahl in Hybridformen zwischen Selbstständigkeit und abhängiger Beschäftigung unterwegs sind, die Bühnentechniker, Taxifahrer, Besitzer eines kleinen Reisebüros oder Kiosks, nicht.

Sie hatten nicht in die Arbeitslosenversicherung eingezahlt und aus der wird das Kurzarbeitergeld gezahlt. (Dass viele von ihnen auch gar nicht einzahlen dürfen, selbst wenn sie wollten, wurde bei der Debatte kaum erwähnt.) Geringqualifizierte waren deutlich häufiger in Kurzarbeit, während Büroangestellte im Homeoffice arbeiten konnten und meist nur auf einen Teil ihres Gehalts verzichten mussten. Wer staatlich angestellt war, musste sich um Gehalt und Job gar keine Sorgen machen, nicht nur Lehrer*innen und Beamt*innen nicht, auch Schauspieler*innen, die an staatlichen Bühnen angestellt sind – im Gegensatz zu ihren freiberuflichen Kolleg*innen, die mehr oder weniger direkt Hartz IV beantragen mussten. Student*innen verloren massenweise ihre Nebenjobs und zogen zurück zu ihren Eltern. Bereits zugesagte Ausbildungsplätze wurden wieder abgesagt.

Das alles ist nicht gerecht und verweist darauf, dass das Garantieversprechen unseres Sozialstaats, *alle* Menschen vor existenziellen Notlagen zu schützen, nicht mehr funktioniert – obwohl er immer noch so stark ist wie kaum ein anderer auf der Welt. Auch wenn sich die Wirtschaft in den nächsten Monaten und Jahren schnell wieder erholen sollte (wonach es nicht wirklich aussieht), macht die Krise doch deutlich, wo die Schwachstellen des sozialen Arrangements derzeit sind. Kurz gesagt: Die, die der Veränderung der Arbeitswelt bereits voll ausgesetzt sind, sind schlechter geschützt und abgesichert als die, die von den Veränderungen weniger betroffen sind. Diejenigen, die im System sind und den wenigsten Schutz brauchen, haben den höchsten. Hier muss eine Politik ansetzen, die ein erneuertes Garantieversprechen geben und damit wieder für mehr Gemeinsamkeit in der Gesellschaft sorgen will.

Die Anpassung des Sozialstaats an neue Begebenheiten auf dem Arbeitsmarkt erfordert dringend eine Absicherung derjenigen, die bis jetzt eben gar nicht abgesichert sind – und damit auch ein neues Sozialstaatsdenken. Dass die Regierung sich während des ersten Corona-Shutdowns beharrlich weigerte, auch Soloselbstständigen eine Art Kurzarbeitergeld auszuzahlen, zeigt, dass sich die Politik noch immer an Normalbeschäftigungsverhältnissen orientiert, die es für immer mehr Menschen so nicht mehr gibt. Diese Menschen sind eben nicht selbstständig, wie es gut verdienende selbstständige Zahnärzt*innen, Handwerker*innen oder Jurist*innen sind. Sie arbeiten als neue Arbeiter*innen in einer Hybridwelt, einerseits allein, andererseits angewiesen auf funktionierende Firmenstrukturen. Es bildet sich hier ein neues Prekariat, das zwar meist gebildet ist, aber einen fragilen ökonomischen Status hat.

Wenn man aber am Bild einer Arbeitswelt festhält, die es so immer weniger gibt, lässt man immer mehr Menschen politisch allein. Nicht allein Armutsbekämpfung und die Förderung von gesellschaftlichem Aufstieg sollten politische Werte sein, sondern bis zu einem gewissen Grad auch die allgemeine Sicherung des Lebensstandards. *Alle* Bürger*innen sollten in einer unsicheren Arbeitswelt wissen können, dass sie im Notfall sozial abgesichert sind, sollten erleben können, dass eine Kündigung, dass Auftragsverluste oder die Pleite eines Unternehmens keine Gründe sein müssen, an sich, der Gesellschaft oder der Demokratie zu zweifeln.

Elemente eines neuen
Garantieversprechens

Um diese Abstiegsängste, die seit der Agendapolitik und mit der Einführung von Hartz IV massiv zugenommen haben, zu kontern und die soziale Spaltung nicht zu Desintegration werden zu lassen, müssen wir Hartz IV überwinden und in ein neues Garantiesystem überführen. Und damit meine ich nicht nur die Technik von Hartz IV, sondern das Denken hinter diesem System. Als die Agendapolitik durchgesetzt wurde, sagte Gerhard Schröder, der damalige Bundeskanzler, dass es kein Recht auf Faulheit geben würde. Damit behauptete er implizit, dass diejenigen, die arbeitslos waren, selbst schuld sind. Wenn man weiß, dass ein Drittel der Alleinerziehenden im SGB-II-Bezug sind, wie Hartz IV formal korrekt heißt (SGB II ist das zweite Sozialgesetzbuch), dann bleibt einem diese Aussage im Hals stecken. Und wenn man ernst nimmt, dass die neue digitale Arbeitswelt alle Berufe betreffen kann, niemand mehr sicher sein kann, wie sich sein Berufsweg entwickelt, und dass Scheitern wohl eher der Alltag als die Ausnahme wird, verstärkt das die Fliehkräfte in der Gesellschaft. Arbeitslosigkeit ist eben nicht nur ein individuelles Problem, sondern auch ein gesellschaftliches.

Als Hartz IV eingeführt wurde, hatte Deutschland eine hohe Arbeitslosigkeit und befürchtete Massenarbeitslosigkeit. Vor Corona hingegen gab es fast eine Million offene Stellen und die Befürchtung, in zehn Jahren sechs Millionen Stellen nicht besetzen zu können. Das wären dann 15 Prozent unbesetzte Stellen. Der Stolz auf den Niedriglohnbereich, den Gerhard Schröder noch hatte, ist ein falscher. Insofern sollten wir Teile dessen, was wir während des ersten Shutdowns erlebten, übertragen. Das Aussetzen von Vermögensprüfungen bei Arbeitslosen, inklusive der Größe der Wohnung, könnte Anstoß sein, um dauerhaft das Schonvermögen zu erhöhen. Statt der Sanktionen, die so fehleranfällig sind und Hartz IV den schlechten Ruf eingetragen haben, sollte ein Anreizsystem geschaffen werden, das belohnt statt bestraft. Und es muss attraktiver werden, etwas dazuzuverdienen. Heute ist es im Grunde so, dass es keinen Anreiz gibt, eine zusätzliche Tätigkeit aufzunehmen, weil vom Zusatzeinkommen 80 Prozent oder gar 90 Prozent abgezogen werden. Und wer arbeitet schon freiwillig für 10 Prozent des eigentlichen Lohns? Wir brauchen statt des Hartz-IV-Systems ein Garantieversprechen, das allen Menschen im Fall von Arbeitslosigkeit die Würde lässt.

Aber es wäre nicht ausreichend, eine neue Arbeitswelt nur mit einem neuen Garantieversprechen zu beantworten. Vielmehr müssen auch die Primäreinkommen, also Arbeitsentgelte und Einkommen, gestärkt werden. Noch ist die Erinnerung an den Applaus vom Balkon für die Pfleger*innen, die während der ersten Monate der Corona-Krise mit hoher Ansteckungsgefahr bei schlechtem Lohn arbeiteten, wach. Auch Kassierer*innen oder Lkw-Fahrer wurden mit Lob bedacht. Dann kam es zu den Ausbrüchen von Covid-19 in den Schlachthöfen und die miserable Arbeitssituation von meist rumänischen oder bulgarischen Fleischhauern geriet in den öffentlichen Fokus. Doch so groß die Anerkennung oder die Empörung war, so gut es war, dass wenigstens die Altenpflegekräfte einen Einmalbonus bekamen und dass Werkverträge in der Fleischindustrie verboten werden: Das systemische Problem des Niedriglohnsektors ist mit gesellschaftlichem Applaus und staatlichen Einmalboni und Verboten nicht gelöst.

Ein gesellschaftspolitischer Bereich, der lange fast als überholt galt, ist für die Lösung einer der wichtigsten: die Gewerkschaften. Denn die Beschäftigten sind dann am stärksten, wenn sie für sich selbst kämpfen können und nicht den Staat für sich kämpfen lassen müssen. Viele von ihnen brauchen dringend eine bessere Vertretung. Da, wo der gewerkschaftliche Organisationsgrad gering ist, da entstehen die größten sozialen Probleme. Es ist kein Naturgesetz, dass in der Autoindustrie gut, in der Pflege schlecht gezahlt wird. So waren zum Beispiel die Betriebsräte in den Schlachthäusern nur für diejenigen verantwortlich, die in dem Betrieb selbst angestellt waren. Bis zu 90 Prozent der Belegschaft in den Schlachthöfen arbeitete jedoch über Werkverträge. Oft wurden die Festangestellten und Werkvertragsarbeiter sogar optisch getrennt, trugen unterschiedliche Arbeitskleidung, damit sie in der Kantine oder bei den Toiletten getrennt werden konnten, um sie daran zu hindern, miteinander zu sprechen. So wurde systematisch verhindert, dass die Werkvertragsarbeiter von ihren Rechten erfuhren.

Mit dem Corona-Skandal in den Schlachthöfen gerieten, wie beschrieben, die Werkverträge ins Rampenlicht. Das ist gut. Aber das Problem ist nicht auf Schlachthöfe beschränkt. Im Baugewerbe, bei der Obst- und Gemüseernte, bei den Paket- und anderen Lieferdiensten, aber auch in vielen Bereichen der neuen Wissensökonomie – überall fehlt es an Vertretungsmöglichkeiten. Diese sind eigentlich vorgesehen – sie müssten aber durchgesetzt werden.

Auch die fehlende organisierte Interessenvertretung von Pflegekräften in der Altenpflege sorgt für Lohndumping. Es fehlen zurzeit 200 000 Pflegekräfte in Deutschland. Normalerweise steigt bei knappem Angebot der Preis – auch auf dem Arbeitsmarkt. Das haben sich zum Beispiel die Ärzte mit dem Marburger Bund oder die Piloten mit der Vertretung Cockpit zunutze gemacht und in den letzten Jahren enorm gute Löhne und Arbeitsbedingungen ausgehandelt. Hätten die Altenpflegekräfte eine solch schlagkräftige Interessenvertretung, sie könnten derzeit deutliche Lohnsteigerungen durchsetzen. Sie haben sie jedoch nicht. Kaum jemand ist Mitglied in der Gewerkschaft. Nur jedes zehnte Pflegeheim hat einen Betriebsrat. Es stellt sich die Frage, warum das so ist. Denn Grund zu kämpfen hätten die Pflegekräfte ja. Für mehr Personal, für bessere Entlohnung.

Nach einer Studie des Wissenschaftszentrums Berlin liegt ein Teil der Antwort in dem Arbeitsethos der Pfleger*innen (in der Altenpflege sind es bis zu 80 Prozent Frauen). Sie begreifen ihren Beruf als Berufung, sie wollen nicht streiken, weil sie damit ihre Patienten im Stich lassen müssten. Es fehlt an einem kollektiven Bewusstsein, denn es gibt keine gewerkschaftliche Tradition in der Altenpflege, genauso wenig übrigens wie in vielen Bereichen der neuen Wissensökonomie, den digitalen Start-up-Unternehmen oder Firmen der erneuerbaren Energien. In der Altenpflege arbeiten Arbeitgeberverbände bewusst darauf hin, einen Tarifvertrag zu verhindern, und drohen im Fall einer Allgemeinverbindlichkeit regelmäßig mit Verfassungsklage. Aber auch die Gewerkschaften könnten sich deutlicher um die Pflegekräfte bemühen. Über 80 Prozent gaben in dieser Studie an, noch nie von einer Gewerkschaft angesprochen worden zu sein.

Zweitens ist die Pflegelandschaft zerklüftet. Alten- und Krankenpflege stehen in Konkurrenz, genau wie ambulante und stationäre Pflege; es gibt private, ja börsennotierte Unternehmen, freigemeinnützige (Träger der freien Wohlfahrtspflege wie Deutsches Rotes Kreuz, Arbeiterwohlfahrt, Caritas) und kommunale, also staatliche Arbeitgeber; der Teilzeitanteil ist hoch, die Arbeitszeiten sind sehr unterschiedlich. Einen Flächentarifvertrag gibt es nicht.

Schließlich sehen drittens die meisten Arbeitnehmer*innen in der Pflege tatsächlich den Staat und nicht die Gewerkschaften in der Verantwortung, ihre Situation zu verbessern. Und ja, der Staat kann auch etwas tun. Er kann zum Beispiel einen Tarifvertrag in der Pflege für allgemeinverbindlich erklären und ihn so für alle Beschäftigten in der Branche durchsetzen. Um das zu tun, gibt es zwei Wege. Zum einen kann das Arbeitsministerium nach dem Tarifvertragsgesetz auf gemeinsamen Antrag der Tarifpartner einen Tarifabschluss für alle verbindlich erklären. Dafür muss ein öffentliches Interesse gegeben sein. Dies setzt allerdings voraus, dass der Tarifvertrag in der Branche überwiegende Geltung erlangt hat. Das ist in der Pflegebranche nicht einfach zu erreichen, da ein großer Teil der Träger dem Sonderarbeitsrecht der Kirchen unterliegt, das keine Tarifverträge kennt. Zudem bedarf eine Allgemeinverbindlichkeitserklärung eines Einvernehmens des Tarifausschusses, bestehend aus jeweils drei Vertreter*innen der Spitzenverbände der Arbeitgeber und der Gewerkschaften. Diese Voraussetzungen machen branchenweite Tarifverträge generell schwierig und in der Pflege fast unmöglich.

Der andere Weg führt über das sogenannte Arbeitnehmerentsendegesetz. Ursprünglich war das Gesetz dazu gedacht, deutsche Bauunternehmer*innen und Bauarbeiter*innen vor ausländischer Billigkonkurrenz zu schützen. Faktisch kann das Bundesarbeitsministerium aber hiermit per Rechtsverordnung die Allgemeinverbindlichkeit eines Tarifvertrags ausgewählter Branchen herstellen, wenn ein öffentliches Interesse gegeben ist. Dabei bedarf es keiner Zustimmung des Tarifausschusses.

Voraussetzung für beide Wege ist allerdings ein relevanter Tarifvertrag in der Branche, für dessen Abschluss allein Arbeitgeber und Gewerkschaften die Verantwortung tragen. Da bisher alle entsprechenden Versuche erfolglos blieben, hat der Gesetzgeber eine Pflegekommission eingesetzt, die – quasi hilfsweise – die Mindestlöhne und Arbeitsbedingungen in der Pflege verhandelt, sofern kein allgemeingültiger Branchentarifvertrag existiert.

Insofern sind die Pflege und die politische Debatte darüber ein gutes Beispiel dafür, wie ein zersplitterter neuer Arbeitsmarkt neue Regulierungen erfordert und welch fatale Lücke entsteht, wenn Arbeitnehmer*innen nicht mehr ausreichend organisiert sind.

Die Mitgliederzahlen in den Gewerkschaften haben sich zwischen 1991 und 2007 von fast zwölf auf etwas über sechs Millionen nahezu halbiert. Von 2008 bis heute sanken sie zwar langsamer, aber dennoch weiter auf inzwischen unter sechs Millionen. Immer weniger Beschäftigte sind kollektiv abgesichert. Nur noch 29 Prozent der Beschäftigten haben einen Tarifvertrag und einen Betriebsrat. 41 Prozent haben keins von beidem. 1998 war das Verhältnis noch in etwa umgekehrt (44 vs. 24 Prozent). Die Bereiche der alten Industrie sind weiter gut abgesichert, neue Bereiche aber so gut wie gar nicht. Und das Gewicht verschiebt sich eindeutig weg von Ersteren.

Diese Zahlen sind nicht nur ein Zeichen für die Krise der Gewerkschaften, sie sind es auch für die Gesellschaft. Denn selbstbewusste Gewerkschaften sorgen für Selbstbewusstsein bei den Mitgliedern. Insofern sind sie Teil der Antwort und nicht Teil des Problems. Gelingt es den Gewerkschaften nicht von allein, den Organisationsgrad wieder zu erhöhen, muss man die Frage stellen, ob und wie die Interessenvertretung von Arbeitnehmer*innen politisch unterstützt werden kann. Dabei ist vielleicht ein Blick über den eigenen Tellerrand und damit über die Staatsgrenze hilfreich. In Dänemark zum Beispiel liegt der gewerkschaftliche Organisationsgrad bei knapp 70 Prozent. Selbst gut bezahlte Akademiker*innen sind in der Gewerkschaft, Schlachthofmitarbeiter*innen wie mein Bekannter, von dem ich oben erzählt habe, natürlich erst recht. Auch deshalb sind die Löhne dort höher. Nimmt man die Rentner*innen und Pensionäre hinzu, liegt der gewerkschaftliche Organisationsgrad bei sage und schreibe 80 Prozent. Der Grund dafür ist, dass in Dänemark die Arbeitslosenversicherung über die Gewerkschaften läuft.

Das kann man sicher nicht so ohne Weiteres eins zu eins auf die deutsche Rechtstradition übertragen. Aber die Corona-Krise hat wie oben beschrieben das Problem deutlich gemacht, dass immer mehr Menschen, die in Mischformen zwischen Selbstständigkeit und Angewiesenheit auf wenige Auftraggeber arbeiten, die sogenannten Soloselbstständigen, gar nicht gegen Arbeitslosigkeit versichert sind bzw. sich nur sehr teuer privat gegen sie versichern können. Insofern gibt es dort eine riesige Handlungslücke sowie die Notwendigkeit nach höherer gewerkschaftlicher Vertretung. Es wäre naheliegend, beides zusammenzudenken und über die Möglichkeit, sich vor Arbeitslosigkeit zu schützen, gerade im Bereich der prekären Dienstleistungsökonomie, aber auch bei den hoch-individualisierten und gut verdienenden Wissensarbeitern, einen stärkeren Bindungsgrad an die Gewerkschaften zu erzielen. Die Schaffung von Arbeitslosenversicherungen auch für Soloselbstständige könnte die Gewerkschaftstradition neu beleben.

Auch die Einführung des gesetzlichen Mindestlohns war letztlich ein Zeichen für die Schwäche der Gewerkschaften. Nur weil zu viele Arbeitsbereiche nicht gewerkschaftlich vertreten sind und weil eine angemessene Lohnhöhe daher nicht durch die Gewerkschaften durchgesetzt werden kann, musste der Staat eingreifen.

Das war notwendig und richtig. Es ist ein großer gesellschaftspolitischer Schritt gewesen, dass der Mindestlohn als Untergrenze eingeführt wurde. Und all die Unkenrufe von Massenarbeitslosigkeit und einem Abwandern der Branchen haben sich nicht bewahrheitet. Das war auch nicht wirklich zu erwarten. Und zwar doppelt nicht, denn die meisten Branchen waren ja Dienstleistungsbranchen, die gar nicht abwandern konnten. Und dass Menschen sich auf Dauer selbst die Haare schnitten oder zu Hause kochten, um nicht essen gehen zu müssen, trat nicht ein. Und wenn Kellner*innen auch ab und zu mal essen gehen können, weil sie etwas mehr Geld in der Tasche haben, dann ist das nicht schlecht, sondern gut für Restaurants. Mindestlöhne verringern die Distanz zum Durchschnittseinkommen. Und sie können, wenn sie hoch genug sind, auch einen Beitrag zum Erhalt von Würde und Anerkennung sichern.

Über die Lohnhöhe bemisst sich die Rentenzahlung. Aber wenn man ein Arbeitsleben lang für den jetzigen Mindestlohn gearbeitet hat, reicht das Geld am Lebensende nicht, um von der Rente zu leben. Die Konsequenz ist Altersarmut, der Gang zum Sozialamt und die Beantragung von Grundsicherung.

Wie gesagt: Die Grundrente soll jetzt Abhilfe schaffen. Auch das ist gut so. Aber ein besseres, Würde und Anerkennung wahrendes Mittel wäre, den Mindestlohn so zu berechnen, dass man von seiner Hände Arbeit leben kann und dass nach einem durchschnittlichen Erwerbsleben davon die Rente finanziert werden kann. Für das Jahr 2020 wären das etwa 12 Euro Mindestlohn.

Es geht hier aber nicht allein um eine präzise Summe, sondern um die Notwendigkeit, die Berechnungssystematik zu verändern. Die Kommission, die die Mindestlohnhöhe vorschlägt, sollte nicht mehr nur nach Kriterien wie Lohnentwicklung und Inflation entscheiden, sondern auch nach der Frage, ob Löhne vor Armut schützen. Das ist ja nicht zuletzt die Lehre der letzten Monate: dass es ein höheres Gut gibt, das über dem rein ökonomischen Denken steht.

Auch das wird – wie bei der Lebensmittelproduktion – zu moderat höheren Preisen führen. Der Kampf gegen den Niedriglohnsektor ist nur als Kampf gegen zu niedrige Preise im Dienstleistungsbereich zu führen. Aber dies muss nicht zu weniger wirtschaftlicher Tätigkeit führen. Im Gegenteil. Mehr verfügbares Geld im unteren Einkommenssegment ist mehr Geld, das ausgegeben wird.

Lange hieß es, dass niedrige Löhne, niedrige Steuern, ein Niedriglohnsektor gut für die Wirtschaft sind. Und was gut für die Wirtschaft ist, ist in dieser Lesart auch gut für die Gesellschaft. Aber wenn eine zunehmend ungleiche Verteilung des wirtschaftlichen Wohlstands den gesellschaftlichen Konsens gefährdet und damit letztlich auch die Prosperität der

Wirtschaft selbst, wenn die Angst vor dem sozialen Abstieg und die Angst vor Veränderung ineinandergreifen und diese Ängste umso größer werden, je rasanter sich die Arbeitswelt ändert, dann verlieren wir alle als Gesellschaft den Mut, den nötigen Wandel anzugehen, und verstricken uns in lauter Abwehrkämpfe, die unsere Kraft aufzehren und nicht wirklich etwas zum Besseren wenden.

Neben einem neuen Sicherheitsversprechen und der Notwendigkeit von höheren Löhnen ist noch etwas erforderlich: Die Menschen in Deutschland sind bis jetzt völlig unzureichend an dem volkswirtschaftlichen Wohlstand unseres Landes beteiligt. Das mittlere Nettovermögen ist das viertniedrigste aller Staaten in der Eurozone. Und in den meisten anderen Ländern Europas haben die Menschen auch mehr Wohneigentum. (Der Fairness halber sei gesagt, dass in diesen Ländern Wohneigentum zum Teil den Sozialstaat ersetzt.)

Um den Wohlstand im Land gerechter zu teilen, reicht es nicht, nur umzuverteilen. Bürger*innen sollte man auch ein niedrigschwelliges Angebot machen, ihr Geld gewinnbringend anzulegen. Orientiert am öffentlichen schwedischen Pensionsfonds, könnte und sollte der deutsche Staat einen sogenannten Bürgerfonds auflegen. Die Gelder aus diesem Fonds könnten als Zusatzrente die Altersarmut bekämpfen und würden die Menschen am Wohlstand des Landes beteiligen. Ein staatlicher Anlagenfonds würde vermutlich so viel Vertrauen genießen, dass auch die eher vorsichtigen Deutschen, die Aktien bisher weitgehend meiden, sich trauen könnten. Um Verwaltungs- und Vertriebskosten zu sparen (die heute einer der Hauptgründe für die geringen Renditen bei der Riester-Rente sind), könnte man zum Beispiel automatisch 1 Prozent der Lohnsumme in den Fonds einzahlen, es sei denn, man widerspricht aktiv. Die Erfahrungen anderer Länder wie Schweden zeigen, dass ein öffentlicher Fonds, der mit einer Opt-out-Lösung Geld für alle Anleger verwaltet, immense Verwaltungskosten einspart, weil Werbung und Vertrieb weitgehend entfallen und erhebliche Größeneffekte bestehen. Durch das hohe Anlagevolumen können die Gelder breit gestreut angelegt werden. Das mindert das Risiko, ohne dass man – wie bei Garantien – auf Rendite verzichten muss. Über die Dauer eines Berufslebens ließe sich durch den Bürgerfonds eine gute Ergänzung zur gesetzlichen und betrieblichen Altersvorsorge aufbauen. Freiberufler und Selbstständige könnten bis zu einer Maximalsumme freiwillig einzahlen. Und weil der Fonds langfristig investieren würde, wäre er auch ein gutes Gegengewicht gegen Finanzmarktspekulationen.

Sosehr neue Instrumente nötig sind, eins der größten Probleme bei dem Kampf für mehr soziale Gerechtigkeit ist jedoch, dass die bestehenden Regeln, vor allem bei der Besteuerung, nicht in allen Bereichen durchgesetzt werden.

Die unzureichende Besteuerung großer Vermögen schafft eine große Gerechtigkeitslücke, ja. Eine noch größere Lücke allerdings wird durch die Tatsache geschaffen, dass viele Vermögende und Unternehmen eigentlich anfallende Steuern gar nicht erst bezahlen. Nach einer Berechnung der City University of London gehen im EU-Raum jährlich 825 Milliarden – also mehr als die 750 Milliarden Corona-Investitionen, die der Europäische Rat für die nächsten sechs Jahre beschlossen hat – durch nicht gezahlte Steuern verloren. Allein dem deutschen Staat fehle jährlich die schwindelerregende Summe von 125 Milliarden Euro an Steuereinnahmen. (Eine Vermögenssteuer würde – je nachdem, wie man sie ausgestaltet – jährlich um die 10 Milliarden bringen.) Selbst wenn es nur die Hälfte oder nur ein Viertel der geschätzten Steuerausfälle wäre – es ist eine gigantische Summe, die dem Gemeinwesen vorenthalten wird.

Einer der Gründe ist, dass die globalisierte Finanz- und Steuerwelt so kompliziert geworden ist, dass die Beamten in den Finanzämtern sie nur noch schwer durchschauen können. Es ist einfach nicht klar, wo das Geld geblieben ist. Betrügerische Konstrukte wie Cum-Ex und Cum-Cum waren so kompliziert, dass sie über Jahre nicht aufgeflogen sind.

Die Antwort darauf wäre allerdings eine relativ einfache: eine sogenannte Anzeigepflicht. Unternehmen, Banken, Firmen müssten melden, welche Steuerspartricks sie verwenden, wo das Geld geblieben ist, das sie nicht versteuern. Sie selbst müssten ihre Finanzkonstrukte dem Staat gegenüber erklären. So kann dann der Staat entscheiden, ob die Steuermodelle so gewollt sind oder ob es sich um Steuerschlupflöcher oder gar Betrug handelt – und sie entsprechend schließen bzw. einen Betrug zur Anzeige bringen. 2018 beschloss der Rat der EU-Finanzminister*innen, die Anzeigepflicht für grenzüberschreitende Steuergestaltungsmodelle einzuführen. Steuerberater*innen, Anwält*innen, Bankberater*innen und Finanzdienstleister müssen seitdem ihre Steuersparmodelle, sofern sie das Ausland berühren, dem inländischen Finanzamt mitteilen. Die Bundesregierung hat das jedoch nicht für inländische Steuersparmodelle vorgesehen, die aber bei Fällen wie Cum-Ex oder Share-Deals am Werk waren und sind. Deutschland nutzt die Möglichkeiten zur Befreiung voll aus und schafft so riesige Löcher. Verstößt zum Beispiel eine Kanzlei dennoch gegen das Gesetz, kostet sie das die lächerliche Summe von maximal 25 000 Euro.

Noch wirksamer ist das sogenannte Country by Country Reporting, um die internationale Gewinnverschiebung bei Unternehmen zu beenden. Diese länderbezogenen Berichte beinhalten die Pflicht zur Erstellung und Mitteilung von Gewinnen und Steuern im jeweiligen Land, sodass durch internationalen Datenaustausch offengelegt werden kann, ob ein Konzern überhaupt ausreichend Steuern zahlt. Aufsetzend darauf müsste eine gemeinsame Bemessungsgrundlage mit der Aufteilung von Gewinnen nach Wertschöpfungsfaktoren beschlossen werden.

Die zahme Hand der Großen Koalition bei Steuertrickserei und Betrug wird aber noch einmal skandalöser, wenn man sich eine andere Zahl anschaut. Nach Schätzungen werden Bürger*innen fast 30 Milliarden Euro an Sozialleistungen, die ihnen eigentlich zustehen, nicht ausgezahlt, weil sie gar nicht erst beantragt werden. Die Bürokratie ist schlicht zu kompliziert. Der Staat spart also auf Kosten der Ärmsten. Daher sollte man diese Leistungen in das Steuersystem integrieren und automatisch auszahlen. Eine Kindergrundsicherung – die es noch nicht gibt, die aber dringend nötig wäre –, Grundsicherung, Wohngeld, BAföG – das alles könnte als Leistung in der Steuer verankert und verrechnet werden, sodass die Angst, nicht nur grundlos arbeitslos zu werden, sondern auch noch grundlos ins soziale Abseits zu fallen, zumindest gelindert würde.

Dies wären erste Elemente auf dem Weg zu einer negativen Einkommenssteuer. Diese würde am Ende so funktionieren, dass das soziokulturelle Existenzminimum entweder direkt mit der Steuerschuld verrechnet wird oder, wenn das Einkommen nicht reicht, ausgezahlt wird. Perspektivisch fiele in einem solchen Modell der demütigende Gang zum Sozialamt weg. Das Verlangen nach Anerkennung würde nicht unbedingt in der Höhe der Zahlungen, wohl aber durch das System befriedigt. Man würde von einem Bittsteller zum Rechteträger, die Bürokratie deutlich abnehmen. Und die Höhe von nicht abgerufenen Beträgen würde sich mindestens verringern. Die Sozialleistungen in das Steuersystem zu integrieren würde dazu beitragen, dass die Jobcenter sich um Qualifizierung und Vermittlung kümmern können und somit das Garantieversprechen erneuert wird, mit dem Verlust von Arbeit nicht auch noch die Würde zu verlieren.

IV. Gefühle, die politische Wahrheit formen

Das kulturelle Paradigma

Die allgemeinen Zugewinne an Wohlstand, Bildung und Freiheit schaffen für einige Menschen, Bevölkerungsgruppen oder Landstriche sehr konkrete Nachteile. Die Steigerung der industriellen Produktion sorgt für massive Klimaschäden, Hitzetote, Verlust von Ackerland, die intensive landwirtschaftliche Produktion für Artensterben, der Bildungsaufstieg einiger zum Bildungsabstieg anderer. Die Globalisierung und wirtschaftliche Deregulierung schafft Wohlstandsgewinne, aber auch Wohlstandsverluste.

Eine vorsorgende wie nachhaltige Politik sieht diese Widersprüche und entwirft Konzepte, wie die Verluste gemindert werden können, möglichst ohne die Gewinne zu schmälern. Die Antworten liegen im Wesentlichen auf dem Feld von Ordnungs-, Steuer-, Handels-, Sozial- und Fiskalpolitik, also im Instrumentenkasten klassischen politischen Handwerks. Einige habe ich in den letzten Kapiteln angerissen. Aber sie allein werden dem Problem, nämlich der zunehmenden Gefährdung einer handlungsfähigen liberalen Demokratie, nicht gerecht. Um den Hass, die Spaltung, die Unversöhnlichkeit der politischen Debatte zu erklären und zu bekämpfen, reicht es nicht, auf ökonomische Ungerechtigkeiten und die sozialen Verluste durch die ökonomisch-sozialen Gewinne anderer zu blicken. Viel war ich in den letzten Jahren in den Braunkohlerevieren Ostdeutschlands unterwegs. Um den CO_2-Ausstoß

Deutschlands zu reduzieren, müssen die Braunkohlekraftwerke möglichst schnell vom Netz genommen werden. Und da Braunkohle ein sehr energieschwacher, nasser Rohstoff ist, er also nicht weit transportiert werden kann, liegen auch die Kohlekraftwerke selbst neben den Tagebauen. Entsprechend ist die Sorge, den Arbeitsplatz zu verlieren, in den Braunkohleregionen hoch.

Politisch wurde ein unfassbar großes Strukturhilfeprogramm geschnürt. Für 20 000 Arbeitsplätze, die bis 2038 wegfallen sollen – etwa die Hälfte in Nordrhein-Westfalen, die andere in den ostdeutschen Revieren –, sollen 40 Milliarden Euro ausgegeben werden. Zum Vergleich: Allein in den Jahren 2018/19 gingen in der Windkraftindustrie 35 000 Arbeitsplätze verloren. In zwei Jahren. Ohne dass die Bundesregierung irgendetwas unternommen hätte. Dass dieser Arbeitsplatzverlust politisch kaum interessierte, deutet schon darauf hin, dass Job nicht gleich Job ist. Die Jobs in der Windkraftindustrie waren relativ neu und hatten nicht die Traditionen von Kohle und Stahl. Die Menschen, die dort arbeiteten, konnten keine kulturelle Dimension für sich ins Spiel bringen, kein Brauchtum, bei dem »Der Steiger kommt« gesungen wird. Sie hatten keine Lobby wie die Kohleindustrie, die die Bundesregierung aus Union und SPD in einer Zangenbewegung aus Gewerkschaften und Industrieverbänden bearbeitete, es mit dem Klimaschutz mal nicht zu übertreiben.

In der Lausitz hielt ich vermutlich die gleichen Reden wie die Politiker*innen anderer Parteien. Zählte auf, wofür hier das Geld ausgegeben werden könnte: für neue Gewerbegebiete, schnelles Internet, Zug- und Autobahnanbindungen, Forschungseinrichtungen … Die Zuhörer verschränkten die Arme und wollten das alles nicht hören. Es geht eben nicht allein um die Zukunft, sondern auch um die Vergangenheit. Die Aussicht auf Verlust wiegt schwerer als die Aussicht auf Gewinn, selbst wenn der höher ausfallen sollte. Und wie oft haben die Arbeiter in den Braunkohletagebauen und Kohlekraftwerken in den letzten Jahren gehört: alles Raubbau an der Natur, alles Dreckschleudern, alles schlecht fürs Klima. Dass aber ihre Großväter, Väter und sie selbst das industrielle Herz Deutschlands haben schlagen lassen, dass sie unter dem Einsatz ihrer Gesundheit für verlässliche und günstige Energie gesorgt haben, dass da eine kulturelle Tradition entstanden ist, die nun endgültig unterzugehen droht – all das blieb außen vor. Spätestens als ich selbst in der Lausitz vor den Kohlekumpeln stand, wurde mir klar, wie wichtig es ist, dies alles zumindest explizit anzuerkennen und ihnen meinen Respekt zu zollen. Ich glaube, niemand von den Kohlekumpeln hat deswegen die Grünen gewählt. Aber immerhin entstand eine Atmosphäre, in der man sich austauschen und vernünftig diskutieren konnte.

Und genauso erlebe ich es in den Diskussionen mit den konventionellen Landwirten, den Fischern, den Werftarbeitern, die in meiner Heimatstadt Flensburg in der vierten Generation auf der Werft arbeiten und sie liebevoll ihren Familienbetrieb nennen, den Beschäftigten in der Automobilindustrie, die alle aus dem einen oder anderen Grund gesellschaftlich unter Druck stehen und nicht nur um den Erhalt ihrer Arbeitsplätze, sondern des ganzen Wirtschaftszweiges bangen: Nur wenn man explizit anerkennt, was sie für das Land, für unseren Wohlstand, auch unsere Kultur geleistet haben, lässt sich über neue, veränderte gesellschaftliche Erwartungen reden. Und darüber, wie sie so zu realisieren sind, dass zum Beispiel die Landwirte und Fischer selbst ein Interesse daran haben bzw. überhaupt erst die Möglichkeit bekommen, sie zu realisieren.

Wer in einem abgeschiedenen Ort in Brandenburg lebt, den die Jugend verlassen hat, der kein Breitbandinternet hat, wo kein Bus, keine Bahn fährt, wo leere Häuser stehen und die Bahnhöfe verfallen, wird mit Bildern von Rave-Partys in Berlin-Mitte und Berichten über die Wohnungsnot in München konfrontiert und fragt sich vielleicht, ob er noch im selben Land lebt. Wer im Osten für die gleiche Arbeit weniger verdient als seine Kolleg*innen im Westen, der fragt sich logischerweise, warum er weniger wert ist. Wer hört, dass in den nächsten Jahrzehnten soundso viele Milliarden vererbt werden, aber selbst keinerlei Vermögen besitzt (und das sind immerhin 50 Prozent der Bevölkerung), empfindet das als ungerecht. Und es ist ungerecht. Die Verkehrsmittel Rad und Auto drohen zu Symbolen eines neuen Konflikts um Mobilität zu werden. In Berlin wird schon jetzt auf den Straßen mit ziemlicher Härte und Unfreundlichkeit um Vorfahrt gekämpft. Abiturient*innen machen nach der Schule erst einmal Work and Travel in Australien, andere junge Leute können sich so etwas nicht leisten und finden keinen Ausbildungsplatz.

Über den Paternostereffekt zwischen den Karrieren unter anderem in der Wissensökonomie und den schlecht bezahlten Care-Arbeiter*innen, die sich wohl manchmal wundern, warum nicht mehr Geld da sein soll für die Pflege der Eltern genau dieser gut bezahlten Wissensarbeiter*innen, habe ich schon geschrieben. Und ja, als die Flüchtlinge nach 2015 in neu gebauten Unterkünften unterkamen, war nicht überraschend, dass manche von denen, die noch gut im Ohr hatten, wofür jahrzehntelang alles kein Geld da war, enttäuscht oder zornig wurden – dummer- und fälschlicherweise oft auf die Flüchtlinge und nicht auf eine unzureichende Sozial- und Wohnungsbaupolitik.

Es sind diese Gefühle, die einen Gutteil der politischen Wahrheit formen. Es sind diese Gefühle, die sich zur Abkehr von der Demokratie oder zumindest zum Unmut über die Politik zusammenballen. Natürlich enden Enttäuschung, Sorge, soziale Abwertung, mangelnde Anerkennung nicht zwangsläufig bei populistischen Einstellungen. Oft genug ist es auch die stille Resignation, der Rückzug, das Gefühl, nicht wichtig zu sein und nicht gesehen und nicht gehört zu werden, das Menschen in sich hineinfressen. Aber auch Rückzug aus Enttäuschung, Schweigen, weil man meint, nicht gehört zu werden, beschreibt ein politisches Problem. Das Gefühl, nichts wert zu sein und keinen Zugang zu denen zu finden, die entscheiden, das Gefühl, es werde einem gesagt, die eigenen Vorlieben, Hobbys, Erwartungen oder Wünsche seien gesellschaftlich nicht mehr gewollt oder gar falsch – all das weckt auch bei jenen, die gar keine materielle Not haben, Abwehrreflexe.

Das ist eine schlechte Nachricht. Denn politische Instrumente wie Steuersenkungen oder -erhöhungen, Verbote, Förderungen, Anreize sind bekannt und etabliert. Ökonomische und politikwissenschaftliche Theorie ist gut darin, den Kreislauf von Gütern, Waren und Geld zu beschreiben und zu erklären. Im Grunde ist Politik in allem gut, was man berechnen kann. Aber wie heilt man das Gefühl, zurückgesetzt zu sein? Kann man das überhaupt? Es geht bei dieser Frage auch darum, ob eine Gesellschaft die Kraft findet, große notwendige Reformen anzugehen, und dafür die notwendige politische Stabilität hat. Wenn das nicht gelingt, können wir das nächste große Ding, die Klimakrise mindestens so einzubremsen, dass sie beherrschbar bleibt, vergessen. Und dann sind wir als politische Generation gescheitert.

Miteinander reden, die andere Seite sehen und hören, ein gegenseitiges Verständnis erlangen ist unbedingt notwendig, sonst werden wir bei dem großen Versuch, eine Industriegesellschaft zu transformieren, scheitern. Das kann allerdings nur gelingen, wenn die jeweiligen Gegenüber sich gegenseitig die Möglichkeit einräumen, dass die andere Seite mindestens punktuell recht haben könnte.

Man kann sicher sein, dass die Kohlekumpel, die Landwirte, die Facharbeiter bei den Automobilwerken wissen, dass ihre Berufe gefährdet sind, dass sie möglicherweise die Opfer des nächsten, also des ökologischen Fortschritts sind. Ökonomisch ist diese Angst vor Entwertung nachvollziehbar. Aber mit Blick auf den Bildungsauf- und Bildungsabstieg, das Stadt-Land-Gefälle, die Digitalisierung und die Klimakrise, wie ich sie hier in den ersten Kapiteln versucht habe zu beschreiben, reicht die ökonomische Perspektive nicht aus, um zu verstehen, was sich in unserer Gesellschaft abspielt. Denn neben der ökonomischen Deregulierung gab es in den letzten 40 Jahren auch einen enormen Zugewinn an individuellen Freiheiten. Selbstverwirklichung, dass man sein eigenes Leben lebt, sein eigenes Ding macht, wurde zunehmend zum beherrschenden allgemeinen Erwartungshorizont. Die Emanzipation von vorgelebten und vorgegebenen Strukturen bestimmte mehr und mehr die politische Debatte. Die feministische Bewegung wurde zu einer Mainstreambewegung und veränderte selbst die Sprache zu einer geschlechtergerechten. Die Ehe für alle wurde eingeführt. In den Jahren 2018, 2019 und 2020 gab es unter dem Motto »unteilbar« große Demonstrationen gegen Menschenverachtung und für eine offene Gesellschaft. Im Juni 2020 fand der Vorstoß, den Begriff »Rasse« im Grundgesetz zu ersetzen, Unterstützung bis weit in die Union hinein. Die Förderung von Integration und Inklusion wurden politische Schwerpunkte.

Mit dem Entstehen einer neuen ökonomischen Mittelklasse der Dienstleistungs- und Wissensgesellschaft ging auch ein Wertewandel einher und es bildete sich ein neues, kulturell liberales gesellschaftliches Milieu, das Andreas Reckwitz »neue Mitte« nennt. Die – nach Reckwitz – »alte Mitte«, also diejenigen, die in traditionellen Berufen und gesellschaftlichen Rollenbildern arbeiten und leben, meist noch angemessen verdienen und in den politischen Werten eher konservativ orientiert sind, verliert nicht nur zunehmend Jobs, sondern auch die Selbstverständlichkeit ihres Lebens- und Wertemodells. Hinzu kommt, dass immer mehr Menschen der sogenannten neuen Mitte zwar Zugänge zu Erfolg im ökonomischen Sinne haben, aber andere Werte zunehmend auch im Beruflichen leben. So schlagen sie tolle Führungsjobs aus, weil sie sich nicht überanstrengen oder weil sie Zeit für die Kinder haben wollen. Oder sie arbeiten nur Teilzeit, machen Sabbaticals. Dass sich nur die Frau um die Kinder kümmert, dass die Ehe für Mann und Frau ist, dass man nach der Schule eine Arbeit aufnimmt, die einen bis zur Rente trägt, dass die Rente sicher ist – all das gilt nicht mehr. Das Auto taugt nicht mehr als Statussymbol, eher ist es Teil eines kulturellen Konflikts geworden. Viel Fleisch auf dem Grill oder Abendbrottisch ist kein Wohlstandssymbol mehr. Die Ökonomisierung des Sozialen, der Lebensstile, der Art des Arbeitens, der Wohn- und Beziehungsformen, sie haben zu einer Gesellschaft der vielen geführt, die in bunter Pluralität vielfältige Formen des Ich-Seins ausprobieren.

Die durch wachsenden Wohlstand für alle geprägte Nachkriegsgesellschaft war hingegen ganz überwiegend einem gleichen Wertekanon verpflichtet. Dieser wurde prinzipiell sowohl von sozialdemokratisch-gewerkschaftlichen als auch von christdemokratisch-bürgerlichen Milieus bejaht. Natürlich gab es erbitterte Wahlkämpfe um Steuerpolitik, Verteilungsfragen und Arbeitszeiten mit jeweils knappen Mehrheiten schon damals, aber es gab keine Polarisierung, die das gemeinsame Wertegefüge grundsätzlich infrage gestellt hätte. Der Soziologe Ralf Dahrendorf stellte schon 1965 fest, dass die Arbeiterschicht in Deutschland sich »verkleinbürgerlicht« habe, dass also zwischen Bürgertum und Arbeiterschaft zwar noch Unterschiede bestünden, diese aber nicht mehr so sehr am materiellen Wohlstand festzumachen, sondern kulturell oder habituell geprägt seien. Die einen waren katholisch oder evangelisch, den anderen war Religion egal. Die einen wollten Fußball, Bier und Schrebergarten, die anderen wollten Bücher, Wein und Wandern. Aber alle schauten die Tagesschau und Fußballländerspiele und die Männer gingen zur Bundeswehr. Dahrendorf illustrierte diese Gesellschaft mit dem sogenannten Dahrendorfhäuschen. Er ordnete die unterschiedlichen Milieus und Gruppen nicht mehr einfach auf einer Achse von rechts nach links an, sondern betrachtete auch die kulturellen Einstellungen und baute daraus ein Haus mit verschiedenen Zimmern. *Im* Haus waren aber alle.

Es gab im Grunde kein politisches Außen mehr, Binnenunterscheidungen ja, aber linke und rechte Alternativen zum Status quo wurden als Extrempositionen aus dem Kosmos der demokratischen Debatte verbannt. Dieses gelebte Gemeinsame wurde »Mitte« getauft. Gemeint war damit eben nicht nur eine ökonomische Bezugsgröße, sondern auch eine kulturelle und ideelle. Man wollte zur Mitte dazugehören. Die Normalität stiftete die Norm. »Die Mitte war nicht nur eine soziale und materielle, sie war auch eine kulturelle Größe: indem sie das Mittlere und Maßvolle, die Ordnung und die Regel lobte, in die der oder die Einzelne sich – in der Familie, am Arbeits- oder Wohnort – eingliedert und einzugliedern hatte«, beschreibt Andreas Reckwitz diese Mittelstandsgesellschaft. Das Ziel war, so zu sein wie die anderen, vielleicht sogar noch ein bisschen normaler als die anderen.

Meine Eltern sind Flüchtlingskinder und beide Halbwaisen. Ihre Eltern, meine Großeltern, waren Bauern und nach dem Zweiten Weltkrieg hof- und mittellos. Meine Mutter wurde, trotz guter Schulnoten, von der Schule genommen. Sie sollte kein Abitur machen, weil ihr ein Studium in ihrem zukünftigen Alltag als Mutter und Hausfrau nichts nützen würde. Eine Hauswirtschaftslehre sei ausreichend. Mein Vater wurde während der Flucht zurückgelassen, rutschte zunächst völlig durchs Bildungssystem und wurde erst mit knapp neun Jahren eingeschult. (Er kann heute noch mit glühenden Augen von seiner wilden schullosen Kindheit in Neubrandenburg erzählen.) Dass meine beiden Eltern Apotheker geworden sind, sich aus dem ökonomischen Nichts hochgearbeitet haben und meinem Bruder und mir nicht nur die Irrwege ihres Lebenslaufs ersparen, sondern uns als Kindern auch im bescheidenen Maß zum Beispiel Urlaube ermöglichen konnten – das alles war bei Weitem nicht selbstverständlich. Und dann informierte ich sie irgendwann, dass ich erstens nicht zur Bundeswehr gehen und zweitens Philosophie studieren würde. Mein Vater fragte nur trocken, was ich denn werden wolle: »Philosoph?«

Diese Idee, meine Idee von meinem Leben, sie wäre meinen Eltern im Traum nicht eingefallen (bzw. meiner Mutter war sie eingefallen, sie hätte eigentlich Literatur studieren wollen, aber das war ja »brotlose Kunst«). Ich erzähle das hier, weil es mir deutlich gemacht hat, wie sich das für mich Selbstverständliche für andere mitunter ausnimmt. Und wie dankbar ich sein kann, dass meine Eltern meinen Lebensentwurf so klaglos und ja, sogar unterstützend, begleiteten.

Heute ist Anpassung fast schon ein Schimpfwort, damals, in der Aufstiegsgeneration meiner Eltern, war es die gesellschaftliche Erwartung. Der ehemalige Kanzler und Wirtschaftsminister Ludwig Erhard prägte den Begriff der »formierten Gesellschaft« für seine Zeit. Er meinte damit eine Gesellschaft, die vom Bewusstsein »der schicksalhaften Verbundenheit aller mit allen« durchdrungen ist und in der alle für den Erfolg des Ganzen arbeiten – in Erhards Fall den wirtschaftlichen Erfolg Deutschlands – und in der Disziplin, Arbeit für den Aufstieg und der Wunsch nach Normalität und Konformität alles bestimmend waren. Man wollte und sollte sein und haben, was andere hatten. Nicht anders sein, sondern gleich. Statt Selbstverwirklichung war Selbstdisziplin angesagt, statt Entrepreneurship soziale Verpflichtungen, statt Veränderung Normalisierung. Die frühe Wohlstandsgesellschaft der jungen Bundesrepublik richtete sich an der Idee der »formierten Gesellschaft« auch kulturell aus. Es gab so etwas wie einen vorgesehenen Platz in der Gesellschaft, den man einzunehmen hatte. Ein Platz, der eine gewisse Sicherheit gab. Nach den Kriegen und Toten und Verwüstungen der ersten

Hälfte des 20. Jahrhunderts war die Gesellschaft befriedet, gewissermaßen auch im Frieden mit sich selbst.

Vor diesem Hintergrund wird vielleicht auch deutlich, was wir während des ersten Corona-Shutdowns erlebt haben. Für ein paar Wochen konnten wir uns wieder einbilden, wir seien alle gleich. Und plötzlich schien alles irgendwie wie in den 1960er-Jahren (um genauer zu sein: so wie ich mir sie vorstelle) – nur digital. Es gab keine Ganztagsschulen, die Kinder waren zu Hause, die Eltern überwachten die Hausaufgaben, es wurde zu Hause gebacken. Die europäischen Grenzen waren geschlossen wie vor der Einführung der Reisefreiheit, es gab keine Billigflieger, keinen Kreuzfahrttourismus, keine hippen Bars, Tattooshops und Nagelstudios, die Jugend sollte nicht Party machen, sondern zu Hause bleiben. Dafür gab es sowohl Nachbarschaftshilfe wie soziale Kontrolle. Klassische Dienstleistungsberufe, die in den letzten Jahren kaum beachtet wurden, waren plötzlich systemrelevant, der Wertekanon der (west-)deutschen Mainstreamgesellschaft vor 68 schien wieder aktiviert.

Weil ausländische Pflegekräfte vorübergehend nicht mehr nach Deutschland kamen, musste man sich plötzlich wieder selbst um die pflegebedürftigen Eltern kümmern. Kindergärten ließen sich nur auf Grund der Annahme schließen, dass sich zu Hause schon jemand um die Kinder kümmern würde. Vermutlich dachten dabei die wenigsten an Männer. Grundlage war ein Frauenbild, dass »Mutti das schon machen würde«. (Es stellte sich dann allerdings heraus, dass zumindest in den Familien, in denen Frauen als Kassiererinnen und Pflegerinnen systemrelevant beschäftigt waren, die Männer ihren Anteil an Haus- und Carearbeit deutlich erhöhten.) Alleinerziehende indes waren überhaupt nicht auf dem Radar. Ebenso wenig wie die Tatsache, dass Kinder aus bildungsferneren Haushalten durch Monate ohne Schule und andere Sozialkontakte in ihrer Entwicklung weit zurückgeworfen werden würden.

Der westdeutsche Konsens der Bonner Republik war ein sehr exklusiver Konsens, er war weiß, männlich und christlich. In den letzten Jahrzehnten, vielleicht schon seit 1968, spätestens seit der Gründung der Grünen 1980 – denn ohne Frage ist die Geschichte meiner Partei eng mit der Geschichte der ökonomischen und kulturellen Liberalisierung verbunden –, hat sich das Leben in Deutschland und Westeuropa verändert. Der Konformismus der Nachkriegszeit, in beiden Deutschlands, brachte Gegentrends der Individualisierung mit sich, die eben nicht nach Anerkennung vonseiten der Politik oder der Mehrheitsgesellschaft strebten. So revolutionär 1968 war, so eskapistisch war es in Teilen auch. Ökobauern, Kommunen, Landkommunen, Menschen in Waldorfkreisen entfernten sich bewusst vom Mainstream und den damit verbundenen Mechanismen der Anerkennung. Sie waren ihnen keine wichtige Währung mehr. Ein neues Phänomen dieser Jahre war, dass Menschen Anerkennung für ihre Lebensweise einforderten – und nicht mehr für ihre (gesellschaftliche) Leistung. Vor allem gegen gesellschaftliche Normen, die Regulierung des Lebens, gegen ein patriarchales Frauenbild und gegen materialistisches Denken wurde der Protest laut und der Protest irgendwann zur Partei. Als Emanzipationsbewegung und Alternative zur traditionellen Sozial- und Christdemokratie gegründet, gegen die formierte Gesellschaft und eine nivellierte Kultur protestierend, für mehr Selbstbestimmung und Selbstverwirklichung neben einer rein materialistischen Wunscherfüllung kämpfend, wurde das Gedankengut dahinter langsam,

244

aber sicher zu einem die Gesamtgesellschaft prägenden. Zu einem neuen kulturellen Paradigma.

Der eigentlich aus der Linguistik stammende Begriff »Paradigma« wurde vom amerikanischen Wissenschaftshistoriker Thomas S. Kuhn mit einer gesellschaftlichen Dimension aufgeladen. Kuhn arbeitete heraus, dass wissenschaftliche Revolutionen und Erkenntnisse nicht einfach so passieren, sondern auf einer Veränderung in der grundlegenden Weltsicht beruhen. Diese Weltsicht definiert, welche Fragen überhaupt als sinnvoll und möglich erachtet werden und entsprechend gestellt oder beantwortet werden können. Ein Paradigma fasst also ein kollektives gesellschaftliches Denken zusammen. Wenn dieses Denken keine ausreichenden Lösungen für die existierenden Probleme mehr findet, dann wird es durch ein anderes abgelöst. Ein Paradigma ist dementsprechend nie neutral. Es besagt, dass eine Gesellschaft durch einen jeweiligen Deutungsanspruch, vielleicht sogar durch einen Herrschaftsanspruch geprägt ist.

In den letzten Jahrzehnten hat sich das dominierende kulturelle Paradigma von einem konservativen, die materialistische Wertebasis der fossilen Ökonomie verteidigenden, eher national gesinnten Milieu hin zu einem eher postmaterialistischen, proeuropäischen, liberal eingestellten, Mobilität und Diversität von Lebensformen großschreibenden Milieu verschoben. Das heißt nicht, dass das ehemals wertebestimmende Milieu nicht mehr existiert, deshalb gibt es ja die aktuellen gesellschaftlichen Konflikte. Vom Klimaschutz über die Integrationspolitik bis zur Frage der vertieften europäischen Kooperation kann man die Konfliktlinien zwischen dem neuen Paradigma und dem alten nachzeichnen.

In der alten Bundesrepublik bis zur Wiedervereinigung war fast alles auf die ökonomische Achse ausgerichtet. Wie hoch oder wie gering die Besteuerung sein sollte, wie de- oder reguliert der Markt, darüber sortierte sich das politische Feld. Links war, wer für Tarifbindung, höhere Löhne, früheren Renteneintritt, Vermögenssteuern eintrat, liberal-konservativ, wer das alles ablehnte und für niedrige Steuern, wenig Regulierung, ein schwaches Ordnungsrecht warb. Staat versus Markt, das war die Achse, auf der sich die politische Welt sortierte.

Und das Zusammenspiel von Staat, Wirtschaft und Gewerkschaften funktionierte. Die Teilhabe am Wohlstand war relativ egalitär, Deutschland hatte eine Vermögenssteuer und unter Helmut Kohl eine Einkommenssteuer mit einem Spitzensatz von 56 Prozent, das Wirtschaftswachstum war verlässlich hoch, der Gini-Koeffizient, der Ungleichheit bei den Einkommen misst, niedrig, die industrielle Produktion, in der über 50 Prozent der Menschen tätig waren, bildete die Basis für eine breite Mittelschicht und eine Politik der Mitte, mit der sich Angestellte wie Arbeiter, Selbstständige wie Unternehmer identifizierten. Und diese Mitte war eben auch über und durch »standesgemäße Verhaltensweisen« miteinander verbunden, so Reckwitz: »Der ›Lebensstandard‹ war nicht nur eine ökonomische Größe, sondern auch ein alltagskulturelles Muster: Man strebte danach, jenes in Maßen komfortable Leben jener zu führen, die es geschafft haben.«

Das Paradigma der kulturellen Selbstverwirklichung kennt dieses gemeinsame alltagskulturelle Muster nun nicht mehr. Und ich will noch einmal entschieden darauf hinweisen, dass das ein gewaltiger Gewinn an Freiheit ist, der in großen gesellschaftlichen Konflikten der Vergangenheit erkämpft wurde.

Ich selbst bin einer der Profiteure dieser Kämpfe. Eine Gesellschaft der vielen ist eine freiere Gesellschaft als eine Gesellschaft der Gleichen, weil das Gleichsein unter Druck erzeugt wird: Wer nicht konform geht, ist draußen. Aber politisch muss man verstehen, dass dieses Paradigma kultureller Selbstverwirklichung neue Fragen nach Gemeinschaft und gesellschaftlichem Zusammenhalt aufwirft – eben weil Gemeinschaft und Zusammenhalt nicht mehr einfach vorausgesetzt werden können.

Wettstreit um Würde

Bisher habe ich mich vor allem mit den sozialen und ökonomischen Entwicklungen der letzten Jahrzehnte befasst und versucht, den widersprüchlichen Charakter des Fortschritts herauszuarbeiten. Der Paternoster diente als Metapher für diesen Effekt. Allerdings ging die Anfangsfrage schon über diesen Blickwinkel hinaus. Die sozialen und ökonomischen Entwicklungen sind nur ein Teil der Wahrheit, sie können nur teilweise erklären, warum wir da stehen, wo wir heute stehen. Durch die Ökonomisierung des Sozialen wird deutlich, dass die kulturelle Ebene – Würde und Anerkennung, die bei allen Transformationsprozessen schon immer eine große Rolle gespielt haben – selbst zu einer Hauptursache der gesellschaftlichen Dynamik geworden ist. Diesen Wirkmechanismus in den folgenden Kapiteln zu beleuchten ist wichtig, um politisch die richtigen Schlüsse zu ziehen.

Mit dem Ende des Ostblocks und dem Scheitern des Sozialismus begann die Ära des verstärkten ökonomischen und kulturellen Liberalismus. Unternehmens- und Einkommenssteuern wurden gesenkt, Deregulierung und Privatisierung waren keine Schimpf-, sondern Stichwörter, der »entfesselte« Markt sollte alles regeln. Politisch sind die rot-grünen Regierungen der 1990er-Jahre im Bund und in den Ländern Ausdruck dieses Paradigmenwechsels. In diesen Bündnissen fanden die ökonomischen Liberalisierer der damaligen SPD und die kulturellen der Grünen, die die doppelte Staatsbürgerschaft, die Ehe für alle und mehr Umweltschutz wollten, zusammen.

Der ökonomische Neoliberalismus und der kulturelle Linksliberalismus passten recht gut zueinander. Beide verband eine gewisse Skepsis gegenüber dem Staat und ein großes Vertrauen in das Individuum. Offene Märkte und ökonomische Globalisierung vertrugen sich gut mit der Idee einer offenen Gesellschaft und kultureller Vielfalt.

Inzwischen geraten aber insbesondere die Volksparteien zunehmend unter den Druck der inneren Widersprüche, die mit dieser neuen ökonomischen und kulturellen Freiheit einhergehen. Die Achse des kulturellen Paradigmas läuft quer durch die Parteien, die nicht dafür gegründet wurden, diese Probleme zu lösen. Diese strukturelle Verschiebung der Debatte, nicht das Agieren mehr oder weniger glückloser Parteivorsitzender, ist die Erklärung dafür, warum die großen Parteien in ganz Europa im letzten Jahrzehnt so an Zustimmung verloren haben. Deshalb passiert auch in so vielen Fällen nichts: weder bei der Frage eines Verteilmechanismus für Flüchtlinge noch beim Klimaschutz. Es ist kein Erkenntnisproblem, das die Politik lähmt, es ist die Angst davor, wenn man das eine tut, das andere zu verlieren. Nur: Wenn die eigene Angst zum Gradmesser von Politik wird, dann hat sie schon verloren.

Die traditionellen Institutionen und Parteien in Deutschland (und den meisten westeuropäischen Ländern) haben sich große Verdienste um die Demokratie und ihre Gesellschaften erworben. Sie haben Menschen an eine demokratische Ordnung gebunden, ihnen eine politische Stimme gegeben, nach zwölf Jahren Diktatur und sechs Jahren Weltkrieg grundlegende demokratische Freiheiten zum Bestandteil einer neuen Republik gemacht. Die deutsche Sozialdemokratie ging den Weg vom Klassenkampf hin zu einer gemäßigt linken Partei, die nicht nur in Ausnahmesituationen mit den Christlich-Konservativen koalitionsfähig war, sondern in den drei sogenannten Großen Koalitionen der letzten Jahre (die faktisch immer kleiner wurden) gleichsam zum natürlichen Bündnispartner der Union wurde. Umgekehrt hat die Union unter Angela Merkel fast alle traditionell konservativen Positionen – Wehrpflicht, Atomenergie, eine restriktive Einwanderungspolitik, die Mann-Frau-Ehe – geräumt und dem Mindestlohn über die Grundrente bis schließlich europäischen Anleihen und damit einer gemeinsamen Haftung für Schulden zugestimmt. Das ist für beide Parteien, auch wenn sie darunter leiden, eine große Leistung.

Dennoch wird es zunehmend schwieriger, die Spannungen und Widersprüche auszutarieren, die sich aus der Politik der ökonomischen und kulturellen Öffnung ergeben haben. Die großen Institutionen – die Volksparteien, Kirchen, Gewerkschaften, Unternehmerverbände, öffentlich-rechtliche Sendeanstalten – werden durch die Vielzahl der gesellschaftlichen Gruppen mit ihren unterschiedlichen, teils widersprüchlichen Ansprüchen herausgefordert. Die zunehmende Pluralität der Gesellschaft und das Paradox, dass Aufstieg auch Abstieg, Fortschritt auch Rückschritt ist, holen sie ein.

Die Gewerkschaften beispielsweise waren immer links und rot. Bei den Landtagswahlen in Sachsen 2019 gab jedoch einer DGB-Analyse zufolge ein Drittel der männlichen Gewerkschaftsmitglieder seine Stimme der AfD. Bei der Wahl in Brandenburg war es über ein Viertel. Und das, obwohl inzwischen jeder wissen kann, dass die Partei keinerlei ökonomische und sozialstaatliche Konzepte hat. Bei der Europawahl wiederum haben 18 Prozent der in Gewerkschaften Organisierten die Grünen gewählt. Bei jungen und bei weiblichen Gewerkschaftsmitgliedern waren die Grünen sogar die meistgewählte Partei. Die SPD hingegen wurde nur noch von 22 Prozent aller Gewerkschaftsmitglieder gewählt. Mit einem rein ökonomischen Blick sind diese Verschiebungen nicht zu erklären.

Die Klimakrise zum Beispiel bzw. die Frage, mit welchen Mitteln man sie bekämpfen soll, wird eben nicht nur als ökonomische Debatte geführt, sondern auch als kulturelle. Das gilt erst recht für die Flüchtlingspolitik. Die Angst vor noch mehr »Fremden« kann man nicht allein mit dem ökonomischen Hinweis beantworten, dass wir Zuwanderung von Arbeitskräften brauchen. Ob wir weiterhin Flüchtlinge aus Kriegsgebieten aufnehmen werden, ist keine ökonomische Frage, sondern letztlich eine Frage der Solidarität (oder der Barmherzigkeit, um es christlich zu formulieren). Die Forderung nach gleichem Lohn für gleiche Arbeit, vor allem und zu Recht von Feminist*innen erhoben, ist nicht in erster Linie ein Kampf gegen Armut (das kann sie natürlich auch sein), sie entstammt dem berechtigten Verlangen nach Gerechtigkeit, gesellschaftlicher Anerkennung und gesellschaftlichem Status.

So gesehen ist es vielleicht auch verständlich, warum sich sowohl linke Umverteiler als auch marktradikale Liberale schwer damit tun, die richtigen Antworten auf die kulturellen Auseinandersetzungen der letzten Zeit zu finden: weil sie letztlich beide die gesellschaftlichen Prozesse rein ökonomisch denken. Dieses Denken kann aber Gefühle wie »Stolz«, »Scham« oder »Würde« nicht wirklich fassen.

Die LGBTQ (Lesbian, Gay, Bisexuel, Transgender, Queer)-Bewegung, #metoo, #metwo, #blacklivesmatter, die Fridays-for-Future-Demonstrationen – in diesen Bewegungen artikuliert sich, weit über rein ökonomische Interessen hinaus, das Verlangen nach mehr gesellschaftlicher Anerkennung und nach einem moralischen Status, nach der Anerkennung eines bestimmten Problems, das vorher negiert bzw. heruntergespielt wurde.

Dass man mit Klimaschutz und Nachhaltigkeit auch Geld verdienen und neue Geschäftsmodelle entwickeln kann, dass man die Erderhitzung und den Verlust der Artenvielfalt stoppen muss, damit auch in der Zukunft Geld verdient werden kann, ist zwar richtig. Aber der Sinn von Klima- und Umweltschutz, des Erhalts der Artenvielfalt, des Kampfs um mehr Tierwohl geht über den ökonomischen Blickwinkel weit hinaus. Dass Frauen für gleiche Arbeit das gleiche Geld wie Männer bekommen sollten, ist auch eine ökonomische Frage, aber eben auch eine der Selbstachtung. Denn die Forderungen des Feminismus und der LGBTQ-Bewegung beziehen sich ja bei Weitem nicht nur auf die Höhe von Gehältern, sondern auch auf die Art, wie gesprochen wird, wie Repräsentanz ausgeübt wird, welche Zugänge es zu Institutionen und Macht gibt. Dass sich Homosexuelle ihr Recht auf Eheschließung erkämpft haben, kann man allein mit den ökonomischen Vorteilen des Ehegattensplittings nicht erklären. Dass Menschen mit Behinderungen die gleichen Zugänge zu gesellschaftlichen Institutionen bekommen sollen wie Menschen ohne Behinderung, ist Menschenrecht und inzwischen europäisches Recht.

Nach den Morden von Hanau, bei denen im Februar 2020 junge Menschen unter anderem in einer Shishabar getötet wurden, besuchte ich einige dieser Bars und sprach dort mit den Betreibern und Gästen. Sie machten deutlich, dass die Bars für sie gesellschaftliche Räume sind, die sie brauchen, weil sie sonst keine haben, außer vielleicht Sport- oder Fitnessstudios. Auch die Diversitäts- und Antirassismusbewegungen kämpfen buchstäblich um gesellschaftlichen Raum, um Austausch und Teilhabe auf Augenhöhe, eigentlich um eine Selbstverständlichkeit: um ein Leben ohne Diskriminierung. Die Debatte um den Begriff »Rasse« im Grundgesetz oder um die Denkmäler und Straßennamen, die noch immer Generäle oder Profiteure des Kolonialismus aufs Schild heben, sind Debatten um kulturelle Normen und Werte. Selbstverständlich ist der Rassismus nicht abgeschafft, wenn man den Begriff »Rasse« im Grundgesetz ersetzt. Aber die Verfassung würde dadurch noch mehr zu einem Dokument für alle, die in diesem Land leben.

Auch das Phänomen, dass Forderungen nach Anerkennung regionaler kultureller Traditionen, insbesondere von Sprachen und Dialekten, zunehmen und teilweise zu schweren politischen Konflikten führen, ist nicht in erster Linie ein ökonomisches, sondern ein kulturelles Anliegen.

Die österreichische Philosophin Isolde Charim schreibt dazu in ihrem Buch »Ich und die Anderen«, dass »die Erosion, die Abwesenheit, die Unmöglichkeit einer allgemeinen Gestalt, in der sich die Einzelnen wiedererkennen können«, genau dieses Begehren auf den Plan rufe: »das Begehren nach Anerkennung – nach einer Anerkennung, die [...] heute eine Anerkennung der ganz konkreten Einzelheit sein soll«.

Und umgekehrt ist die teils massive Ablehnung all dessen, was Menschen als Ausdruck ihrer Identität fordern, suchen und wofür sie kämpfen – Frauenrechte, Diversitätsrechte, kulturelle Räume für Vielfalt etc. –, nur zu verstehen, weil sich wiederum andere gerade dadurch in ihrer kulturellen Sicherheit bedroht fühlen. Wessen Leben ändert sich ernsthaft, wenn ein Straßenzug nicht mehr an Lothar von Trotha, den General, der im heutigen Namibia 1904 den ersten deutschen Genozid verübte, erinnert? Ich ahne auch, dass sich einige über die Gendersternchen ärgern, die ich in diesem Buch benutze, obwohl sie ja eigentlich niemandem wehtun. Aber mit Symbolen verteidigen Menschen die Fundamente ihrer Weltsicht. Und Fundamente sind in der Regel festgefügt. Die zunehmende Zerrissenheit der Gesellschaft, ihre Gereiztheit, kann also nicht allein auf sozio-ökonomische Ungerechtigkeiten zurückgeführt werden, sondern sie gründet in Gefühlen von kultureller Ungerechtigkeit, in einem »Wettstreit um Würde«, wie der Soziologe Richard Sennett schon vor einem halben Jahrhundert formulierte.

Kinder- und Altersarmut, ein Leben am Existenzminimum, eine nicht auskömmliche Rente trotz lebenslanger Arbeit, all das ist ungerecht und fügt Menschen Schaden zu – am Leib, ja, aber eben auch an der Seele. Und mit Seele meine ich hier Selbstbewusstsein, Selbstwertgefühl, Würde und Anerkennung. Sie sind nicht nur subjektive Gefühle, sondern sie reflektieren und schaffen eine objektive Wirklichkeit. Zufrieden mit sich selbst zu sein ist sehr schwer, wenn alle anderen einen ablehnen. Lob und Bestätigung (wie Abwertung und Tadel) haben vor allem dann Bedeutung, wenn Dritte mitbekommen, dass man sie erhält. Und das macht die Frage nach sozialer und kultureller Anerkennung zu einer öffentlichen Angelegenheit, zu Politik. Und zwar zu einer, die immer wichtiger und dringlicher wird, je weniger allgemeine gesellschaftliche Normen herrschen, je weniger die Voraussetzungen für gesellschaftlichen Zusammenhalt unhinterfragt sind, je vielfältiger, offener und pluraler eine Gesellschaft wird. Sie wird immer wichtiger und dringlicher, wenn statt einer Gesellschaft der Gleichen eine Gesellschaft der vielen das neue Paradigma ist, wenn statt Identität Differenz das Leitkriterium ist.

Und so drehen sich die neuen politischen Auseinandersetzungen auch vielfach um Fragen, wie offen und kulturell divers eine Gesellschaft bzw. eine Partei ist oder wie homogen. Diese Fragen berühren zwar auch das Ökonomische, gehen aber nicht in ihnen auf bzw. lassen sich nicht einfach auf sie reduzieren. Fragen der geschlechtlichen, sozialen, kulturellen, religiösen, ethnischen Identität sind zentral geworden. Es geht um den Respekt und die Anerkennung für die jeweils eigene Lebens- und Glücksvorstellung, für den eigenen Lebensstil. Und da sich Lebensstilfragen leicht mit ökologischen Fragen verbinden lassen – Bin ich Nackensteakesser oder ernähre ich mich vegan? Bin ich Fan von Lastenfahrrädern oder liebe ich schnelle Autos? –, wird leider auch die ökologische Debatte immer stärker Teil dieser kulturellen Auseinandersetzung.

So gesehen war die Rede von der »Neuen Mitte« historisch durchaus korrekt. Ende der 1990er-Jahre benutzten die beiden Reformsozialdemokraten Tony Blair und Gerhard Schröder den Terminus und brachten damit tatsächlich diesen Paradigmenwechsel schon auf den Begriff, auch wenn sie ihn allein aufs Ökonomische bezogen. Damit reduzierten und verkürzten sie den gesellschaftlichen Wertewandel allein auf Wettbewerb und Leistung. Und das zeigt schon das Problem ihrer Politik auf. Weder auf die kulturellen noch auf die ökonomischen Abwertungsprozesse fanden sie eine Antwort, die eine neue Gemeinsamkeit hätte stiften können. Sie beachteten sie schlicht nicht. Sie verschärften mit ihrer Politik der maximalen Deregulierung die ökonomischen Ungerechtigkeiten und ignorierten die kulturellen Verlustängste. Im Vergleich zu dem, was man bis zu diesem Zeitpunkt als »Mitte« benannt hatte, bezeichnete diese »Neue Mitte« aber nicht in erster Linie einen neuen Unterschied in den Einkommens- und Vermögensverhältnissen, sondern vor allem eine neue Wertedistanz zwischen Menschen, die zwar möglicherweise in etwa das Gleiche verdienen, aber völlig unterschiedliche normative Einstellungen haben.

Trotz der Abwahl von Rot-Grün 2005 und drei Bündnissen von Union und SPD seitdem ist klar: Die Waage hat sich in den letzten Jahren immer mehr zugunsten des kulturell liberalen Diskurses geneigt. Dass Frauen gleiche Rechte und Zugänge haben sollten wie Männer, dürfte inzwischen unbestritten sein; dass die Vereinbarkeit von Familie und Beruf dafür eine nötige Voraussetzung ist, ebenfalls. Dass Ernährung gesund sein sollte, dass Klima- und Umweltschutz wichtig ist, Glyphosat schlecht und ein Tempolimit gut, all das ist inzwischen Mehrheitsmeinung in Deutschland. Gewachsen ist auch die Einsicht, dass ein entfesselter Markt die Ungleichheiten, die er schafft, nicht selbst begrenzen kann und dass Klimaschutz Eingriffe des Staats braucht.

Es gibt Patchworkfamilien, Männer leben mit Männern zusammen und Frauen mit Frauen, es gibt ein anerkanntes drittes Geschlecht. Und es gibt Menschen, die das traditionelle Modell der Ehe verteidigen und der Überzeugung sind, dass Kinder an die Seite der Mutter gehören. Die sich verloren fühlen, wenn in Berliner Cafés Englisch gesprochen wird, die steilgehen, wenn jemand eine Geschwindigkeitsbegrenzung auf Autobahnen oder eine geschlechtergerechte Sprache fordert. In dem Maße, in dem sie zunehmend in eine Minderheitenposition gedrängt werden, wird der Ton schriller und rauer. Lebensstilfragen und ihre kulturellen Dimensionen werden mehr und mehr von Streit dominiert. Autofahrer stehen Radfahrern gegenüber. Jugendliche ernähren sich zunehmend vegan, weil sie keinen Grund mehr kennen, warum Tiere für sie getötet werden sollten, die Großeltern freuen sich auf den Sonntagsbraten. Stadt und Land, Alt und Jung, Mann und Frau, verschiedenste Glaubensformen und Atheismus – alles steht nebeneinander und sich oft genug auch gegenüber.

Die Unterschiede gehen jedoch nicht in lauter Einzelfragen auf. Sie sind grundsätzlich. Die eine Gruppe, die alte Mittelschicht, ist stark geprägt von alten gesellschaftlichen Normen, an die es sich anzupassen gilt; die andere, die neue liberale Mitte, will möglichst viel Selbstentfaltung, Selbstverwirklichung und persönliche Freiheit. Der Liberalisierung der Gesellschaft durch die zahlreichen Emanzipationsbewegungen der letzten Jahrzehnte entspricht eine Aufwertung der persönlichen Lebensführung. Der Ausdifferenzierung der modernen Welt entspricht eine Ausdifferenzierung verschiedener Identitäten, Rechtsansprüche und Lebensstile.

Selbstverwirklichung – als die Herausbildung dessen, was ein Mensch für sich und seine Persönlichkeit als zentral erachtet – ist schon seit Längerem das Paradigma. Es kontrastiert scharf mit anderen wie Gemeinschaft, Gesellschaft. Aus der Befreiung von Herkunft droht der Verlust von Zugehörigkeit zu werden. Und wer das beklagt, wird manchmal genauso ausgeschlossen wie früher diejenigen, die ausbrachen aus der Enge. Deshalb trägt, wie in anderen Bereichen auch, diese Entwicklung der Liberalisierung und der Emanzipation, die ja zunächst einmal eine Befreiung von Zwängen war, von normierter Gesellschaft und autoritärer Bevormundung, eine doppelte Gefahr in sich. Zum einen droht ein demokratischer Ethos, ein allen gemeinsamer Sinn, verloren zu gehen, was eine schwer zu schließende Lücke für ein Gemeinwesen bedeuten würde. Diese Lücke klafft dann im kollektiven Gedächtnis, sie dekonstruiert Geschichte – und seien es die Fiktionen der Geschichte wie die »Nation«. Das Problem ist nicht zu unterschätzen. Denn über die Identität bzw. die Identitätserzählung der Nation baute sich auch die Demokratie auf, die Anfänge der Nationalbewegungen waren emanzipatorisch: für Bürgerrechte, Pressefreiheit, Rechtsstaatlichkeit. In einem gewissen Sinn sei solch ein gesellschaftliches Zentrum heute entkernt, schreibt Isolde Charim, innerlich infrage gestellt und äußerlich überformt durch supranationale Unternehmen und Organisationen.

Zum anderen verändert sich in einer pluralen Gesellschaft auch unser Ich. Von Selbstverwirklichung ist der Schritt zur Selbstoptimierung nicht sehr weit. Der Fortschrittsglaube und die Wachstumslogik des Kapitalismus sind in den letzten Jahrzehnten auch zu einem persönlichen Projekt geworden. Die Individualität wird dem Vergleich ausgesetzt. Jeder will seine Geschichte immer ausführlicher und immer mehr Menschen erzählen, wofür es immer mehr Kanäle braucht, Twitter, Facebook, Instagram und TikTok, aber am Ende alles in einem großen Geräusch unterzugehen droht. Das ist dann keine Anerkennung mehr, keine eigene Stimme, sondern ein Gebrabbel, in dem alles verschwimmt. Durch die Ökonomisierung selbst intimster Beziehungen – Freunde haben, Partner finden, Freizeit gestalten, Sport treiben, Kochen – greift insbesondere ein digitaler Kapitalismus nicht nur in unsere Beziehungsstrukturen ein, er erfasst auch unsere Selbstwahrnehmung. Wir wollen nicht mehr sein wie alle oder die anderen, sondern anders, ganz individuell, ganz ich.

Damit ist mindestens eine Spur gelegt, warum das kulturelle Paradigma der Selbstverwirklichung auch zu Überheblichkeit führen kann. Wer sich mit der Feier des Ichs absolut setzt, läuft Gefahr, arrogant zu wirken (oder zu sein) und sich als etwas Besseres als die schnöde Normalität und die öden Normalos zu begreifen. Dass die sich dann entweder beschämt abwenden oder zornig empören, darf niemanden wundern.

Die ausdifferenzierte, individualisierte, in Identitätsgruppen aufgeteilte Gesellschaft schafft einerseits Fortschritt und Freiheit für viele, andererseits dringt gerade dadurch das marktwirtschaftliche Prinzip der Konkurrenz, des Vergleichens und Bewertens, in die Selbstwahrnehmung von Menschen ein. So entsteht – parallel zu dem Guten – eine doppelte Frustration. Diejenigen, die nichts Besonderes zu bieten haben, die einfach nur ein durchschnittliches Leben führen, drohen emotional zu Verlierern zu werden. Sie haben im Wettbewerb der Identitäten wenig anzubieten. Von ihnen handelt die Politik nicht. Über sie wird nicht gestritten und nicht debattiert.

So stellt sich mit der zunehmenden Hegemonie des Projekts Selbstverwirklichung ein Verlust- und Unsicherheitsgefühl all derjenigen ein, die sich in ihrem Lebensmodell, ihren Werten und Selbstverständlichkeiten im Alltag durch eine immer offenere, immer emanzipiertere Gesellschaft bedroht, mindestens aber herausgefordert fühlen. Für manche, die sich durch zu viel Veränderung in ihrer ökonomischen Sicherheit gefährdet fühlen, entsteht so zusätzlich noch das Gefühl von kultureller Hilflosigkeit. Viele Menschen können vielleicht gar nicht so genau sagen, was sich ändert, aber sie haben nicht mehr das Gefühl, ein Akteur zu sein.

Die Hyperindividualisierung macht allerdings auch vor denjenigen, die den Diskurs dominieren, nicht halt. Was in den 1980er-Jahren noch Möglichkeit zur freien Entfaltung von individuellen oder auch kollektiven Lebensweisen gewesen ist, ist inzwischen allzu oft permanente Konkurrenz zueinander. Der Stress der Leistungsgesellschaft wird zum persönlichen Stress der ständig wachsenden Anforderungen an sich selbst und führt nicht selten zu massiver Überforderung. Am deutlichsten merkt man es vermutlich in der sogenannten Rushhour des Lebens, wenn man den Kindern ein guter Vater oder eine gute Mutter sein will, sich aber auch beruflich beweisen möchte. Wenn dann noch, wie während des ersten Corona-Shutdowns, die Betreuungsinfrastruktur zusammenbricht, merkt man, wie man buchstäblich an seine Leistungsgrenze gerät.

Die Ökonomie von Anerkennung und Respekt

Um den zunehmenden politischen Widerstand gegen die ökonomische und kulturelle Liberalisierung besser begreifen zu können, lohnt es, die politische Dynamik und gesellschaftliche Entwicklung der letzten 30 Jahre noch einmal genauer in den Blick zu nehmen. Nach 1989 setzte sich in der politischen Öffentlichkeit zunächst die Vorstellung durch, dass mit dem Zusammenbruch des Sozialismus die Zeit der ideologischen Auseinandersetzungen vorbei sei. Der Kapitalismus wurde nicht mehr als Weltanschauung verstanden, sondern als eine Aushandlungsform, die deshalb überlegen ist, weil sie gerade keine Ideologie ist, sondern eine Art Meta-Maschine, die jede ideologische Form in eine ökonomische Formel und damit in Marktgeschehen verwandelt und sie sich so anverwandelt. In diesem Sinn postulierte der US-amerikanische Politikwissenschaftler Francis Fukuyama 1992 das »Ende der Geschichte«. Nicht, weil nichts mehr geschehen würde. Sondern als Endpunkt eines zielgerichteten, nach Gesetzmäßigkeiten verlaufenden historischen Prozesses. So sei die Menschheit »zu sich selbst« gekommen und werde fortan entlang der Spielregeln von Demokratie und kapitalistischer Marktwirtschaft agieren. Das Jahr 1989 sei das Ende der ideologischen Fundamentalismen, so Fukuyama. Vielleicht kann man es so übersetzen: Bis zum Zusammenbruch der Sowjetunion formte die Systemkonkurrenz zwischen Kapitalismus und Sozialismus ein Weltbild des Entweder-oder. Der Wettstreit zwischen den Weltanschauungen dominierte, aber limitierte damit auch alles. Als der dann zu Ende war, war plötzlich alles möglich. Die Zukunft war offen wie nie. Und das schien wie eine Verheißung.

Aber Fukuyama irrte sich. Und schrieb 30 Jahre später mit »Identität« ein bemerkenswertes Buch über die Gründe für seinen Irrtum. Seine Annahmen von damals haben sich inzwischen als wiederum historische Fehleinschätzung erwiesen. Neue religiöse Fundamentalismen – christliche, islamische, jüdische, ja selbst hinduistische – sowie ein neuer Nationalismus fordern den aufgeklärten, aufklärerischen, humanistischen Diskurs, die Demokratien, die sich als liberal bezeichnen, heraus. Staaten wie Brasilien wandeln sich autoritär, und autoritär regierte Staaten wie China, Russland oder auch Ägypten erweitern außenpolitisch ihren antidemokratischen Einfluss und drängen die liberalen Demokratien in die Defensive. Chinas Staatspräsident Xi Jinping hat sich gleichsam zum Alleinherrscher auf Lebenszeit gemacht. Europas Rechtsstaatlichkeit wird von Victor Orban und der polnischen PiS-Partei offen infrage gestellt. Von den rechtsextremen Tendenzen in den verschiedensten Ländern ganz zu schweigen. Und ein islamistischer Terror mordet weltweit mit menschenverachtender Grausamkeit. Die Vorstellung, dass Staatsformen jenseits der liberalen Demokratie vielleicht attraktiver und erfolgreicher sein könnten, wird mehr und mehr offen diskutiert. Europas Wertemodell ist nicht mehr Vorbild und wird kopiert, sondern aktiv bekämpft – von innen wie außen. Die Annahme, dass automatisch alles gut wird, kann nicht mehr Grundannahme europäischer Politik sein.

Auch die Politik der USA unter Donald Trump beruhte nicht mehr auf dem Bild einer globalen Gesellschaft, die nach Wegen der Kooperation sucht, sondern auf einer der Konkurrenz, der einzelstaatlichen Interessen und des jeweils eigenen größten Vorteils. Mauern wurden gebaut – in den Köpfen von Menschen, in Handelsbeziehungen und ganz real. Die Stärke des Rechts drohte vom Recht des Stärkeren ersetzt zu werden. Da die USA Europa und Deutschland einst das Gegenteil beibrachten, ist das für Europa eine wahrhaft große Herausforderung. Es ist ja viel bedrohlicher, wenn einem der Partner und Freund die Gemeinsamkeit aufkündigt, als wenn es der Mitbewerber oder Gegner tut.

Wir hatten es schon vor Corona mit einer Krise der multilateralen politischen Ordnung zu tun. Erkennbar gibt es andere, wirtschaftlich und machtpolitisch erfolgreiche Modelle, die das Modell der liberalen Demokratie herausfordern.

Vor allem wenn man nach China blickt, wird offensichtlich, dass es möglich ist, ein erfolgreiches kapitalistisches Wirtschaftssystem auch ohne Demokratie zu etablieren. In China gibt es nicht nur keine Möglichkeit, die Machthaber abzuwählen, der chinesische Staat kontrolliert auch das Verhalten seiner Bürger*innen inzwischen bis ins Privateste, ja Intimste. Mit seinem Social-Scoring-System, das zentral Daten aller Menschen sammelt und speichert, weiß der chinesische Staat zunehmend alles über alle: Verhaltensweisen, Krankheitsbilder, persönliche Vorlieben. Vor allem mit Blick auf die Kontrolle der Gesellschaft muss man diesen Überwachungsstaat kritisieren – und zu Recht. Übersehen wird dabei allerdings oft, dass er sich damit auch einen gigantischen Informationsvorteil gegenüber dezentralen Wirtschaftssystemen sichert.

Weil er Informationstechnik, Gesundheitsdaten, Energieverbräuche etc. kontrolliert, kann der digitale Überwachungsstaat daraus Vorteile für innovative Entwicklungen ziehen. Erst recht, wenn künstliche Intelligenz die Datenmengen auswertet. So behauptete China, als die zweite Welle in Europa gerade anschwoll, das Virus besiegt zu haben und erlaubte wieder Discos und Konzerte ohne Masken.

Für eine Demokratie mit ihren Bürgerrechten ist diese Art von staatlicher Kontrolle inakzeptabel. Der Machtvorteil einer solchen Datendiktatur gegenüber einer freien Gesellschaft, die das private Leben ihrer Bürger*innen nicht ausspäht und ausbeutet, ist jedoch immens. Auch deshalb ist es so bedenklich, dass die älteste westliche Demokratie, die USA, unter einem gefährlichen Präsidenten Richtung Dysfunktionalität taumelte. Denn die normative Vormachtstellung des Westens – humanitäre Werte, Aufklärung, Pressefreiheit, eine freie Gesellschaft und freie Wirtschaft – ist nicht mehr nur theoretisch infrage gestellt, sondern auch handfest ökonomisch herausgefordert.

Das liegt auch daran, dass die Verfahren der Demokratie – die Politik der Mitbestimmung, die vielen sich gegenseitig kontrollierenden Institutionen des Staates – träger sind als die Dynamik der Veränderung, die derzeit allenthalben spürbar wird. Die Langsamkeit der Institutionen ist dabei kein Fehler, sondern in einem gewissen Maße ihr Sinn. Das doppelte und dreifache juristische Prüfen, das Abwägen, das umfassende Sammeln von Informationen sichert den Rechtsstaat vor politischen Affekten und Bauchentscheidungen. Die demokratischen Aushandlungen dauern, aber schaffen im besten Fall Akzeptanz. Aber durch diese Langsamkeit vergrößert sich zunehmend der Abstand zwischen Problemen und Problemlö sungen – und das Versprechen von Ordnung, von Sicherheit, von Steuerung und Schutz, das Politiker*innen fast täglich zu geben versuchen, entlarvt sich immer häufiger als Trugbild. Dass uns die Zeit davonläuft und dass das Tempo der Politik inzwischen so entscheidend ist wie die Richtung, steht offensichtlich in einem Widerspruch zur Gründlichkeit und Langsamkeit von demokratischen Verfahren.

So entstehen Unsicherheit, Zukunftsangst, Verlustgefühle. So beginnt man nicht an den Dingen, sondern an der Ordnung der Dinge zu zweifeln: an der Demokratie. Im Kern handelt die politische Auseinandersetzung unserer Zeit also von der Frage, ob eine sich wandelnde, liberale und offene Demokratie mit all ihren langsamen und komplizierten Aushandlungsprozessen in der Lage ist, Antworten zu geben, die so groß sind wie die Probleme unserer Zeit – und zwar schnell genug, um die Probleme nicht eskalieren zu lassen.

Obwohl weltweit – wie schon beschrieben – der Wohlstand gestiegen ist, haben die Verluste, die mit der unkontrollierten Globalisierung und dem Turbokapitalismus einhergingen, die Geschichte vom Ende der Geschichte zerstört. Dass der Fortschritt der einen die anderen zurücklässt, dass Aufwertung Abwertung mit sich bringt, dass sich die allseits gepriesene sogenannte Wettbewerbsfähigkeit bis in die Köpfe und Herzen von Menschen ausdehnt, dass der Kapitalismus eine janusköpfige Angelegenheit ist – das alles wurde 1989 entweder nicht gesehen oder überblendet. Und so reichte – rückblickend gesehen – die allgemeine Wohlstandssteigerung durch den Kapitalismus und die Globalisierung nicht aus, Fundamentalismen aller Art zu besiegen bzw. zu befrieden. Im Gegenteil: Fukuyama schreibt, dass er übersehen bzw. unterschätzt habe, welche politische Kraft der Wunsch nach

Anerkennung und Respekt hat. Dass Respekt, Anerkennung und der Kampf um Würde ein wichtiger Treiber für politische Prozesse sind, ist dabei keine neue Erkenntnis – aber eine zu lange verschüttete.

Das Verlangen nach Anerkennung ist ein Phänomen der Moderne. Es fußt auf dem fundamentalen Bruch der Moderne mit dem Mittelalter. Zuvor waren der Selbstwert und die Identität der Menschen von ihrem Platz in der Gemeinschaft bestimmt. Die Gesellschaften waren streng geordnet nach Ständen, nach Adel und Bauern und Handwerkern, nach geografischen Grenzen, nach einem festgefügten religiösen Weltbild. Seinen Wert als einzelner Mensch brauchte und konnte man weder erwerben noch beweisen. Man bekam ihn zugesprochen, man wurde eingewiesen in die Welt. Aber als Menschen (es waren leider fast immer nur Männer) anfingen zu reisen, zu forschen, zu entdecken, sich gegen Fürsten und Könige erhoben, als sie das Gesellschaftsgefüge, die politische Ordnung, ja selbst Gottes Ordnung infrage stellten, da wurde die Frage der Anerkennung aufgrund des eigenen, jeweils individuellen Lebens wichtig. Seitdem zieht sich die Frage von Individualität und gesellschaftlicher Anerkennung durch die Philosophie.

Der französische Philosoph René Descartes hat in seinen »Meditationen« von 1641 »an allen Dingen, besonders den materiellen«, gezweifelt, er hat die ganze materielle Welt dekonstruiert, um danach die beunruhigende Frage zu stellen: »Was aber bin ich demnach?« Descartes antwortete sich selbst: »Ein denkendes Wesen!« Denn wenn man sich auch alles wegdenkt – was bleibt, ist jemand, der denkt. Und genau in diesem Moment, in dem Subjektivität und Individualität erfunden wurden, entstand auch das Identitätsproblem. Denn der Rationalismus des »Ich denke, also bin ich« begründet zwar die Individualität, aber nicht den Eigenwert des menschlichen Lebens. Was nützt es mir, wenn ich zwar denke, dass ich bin, aber alle anderen an mir zweifeln? Was nützt mir mein Individualismus, wenn alle anderen ihn ablehnen?

Um als Individuum gewürdigt zu werden, braucht es also ein Außen, einen politischen, keinen philosophischen Raum, eine gesellschaftliche Wirksamkeit. Der deutsche Philosoph Georg Friedrich Hegel bearbeitete dieses Problem etwa 150 Jahre nach Descartes in seiner »Phänomenologie des Geistes«. Das Ich, das Subjekt, wird in die dialektische Abhängigkeit von gesellschaftlichen Beziehungen eingewoben. In dem Kapitel über die »Selbstständigkeit und Unselbstständigkeit des Selbstbewusstseins« arbeitet Hegel heraus, dass es zwar der moderne Anspruch auf Selbstverwirklichung ist, der die entscheidende Antriebskraft der Geschichte ist. Aber »Selbstbewusstsein ist nur [...] als ein anerkanntes«, schreibt er. Das heißt, wer ich bin, wird maßgeblich durch die gesellschaftliche Anerkennung bestimmt. Um man selbst zu werden, ist man auf die Zustimmung (manchmal auch Ablehnung) anderer angewiesen. Der Stolz und die Würde, die Zufriedenheit und das Selbstwertgefühl, die Identität des Individuums fußen auf einer gesellschaftlichen Beziehung. Nur so entsteht Individualität. Das jeweilige Leben wird nicht mehr wie im Mittelalter räumlich (der Platz in der Welt), sondern zeitlich gefasst (der Verlauf des Lebens). Die eigene Endlichkeit und Sterblichkeit wird zum Gradmesser, die Zukunft zum Horizont und damit die Freiheit zur ungewissen, weil unbestimmbaren Möglichkeit.

Wenn sich aber der Wert des Lebens in der Zukunft erweist

und damit so ungewiss ist wie die Zukunft, dann wird die permanente Selbstvergewisserung, das Finden des jeweiligen Eigenwerts, zum dauernden Problem des Daseins. Dann geht es nicht mehr darum, irgendwann auf sein Leben zurückzuschauen und seinen Verlauf zu beurteilen, sondern im Grunde in jedem Moment bestätigt und anerkannt zu sein. Dass die spezifisch eigene Lebensform, das jeweils Besondere und nicht das Allgemeine darüber entscheidet, wie gut, glücklich und reich ein Leben ist, steht in der Tradition der Aufklärung und der Freiheitstheorien, nämlich dass jedem Menschen die Möglichkeit zugesichert sein soll, seine subjektiven Rechte zu verwirklichen. Diese Idee der Aufklärung, die sich etwa in der amerikanischen Unabhängigkeitserklärung oder der französischen Erklärung der Menschen- und Bürgerrechte niedergeschlagen hat, ging dabei allerdings von einer weißen männlichen und bürgerlichen Gesellschaft aus. Ihre Folgen übertrafen dann aber weit ihre Intention.

Mit der Anerkennungsbeziehung, also der Tatsache, dass Individualität und Leben in Würde nicht losgelöst von gesellschaftlichen Verhältnissen sind, wird eben auch die individuellste Seite des Lebens von dem Widerspruch der Moderne erfasst.

Der Wunsch nach kultureller Gerechtigkeit ist entsprechend schon lange wesentliches Element der sozialen Kämpfe. Der britische Historiker Edward Palmer Thompson beschreibt beispielsweise in seiner Studie über die britische Arbeiterbewegung »The Making of the English Working Class«, dass dieses Verlangen nach Anerkennung auch schon im frühen 20. Jahrhundert von Bedeutung war. Er schreibt: »Was die Gemüter am stärksten erregte, waren weniger direkte

>Brot-und-Butter-Probleme< als die Bedrohung überlieferter Bräuche und Werte wie Gerechtigkeit, Unabhängigkeit und Sicherheit.« Er bringt dies auf den Begriff einer »moral economy«, in deren Mittelpunkt nicht nur höhere Löhne oder kürzere Arbeitszeiten standen, sondern Selbstbestimmung und Anerkennung – und zwar ausdrücklich als linkes Klassenkampfprogramm.

Und der US-amerikanische Philosoph Ronald Dworkin gründete seine ganze Theorie der Gerechtigkeit auf der Formel, dass jeder Bürger Anspruch hat auf »equal concern and equal respect«, also auf gleiche Rücksichtnahme und gleichen Respekt. Dworkin sah, dass das Beharren auf Freiheit allein, also auf einem kulturellen wie ökonomischen Liberalismus, zu Ungerechtigkeit führt und dass Gleichheit bei Respekt und Rücksicht ein Anspruch ist, der für alle zu gelten hat. Das liegt im Kern in der Natur der Selbstbestimmung, die ja der je individuellen Lebensweise zum Recht verhelfen soll. Daher zieht Selbstbestimmung ihre Kraft. Um ein politisches Konzept zu werden, muss sie sich jedoch als Freiheit verallgemeinern und verwirklichen.

Als Parteivorsitzender ist man per Definition verpflichtet, buchstäblich parteiisch zu sein. Respekt gegenüber politisch ganz anders Denkenden zu haben gehört nicht unbedingt zur Berufsbeschreibung. Wie schwer es mir als Parteivorsitzendem einer linksliberalen Partei manchmal fällt, den Anspruch auf Respekt, Rücksicht und Anerkennung auch derjenigen zu sehen, die eine politisch ganz andere Meinung vertreten als ich, habe ich letztes Jahr bei politischen Gesprächen in den USA erlebt. Ich hatte mich vor allem mit Repräsentanten der Demokraten getroffen, habe mit Gouverneuren und ehemaligen Beratern von Hillary Clinton und Barack Obama zusammengesessen und mir erklären lassen, wie sie einen neuerlichen Wahlsieg von Trump verhindern wollen, wie ihr Blick auf die europäisch-amerikanischen Beziehungen ist und wie Klimaschutz in den USA funktioniert oder auch nicht. Und ich wurde von Regierungsrepräsentanten zur Rede gestellt, weil ich Trump kurz zuvor in Davos als »Gegner« der Klimaschutzpolitik bezeichnet hatte.

Aber der Termin, der mir am nachhaltigsten in Erinnerung geblieben ist, fand bei den »Gegnern« statt. In El Paso im Westen von Texas habe ich das Hauptquartier der Republikaner besucht. Dort saß ich plötzlich zwischen Trump-Postern und Make-America-great-again-Mützen und trank mit dem lokalen Kampagnenleiter der Republikaner für die anstehenden Wahlkämpfe Kaffee. Der Mann war zuvorkommend, nett, konservativ und »Mexikaner«, wie er selbst von sich sagte. Er war vor zehn Jahren wegen der Tea-Party-Bewegung zu den Republikanern gekommen und sah jetzt die große Chance, den Demokraten die katholische Latinobevölkerung mithilfe der Bewegung gegen das Recht auf Abtreibung, der sogenannten Pro-Life-Bewegung, abspenstig zu machen. Als ich ihn fragte, ob er sich von Donald Trump nicht beleidigt fühlte, weil dieser Mexikaner als »Vergewaltiger und Mörder« bezeichnet hatte, wich er aus. So ging es das ganze Gespräch über. Er und ich redeten irgendwie über das Gleiche, aber die Deutung fand in unterschiedlichen Welten statt. Und oft hätte ich, mir die Haare raufend, am liebsten das Gebäude verlassen. Aber ich blieb. Und so bemerkte ich irgendwann vor allem den trotzigen Stolz des Republikaners. Er fühlte sich wertvoll, weil er einen Sinn fand in dem, was er tat.

Vor diesem Treffen hatte ich zusammen mit der demokratischen Kongressabgeordneten Monica Escobar eine Reihe von Latinocommunitys in El Paso besucht. Ich sprach mit Angehörigen, die geliebte Menschen bei einem rassistischen Anschlag verloren hatten. Sie fühlten sich hilflos und missachtet und waren wütend. Und sprachen über Trump wie die Trump-Anhänger über Obama. Obwohl ich politisch natürlich klar auf der Seite der Trump-Gegner stehe, musste ich erkennen, dass sich die Sprache doch ähnelte.

Auf dem Rückflug versuchte ich, meine Eindrücke mit meinen Erinnerungen an deutsche Wahlkämpfe abzugleichen. Natürlich gibt es eklatante Unterschiede im demokratischen Diskurs in den USA und hier. Dort ist das Land in zwei Hälften gespalten. Michelle Obama sagt: »Wählt Joe Biden, als ob euer Leben davon abhängt.« Das unwürdige Geschrei Trumps in den Fernsehdebatten wäre hier das Ende jeder Kampagne. Dass der Präsident fast keine Steuern zahlt, wird von seinen Anhängern als vorbildlich gesehen, von seinen Gegnern als Betrugsindiz. Nichts scheint mehr zusammenzugehen.

In Deutschland ist überparteiliche Zusammenarbeit ganz normal, es gibt Koalitionen, Wählerverschiebungen, 70 bis 80 Prozent der Menschen gehören zur demokratischen Mitte. Es geht um Sachthemen und nicht darum, dass einer gewinnt und alle anderen verlieren.

Aber der Punkt ist, dass es auch bei uns das Gefühl der gegenseitigen Ver- und Missachtung, eine zunehmende Wut auf beiden Seiten gibt. Im Flugzeug fiel mir Peter Altmaier ein, der sich zur Bundestagswahl 2017 mit dem Satz zitieren ließ, dass ein Nichtwähler besser sei als ein AfD-Wähler. Man braucht wenig Fantasie, um zu erkennen, dass das für viele Nichtwähler wie eine Wahlempfehlung für die AfD wirken musste – und dass es eine gewisse Selbstaufgabe der demokratischen Parteien ist, zu sagen, die Leute sollen lieber nicht wählen gehen. Der Historiker und Politikberater Herfried Münkler schlug 2017 vor, dass es einen Wissenstest vor Wahlen geben müsse und nur die Schlauen wählen dürften. In genau solchen Reden wird deutlich, dass auch der demokratische Liberalismus nicht neutral ist, sondern einen Machtanspruch hat. Solche Haltungen machen es den Populisten leicht, die offene und freie Gesellschaft zu diskreditieren.

Und ich dachte an mich selbst, wie ich immer wieder öffentlich für ein zweites Referendum in Großbritannien geworben hatte, weil ich das Ergebnis so falsch und traurig fand – aber ich sehe auch, dass der Vorwurf, ich wolle wohl die Brexitabstimmung so lange wiederholen, bis das Ergebnis passt, einen blinden Fleck bei mir traf. Bei meinen Besuchen in Ostdeutschland fiel mir irgendwann auf, dass ich bestimmte Sichtweisen als »ostdeutsche« bezeichnete. Nie aber hatte ich meine eigenen Ansichten als »westdeutsche« bezeichnet. Mir fiel auf, dass westdeutsche Politiker*innen immer wieder mit ihrer Herkunft, ihrem Bundesland, posieren oder gar angeben. Am deutlichsten ist das sicher bei bayerischen Politiker*innen zu beobachten, aber auch wir Schleswig-Holsteiner*innen sind stolz auf den Norden. Ich selbst habe im Kabinett 2012 mitentschieden, dass die Straßenschilder, die den Reisenden begrüßen sollen, vom »Land der Horizonte« auf »Der echte Norden« umgeschrieben wurden. Bescheiden geht anders. Ostdeutsche Politiker*innen stellen ihre Heimatländer nie so heraus. Das ist der Wirkmechanismus der kulturellen Hegemonie. Wie selbstverständlich setzt die Mehrheit ihre Ansichten als Normalität voraus.

Ein Dreivierteljahr nach meinem US-Besuch berichten Freunde, dass vor dem Weißen Haus milizenähnliche Verbände aufgezogen sind, dass die Angst vor Gewalt inzwischen allgegenwärtig ist, dass das Land zittert wegen der Fliehkräfte, die es auseinanderzureißen drohen.

Und ich leite daraus für mich die politische Aufgabe ab, dass wir alle Wege finden müssen, diese Spirale gegenseitiger kultureller Diskreditierung und Verächtlichmachung aufzubrechen. Und das meint nicht, dem Faschismus einen Fußbreit nachzugeben, das meint nicht, der Phrase »Man muss die Sorgen ernst nehmen« auf den Leim zu gehen. Was es aber meint, ist, die Unversöhnlichkeit und Polarisierung nicht noch weiter zu befeuern – so schwer es auch manchmal fällt.

Menschen wollen als Menschen anerkannt werden, sie wollen gesehen und gehört werden und nicht als Wähler*innen strategische Teile eines anonymen Geschehens sein. Anerkennung und Würde sind immaterielle Bedürfnisse der Menschen, die zwar durch Materielles kompensiert werden können, aber nicht in ihnen aufgehen. Klar kann man seinen Selbstwert auch durch das dritte Auto oder die siebte Reise, durch noch mehr Klamotten oder außergewöhnliche Hobbys steigern, aber vermutlich wird das niemals wettmachen, dass man sich sozial abgewertet und ausgegrenzt fühlt, weil man die falsche Sprache oder den falschen Dialekt spricht, dass man politisch kein Gehör findet, weil man nicht zu den sogenannten Leistungsträgern gehört, dass man insgesamt das Gefühl hat, die politische Kommunikation sei nur noch nach innen gerichtet und nicht mehr darum bemüht, auch die Gegner der eigenen Ansicht zu erreichen.

Im September 2020 veröffentlichte das Allensbach-Institut eine Studie zum Populismus in Deutschland und stellte fest, dass er stark zurückgeht. Allerdings bezog sich die Umfrage ganz wesentlich auf den rechten Populismus gegen Flüchtlinge. Und da die Flüchtlingszahlen deutlich zurückgehen – während in Moria das Flüchtlingslager brennt, hält Deutschland noch nicht einmal seine eigenen Zusagen der Aufnahme ein –, ist dieser Befund wenig überraschend. Allerdings ist nicht erfasst, dass der Wunsch nach Wandel und Veränderung sowie die gleichzeitige Angst vor ihr ebenfalls dominant sind und jederzeit in einer noch nicht erkennbaren und vielleicht auch noch nicht bekannten Form politische Gestalt annehmen können. Im besten Fall haben wir im Sommer und Herbst 2020 eine Atempause erlebt, in keinem Fall eine Trendumkehr, im schlimmsten Fall wiegen wir uns in einer falschen Sicherheit.

Die Sehnsucht nach der Vergangenheit

Die Auseinandersetzungen in unseren westlichen Gesellschaften sind nicht überwunden, sie sind auch gar nicht überwindbar. Oder nur zu Bedingungen, die die Errungenschaften der Moderne – den ökonomischen und technologischen Fortschritt, die demokratische Freiheit, den Rechtsstaat – infrage stellen. Denn sie sind keine zufälligen Konflikte, sondern folgen einer strukturellen Logik: vom ökonomischen Gewinn der einen, der den Verlust anderer zur Folge hat, dem Gefühl von kultureller Ungerechtigkeit, die aus der Aufwertung des einen Lebens die Abwertung des anderen zu machen droht und so einer Re-Ideologisierung den Weg bereitet. So sind es gerade die Anstrengungen und Zumutungen der Veränderung, die das Bedürfnis nach Homogenität erzeugen, nach einer Gemeinschaft, die nicht im permanenten Diskursstreit der offenen, liberalen Demokratie lebt, sondern der Vieldeutigkeit eine Eindeutigkeit entgegensetzt, der Differenzierung eine Einheitlichkeit.

Und diese Sehnsucht nach Eindeutigkeit und Einheitlichkeit verbindet sich mit dem Verlangen nach einer höheren, absoluten Wahrheit, oft nach einer angeblich besseren Vergangenheit. Der Zukunftsoffenheit und dem Fortschrittsoptimismus wird ein Rückgriff auf Vergangenes entgegengesetzt. Tradition, Geschichte, Volk und Nation werden zu einer besseren Ursprünglichkeit stilisiert, in der die Probleme und Herausforderungen der spätkapitalistischen Gesellschaft noch nicht existierten.

Der Brexit wurde mit dem Slogan »Take back control« gewonnen. Donald Trump wurde Präsident mit dem Satz »Make America great again« – die Schlüsselworte sind nicht Größe und Kontrolle, sondern »back« und »again«. Zurück erreicht man die Zukunft nicht. Statt mit der Veränderung umzugehen, erfolgt deren Leugnung. Das Alte soll wiederbelebt werden, damit das Neue und dessen Probleme schwinden. Der Rückzug in den Nationalstaat ist wieder eine Alternative zum Multilateralismus, die alte Industrie muss gegenüber den Veränderungen, die die Klimakrise erfordert, geschützt werden, eine altmodische Männlichkeit wird gegen den Feminismus in Stellung gebracht. Die nationale Enge steht gegen die internationale Öffnung. Das endet dann bei Donald Trump, dem Brexit, Viktor Orbán in Ungarn und Jair Bolsonaro in Brasilien. Deren politische Antworten brauchen einen inneren Feind, gegen den sie ankämpfen können: die »Liberalen«, die »Grünen«, »die da oben« in Washington oder Berlin, »Obama«, »Merkel« – wer auch immer. Der Populismus braucht und schürt die Krise. Er ist auf das Nichtgelingen angewiesen, auf den permanenten Nachweis, dass die liberale Demokratie unfähig ist, zu handeln. Deshalb taten sich die Populisten zunächst so schwer mit der Corona-Krise. Sie brauchen das Scheitern von Ordnung. Aber während des ersten Shutdowns gab es Ordnung. Eine Norm, an die sich alle hielten. Die Populisten konnten zunächst keinen inneren Gegner mehr ausmachen. Erst als die Lockerungen kamen, als wieder demonstriert wurde und in den USA Trump wieder anderen die Schuld geben konnte, wirkten die alten Muster erneut. Und deshalb gab und gibt es die Möglichkeit von

Querfront-Verbindungen, die die rationalen Maßnahmen zur Pandemiebekämpfung mit Emotionen kontern (»Liebe«, »Herz«, »Gefühl« sind die großen Schlagworte der Gegendemos – und so schön Liebe und Gefühle sind: Gegen Vernunft und Verstand gewendet sind sie antiaufklärerisch).

Die einfachen Antworten nach dem Zurück sind in Wahrheit keine, sie sind Nicht-Antworten auf die Probleme, insofern müssen die Populisten sie negieren: die Grenzen dicht, die Mauern hoch, der Klimawandel eine Lüge, das Virus gibt es nicht, Kopf in den Sand. Aus der komplexen Unübersichtlichkeit der Gegenwart leiten die rechten Populisten die Notwendigkeit ab, eine alte Werteordnung wiederherzustellen, die zentral auf der Abwertung anderer beruht. Sie wollen die Herausforderungen – Klimakrise, Globalisierung, Wandel der Arbeitswelt, Wandel der globalen Ordnung – eben nicht gestalten, sondern kämpfen gegen sie an. Das sorgt natürlich nicht dafür, dass die Probleme weg sind. Im Gegenteil. Sie wachsen weiter, weil sie niemand bearbeitet. Und irgendwann eskalieren sie, sind sie unabweisbar, kommen in Gestalt von brennenden Flüchtlingslagern oder Hitzesommern oder Pandemien zu uns. Und führen damit vor, dass Krisen nicht vorausschauend verhindert wurden. Dann werden sich noch mehr Menschen abwenden – von Parteien, Institutionen, dem Staat. Von der Demokratie.

In Zeiten der Veränderung, wenn die Zukunft ungewiss ist, ist es verführerisch, den Blick in die Vergangenheit zu richten. Die Behauptung, dass früher alles besser war, jenes wirkmächtige und so falsche Narrativ, kennen wir seit der Vertreibung aus dem Paradies: In der Vergangenheit liegt die Zukunft. Und die Gegenwart ist immer ein Verfall. Ein kultureller, ein normativer. Ein kleines Beispiel aus der Welt der Kultur: Als die ersten modernen Romane auf den Markt kamen, Literatur, die heute zum klassischen Kanon gehört, galt es als moralisch zweifelhaft, zu lesen. Lesen würde die Sitten verderben, tugendhafte Frauen zur Sünde, mindestens zum Müßiggang verleiten. Was heute Hochliteratur ist, war damals eine kulturelle Gefahr.

Eine breite Mehrheit von drei Viertel der Europäer stimmt heute dem Satz »Früher war alles besser« zu – allerdings ohne zu sagen, welches Jahr genau sie meinen. Dabei hilft ein kurzes Nachdenken, um festzustellen, dass das nicht stimmen kann. War es wirklich besser, dass Männer und Frauen nicht gleichberechtigt waren? Dass die Flüsse giftig waren und die Wäsche beim Aufhängen dreckig wurde, dass Vergewaltigung in der Ehe legal und die Diskriminierung von Homosexuellen Norm war? Dass viele Krankheiten unheilbar waren, Bildung nicht den Stellenwert hatte, den sie heute hat, dass sich Europas Staaten in Feindschaft gegeneinanderstanden?

Nein, die Vergangenheit war nicht besser. Eines allerdings stimmt wahrscheinlich: Das Verstehen der Welt war einfacher und weniger anstrengend. Eine immer vielfältigere Gesellschaft ist eine anstrengendere Gesellschaft. Und auf einer Tiefenebene ist der Protest auf den Corona-Demos auch ein Protest gegen die mühsamen Verfahren der Demokratie. Auch wenn die Demonstranten möglicherweise gar nicht so weit gedacht haben – aber dass gerade der Bundestag, also das Parlament, Ziel der Proteste war, nicht das Kanzleramt, das Gesundheitsministerium oder das Robert-Koch-Institut, also die Regierungsinstitutionen, ist in dieser Hinsicht sprechend.

Dass unser Gesellschaftsmodell mit seinen Kompromissen und Aushandlungsprozessen und Klagemöglichkeiten und Schutzrechten kompliziert und langsam ist, ist nicht zu leugnen. Vielleicht ist es zu langsam. Aber das Gute ist, dass liberale Demokratien die Fähigkeit zur Selbstkorrektur haben. Sie sind im Vergleich zu autoritären Herrschaftsformen lernfähigere Systeme. Weil sie stets veränderlich und in Unruhe sind, können sie auch stabilisieren. Wir haben die Möglichkeit, unsere Entscheidungen immer wieder zu überprüfen, von anderen zu lernen, neuen Ideen Raum zu geben. Es wird an uns Demokraten liegen, zu verhindern, dass dieses Jahrzehnt als Rückkehr des Nationalen, ja des Nationalismus, des Autoritären und einer von Big Data gesteuerten totalitären Staatsform in die Geschichte eingehen wird, als ein Jahrzehnt, in dem Angst und das Schüren von Angst die Herrschaft über die Politik übernahmen. Wir können es aber auch zu einem Jahrzehnt machen, in dem Solidarität und Kooperation, auch grenzüberschreitende, als Schatz gehoben wurden, in dem eine vorausschauende Politik ein neues Mandat bekam, in dem das Vertrauen in funktionierende Staatlichkeit gestärkt und die Polarisierung eingedämmt wurde und in diesem Geist auch die Herausforderungen der Zukunft angegangen wurden.

Wenn das Vertraute schwindet

Im politischen Raum sind »Veränderung« und »Wandel« meist positiv konnotiert. »Change we can believe in!« und »Yes We Can«, wie die erste Obama-Kampagne hieß, sind erst mal vielversprechend. Das gilt besonders für die politische Weltsicht meiner Partei, die im Kern eine der Veränderungen ist. Das gilt aber auch für Werbung, Geschäftsmodelle, unser Selbstbild: Wandel und Veränderung sind gut, Status quo ist schlecht. Ich selbst habe das Hunderte Male bei Wahlkampfreden ins Publikum gerufen: »Das Festhalten am Status quo löst kein Problem.« Und immer wurde geklatscht.

Viele Menschen denken von sich sicherlich, dass sie offen für Veränderungen sind, dass sie Neuerungen spannend finden, dass sie dazulernen wollen und wissbegierig sind. Aber wir wissen auch: Wenn das Vertraute dann tatsächlich zu schwinden droht, verkrümelt sich unsere Begeisterung fürs Neue dann doch oft recht schnell.

Gewerkschaftliche Forderungen nach lebenslangem Lernen und Recht auf Weiterbildung, wie sie auch meine Partei erheben und vertreten, sind notwendig und richtig, um nicht beruflich abgehängt zu werden, um auch in zehn oder 20 Jahren mithalten zu können. Aber man sollte nicht übersehen, dass diese Forderungen für viele Menschen wie eine Bedrohung klingen, einen Verlust von Sicherheit signalisieren, weil sie die Veränderungen und die daraus resultierende Notwendigkeit, sich selbst zu verändern, so deutlich machen. Lebenslanges Lernen ist inzwischen notwendig, ja, es kann aber eben auch Druck bedeuten, weil unser Schul- und Bildungssystem durch den Paternostereffekt eine Teilung der Gesellschaft in Auf- und Absteiger zur Konsequenz hat. Deshalb wird sich höchstens ein Teil der Gesellschaft auf Veränderungen freuen und neue Erfahrungen willkommen heißen können und darin ein Versprechen für Sicherheit und gegen Arbeitslosigkeit erkennen. Einen anderen Teil setzt es hingegen unter Stress, er wird sich verständlicherweise zunehmend überfordert und bedroht fühlen: Vor allem für Menschen mit nicht so gutem Bildungsabschluss droht schlechte Beschäftigung im Niedriglohnbereich, sie fürchten, ersetzbar im derzeitigen Job zu sein. Tätigkeiten neu zu lernen ist eben keineswegs für alle ein Versprechen, sondern oft ein Fluch.

Es gibt eine Anekdote über Albert Einstein. Dieser unterrichtete 1942 in Oxford und ließ seine Studierenden eine Klausur schreiben. Nachdem die Arbeit eingesammelt war, ging er mit seinem Assistenten über den Campus. Dieser fragte Einstein, ob er nicht exakt die gleiche Arbeit dieselben Studierenden vor einem Jahr hatte schreiben lassen. Einstein bejahte. Und als der Assistent fragte, warum er das gemacht habe, antwortete Einstein: »Die Antworten haben sich geändert.«

Das kann man übertragen auf unsere Zeit und die Politik. Die Fragen, die wir uns stellen, die eine Gesellschaft beantworten muss, sind nicht wesentlich andere, als sie vor Jahren oder gar Jahrhunderten waren, aber die Antworten – vor allem die Antwortmöglichkeiten – sind völlig andere. Was uns in der Vergangenheit geholfen hat, wird uns nicht nur in der

Zukunft nicht mehr helfen, sondern diese vielleicht sogar zerstören. Das gilt für unsere Art des Wirtschaftens wie für das Denken in Nationalstaaten oder die Akzeptanz von sozialer Ungleichheit.

Aber wir neigen dazu, das, was in der Vergangenheit passiert ist, in die Zukunft zu verlängern. Wir denken linear. Technisch wie gesellschaftlich. Wir rechnen zum Beispiel nach, wie viele erneuerbare Energien in der Vergangenheit gebaut wurden, wie viel Energie eingespart wurde, wie viele Elektroautos in den letzten Jahren zugelassen wurden, wie sich das Fliegen und der Fleischkonsum entwickelt haben, verlängern das in die Zukunft und leiten daraus ab, ob und wann wir die Klimaziele erreichen oder nicht.

Aber technische wie gesellschaftliche Entwicklungen verlaufen nicht linear. Sie verlaufen eruptiv, in Sprüngen, sie sind plötzlich da. Die Handys haben die Festnetztelefonie nicht über einen Zeitraum von Jahrzehnten abgelöst, sondern innerhalb weniger Jahre. Fridays for Future entstand nicht, weil jeden Tag ein Mensch mehr auf die Straße gegangen ist, sondern plötzlich ganz viele – ausgelöst durch die Aktion eines jungen schwedischen Mädchens. Pandemien, Kriege, Revolutionen, technische Erfindungen stürzen sicher geglaubte Annahmen in Windeseile um. Aber wir Menschen glauben wieder und wieder, die Zukunft aus der Vergangenheit herleiten zu können. Und das, obwohl wir doch eigentlich wissen, mindestens wissen könnten, dass es so nicht kommen wird, weil es in Wirklichkeit nie so kam wie angenommen.

Doch wir brauchen eben ein gewisses Maß an Sicherheit. Und unser Sicherheitsgefühl beruht darauf, dass etwas verlässlich und kontinuierlich ist, dass es berechenbar ist. So ist unsere Welt im Privaten und im Politischen eingerichtet. Wir denken nach, um es möglichst schnell wieder sein zu lassen. Denn Denken ist eine sehr energieaufwendige Tätigkeit, und als Spezies sind wir darauf konditioniert, es möglichst wenig zu tun, um Energie zu sparen. Deshalb neigen wir zu Ritualen. Darum orientieren wir uns am Vertrauten.

Verhaltenspsychologen haben errechnet, dass wir 95 Prozent des Alltags mit ritualisierten, gewohnten Tätigkeiten verbringen. Etwa 20 000 Entscheidungen pro Tag treffen wir, ohne sie wirklich zu treffen. Wir putzen uns die Zähne, gehen zur Arbeit, laufen immer denselben Weg, fahren Auto und blinken und bremsen, ohne groß darüber nachzudenken. Wir fragen »Was wollen wir essen?« und jeder denkt automatisch an Pizza, Pasta oder Butterbrot, aber nicht daran, zum Beispiel Regenwürmer aus dem Garten zu suchen, um sie zu einer Regenwurmpaste zu verarbeiten.

Wir gehen intuitiv davon aus, dass die Dinge so bleiben, wie sie sind, obwohl wir eigentlich wissen, dass sie sich beständig ändern. Privat hilft uns das, Ordnung und Stabilität in unser Leben zu bringen. Für Unternehmen und für die Politik ist das jedoch keine kluge Strategie.

Es war ja beispielsweise lange bekannt, dass Pandemien immer wahrscheinlicher werden, weil die Verbreitung einer Infektionskrankheit in einer vernetzten Welt eine Frage von wenigen Tagen oder Wochen ist. Doch nicht nur die Bundesregierung, sondern vermutlich die meisten Deutschen fühlten sich bei Covid-19 sogar dann noch unbeteiligt und beschwichtigten, als in Wuhan bereits der Ausnahmezustand herrschte. Die Logik sagte: »Bald hier.« Aber das Gefühl sagte: »Weit weg.«

»Change we can believe in« klingt gut und vielversprechend – solange das Leben insgesamt ganz okay ist. Wie viel

Veränderung jemand bereit ist, zu akzeptieren, hängt stark von dem jeweiligen Zustand des Status quo ab. Als Menschen, anthropologisch gesehen, scheuen wir eigentlich Veränderung und Wandel. Der Kapitalismus aber braucht den permanenten Wandel, die Veränderung, das Wachstum. Er arbeitet also gegen die innere Trägheit an, die uns wesenhaft ist. Er schürt nicht nur die ökonomische, sondern auch die kulturelle Krisenanfälligkeit. Er ist folglich darauf angewiesen, dass die Sorgen und Nöte nicht zu groß sind, der Boden nicht zu schwankend, sodass man glaubt, den Halt zu verlieren. Denn wir haben Schablonen im Kopf. Unsere Kapazität für Neues ist limitiert. Und schon kleinere Veränderungen verlangen uns oft genug einiges ab. Das nächste Update des Handys ist nervig. Und wer versucht nicht, die neue Sicherheitssoftware möglichst spät aufzuspielen, aus Angst, alles wieder neu einrichten zu müssen.

Neulich hat der Discounter, in dem ich hin und wieder einkaufe, seine Regale umgebaut. Man konnte nicht mehr längs durch den Laden gehen, sondern musste quer laufen. Ich brauchte doppelt so lange, um meine Einkaufsliste abzuarbeiten. Und musste permanent suchen und mich umorientieren. Als ich dann an der Kasse stand, war ich spät dran und schlecht gelaunt. Ich habe nicht gedacht: Super, du hast schon lange kein Labyrinthspiel mehr gespielt, sondern ich habe gedacht: Warum in aller Welt konnten die die Dinge nicht so lassen, wie sie waren? Ich war genervt.

In einer gewissen Weise kann man sagen, dass die Regale der Gesellschaft gerade umgebaut werden. Dass viele Menschen sich nicht mehr zurechtfinden in der beschleunigten Wirklichkeit. Dass einigen schwindelig wird ob all der Möglichkeiten und Veränderungen. Dass wir – jedenfalls einige von uns – schlecht gelaunt sind und nicht verstehen, warum die Dinge nicht so bleiben können, wie sie waren. Und je fragiler das Leben, je verletzter und verletzlicher es ist, desto stärker werden Veränderungen als Bedrohung empfunden. »Der Verwundbare schätzt nicht den Wandel, sondern Stabilität und Gemeinschaft«, bringt es Robert Misik auf den Punkt.

Viele Menschen haben das Gefühl, sie müssten inzwischen permanent suchen. Auch nach den Werten, die unser Gemeinwesen zusammenhalten: Die großen Leitkategorien wie Arbeit, Familie, Glaube, Lebensglück bedeuten heute ganz Unterschiedliches für die Menschen. Was Familie ist oder Arbeit, was ein glückliches, gelingendes Leben, was das Gute ist, was Deutschland, wann der Mann ein Mann ist – all das ist heute kaum noch allgemein zu bestimmen. Die Annahme, dass alle Bürger*innen des Landes bis zu einem gewissen Grad die gleiche Einstellung haben, trifft nicht mehr zu. Geschweige denn dass man sich einer Klasse oder einem festen Milieu zuordnet.

Dass die große Mehrheit in einer breiten Übereinstimmung die gleichen Werte teilt, kulturell homogene Vorstellungen vom guten Leben hat, Geschlechterrollen klar wären, es eben eine eindeutige Mehrheitsgesellschaft gibt, gilt heute nicht mehr. Isolde Charim schreibt: »Heute spürt oder ahnt zumindest jeder, dass er selber nur eine Möglichkeit neben anderen ist. Dass seine Identität nicht beanspruchen kann, ›normal‹ zu sein. Sie kann das nicht für andere – also sie kann anderen nicht mehr vorgeben, was Normalität ist. Wir können es aber auch für uns selbst nicht mehr. […] Denn wir erleben täglich: Wir könnten auch ganz anders leben, wir könnten auch ganz anders sein. […] Und das heißt: Die Vielfalt hält

Einzug in unser Innerstes, in unsere ganz eigene Identität. Ob man das nun will oder nicht.«

In meiner Jugend war das Abo einer Tageszeitung in bürgerlichen Kreisen Pflicht, alle schauten die Sportschau, die Tagesschau und den Tatort, hatten also ein gemeinsam geteiltes Wissen. Es gab noch eine allgemeine Öffentlichkeit. Diese Zeit ist vorbei. Kurz bevor ich Abitur machte, wurden in Deutschland die Privatsender zugelassen. Plötzlich erweiterte sich das Fernsehangebot um 100 Prozent. Statt drei gab es sage und schreibe sechs Sender. Wenn ich das heute meinen Söhnen erzähle, die gerade Abitur machen oder studieren, lachen die und sagen: Wer bitte sieht heute noch fern? Heute hat man dank der Streamingdienste letztlich das gesamte jemals gefilmte weltweite Angebot an Filmen und Serien jederzeit zur Verfügung. Ein gemeinsames gesellschaftliches Seherlebnis ist damit faktisch ausgeschlossen – außer vielleicht während einer Fußball-WM. Informationen gelangen über alle möglichen Kanäle, über Facebook, YouTube, Twitter, Instagram, zu den Menschen. Ja sie sind selbst ihre eigenen Kanäle, brauchen also gar keine Sender mehr, weil sie selbst senden.

Das Internet und die sozialen Medien unterbreiten ein ungemein attraktives Angebot. Sie öffnen neue Möglichkeiten, neue kommunikative Räume. Aber sie verstärken auch eine Tendenz, die schon in der analogen Welt existierte: dass sich Gleich und Gleich zusammenschließt. Der Münchner Soziologe Armin Nassehi analysiert in seinem Buch »Muster«, dass der Erfolg der sozialen Medien darin besteht, eine bessere Lösung auf die Frage zu geben: Wie finden wir die, die ähnliche Interessen haben wie wir? Im Nahbereich der analogen Welt waren es Nachbarn, Vereinsmitglieder, Freunde, Kollegen. Bei Instagram, Facebook oder den Datingplattformen können es

Menschen sein, die wir noch nie getroffen haben. Und wir erkennen Muster, von denen wir gar nicht wussten, dass es sie gibt. Dass zum Beispiel Vorlieben für Tiere oder Reisen etwas mit der politischen Einstellung zu tun haben können, Buchkäufe mit sexueller Orientierung.

So aufregend das ist und sosehr damit auch eine Organisationskraft verbunden ist, politisch kann das zu einem Problem werden. Ein Drittel der Bevölkerung bezieht seine Informationen inzwischen aus den sozialen Medien, von Facebook oder Twitter. Ein allgemeines Wissen, eine gesellschaftliche Grundlage der Debatte, eine Mitte des Diskurses ist immer schwieriger zu finden. Demokratie beruht auf der Interpretation einer gemeinsamen Erfahrung. Wir leben aber in einer Zeit, in der Selbstverwirklichung und Individualismus das gesellschaftliche Paradigma bilden. Und in der die Möglichkeiten des Internets einer Vereinzelung Vorschub leisten und die öffentlichen Räume leeren. Wir müssen nicht mehr in die Innenstädte gehen, um einzukaufen, wir können es im Internet tun. Wir müssen nicht mehr in die Restaurants oder Supermärkte gehen, wir können uns Essen liefern lassen, wir müssen nicht mehr ins Kino, wir haben Streamingdienste. Wir finden Partner in Partnerbörsen, ohne dass wir in die Kneipe oder den Klub gehen müssen. Wir müssen noch nicht einmal mehr zu politischen Debatten gehen, wir haben ja unsere Facebook-Freunde.

Dadurch droht aber eine Gesellschaft die Grundlage für geteilte gemeinsame Erfahrungen zu verlieren. Die Geschichte, die wir uns erzählen, und die Geschichte, auf die wir uns berufen, ist nicht mehr als die eine verfügbar, sie vervielfältigt sich. Das ist gut und gleichzeitig problematisch. Gut ist, dass die Geschichten von Kränkung, Stigmatisierung und Marginalisierung nicht mehr geleugnet werden können, dass Deutschland sich heute aus den Geschichten von Migrant*innen, von Ostdeutschen, von Männern und Frauen, von Jungen und Alten zusammensetzt.

Die Wissenschaftlerin Naika Foroutan und die Journalistin Jana Hensel ändern in ihrem Buch »Die Gesellschaft der Anderen« in Form eines Streitgesprächs die Perspektive und analysieren das Anerkennungsproblem nicht mit dem Blick der Mehrheitsgesellschaft auf Menschen mit Migrationshintergrund und Ostdeutsche, sondern stellen deren Lebensgefühl und Lebenserfahrung als »andere« ins Zentrum. Es wird deutlich, wie problematisch es für eine Gesellschaft wird, wenn sich die vielen, sehr verschiedenen Geschichten nicht mehr zu einer gemeinsamen Geschichte verbinden lassen. Ob dieses Verbinden noch einmal gelingt, ist mehr als fraglich. In Ausnahmesituationen wie der ersten Welle der Corona-Pandemie mag das möglich sein, aber die Zersplitterung der Gesellschaft ist dem Prozess der Moderne eingeschrieben. Und die Kosten einer neuen Meta-Geschichte könnten auch zu hoch sein, wenn diese Menschen die Freiheit und Selbstbestimmung abspricht.

Vielleicht muss man den Spieß umdrehen und sollte nicht mehr daran glauben, dass die Gemeinsamkeit und Geschlossenheit einer Gesellschaft der Normalzustand ist, sondern eher die Ausnahme. Jedenfalls für die Moderne spricht viel dafür, es so zu sehen. Dann wäre die politische Aufgabe nicht, die *eine* Geschichte zu finden, sondern zu lernen, damit umzugehen, dass verschiedene Geschichten nebeneinanderstehen.

Ich gebe zu, dass dies ein Gedanke ist, der mich sowohl verstört als auch anspornt. Ich habe immer wieder – ich würde sagen, seitdem ich Politiker bin – versucht, die *eine* Geschichte zu suchen, ihr einen Namen zu geben, sie auf den Begriff zu bringen. Ich nannte sie mal »linken Patriotismus« oder – in der Sprache der Grünen – »neuen Gesellschaftsvertrag« oder leitete sie von den großen Herausforderungen ab, die wir zu lösen haben: dem Klimaschutz oder Europa. Aber vielleicht ist weniger in diesem Fall wirklich mehr. Vielleicht besteht die politische Aufgabe und Kunst inzwischen darin, Mechanismen zu finden, die Geschichten nebeneinanderstehen lassen zu können. Das nämlich wäre ein echtes Gesprächsangebot. Vielleicht kann ein solches Denken dazu beitragen, die Veränderungserfahrung nicht in Empörung und Abwertung, Kränkungen und Gegenkränkungen enden zu lassen. Vielleicht kann so ein Ausstieg aus einer hochgeschaukelten Emotionalisierung erfolgen. Vielleicht kann man so verhindern, dass die Auseinandersetzung mit einer politisch anderen Meinung zu einer affektgesteuerten Feindschaft wird.

Repräsentation und Repräsentativität

Die Polarisierung zwischen Gewinnern und Verlierern der wirtschaftlichen, politischen und kulturellen Veränderungen prägt schon längst unser Leben. Es gibt Elitegymnasien und Problemschulen, begehrte Stadtteile und solche, die als abgehängt gelten. Es gibt jede Menge soziale Codes, nach denen sich Menschen in Gruppen und Untergruppen einteilen, Tattoos und Mode, Konsum und Essen, Medien und Freizeitgestaltung. Ob man zu Hause kocht, wohin man reist, welche Freunde man hat, welche Serien man schaut – alles wird zum symbolischen Code, der repräsentiert, zu wem man gehört. Die US-amerikanischen Journalisten Andrew Sullivan und Ezra Klein sprechen deshalb mit Blick zum Beispiel auf die Ostküste der USA mit ihren urbanen Eliten und den Arbeitern im Mittleren Westen, dem sogenannten Rust Belt, von einem neuen Stammesbewusstsein, einem »Tribalismus«. Der Politologe Christian Welzel nennt sie »moralische Stämme«.

Tribalismus ist eine ethnologische Bezeichnung, nach der jeweils homogene ethnische Gruppen zwar ein gemeinsames Land bewohnen oder eine gemeinsame Landschaft bewirtschaften, aber keine gemeinsame Kultur haben. Die »Stämme« leben voneinander getrennt und definieren sich in strikter Abgrenzung zueinander. So weit ist es in Deutschland sicher noch nicht. Aber Enttäuschungen und Abwertungserfahrungen und damit gegenseitige Abgrenzungen von

Berufsgruppen, Stadtteilen, Regionen, Bildungsschichten etc. gibt es auch hier. Und wie gesagt: Diese Erfahrungen sind struktureller Art. Sie entstehen durch die Paradoxie, die dem gesellschaftlichen Wettbewerbsdenken, dem kulturellen Fortschritt, dem kapitalistischen Prinzip der schöpferischen Zerstörung innewohnt – und die vor der politischen Repräsentation selbst nicht haltmacht.

Irgendwo las ich einmal, dass Donald Trump alles hasst, was sich abkürzen lässt: UN, NATO, TTIP, TTP, EU, LGBTQI*... Natürlich sind die Angriffe auf diese Institutionen und gesellschaftlichen Gruppen vor allem politisch motiviert. Trump will internationale Institutionen schleifen, weil sie »America first« widersprechen, er hasst Wissenschaft und Rationalität, weil sie Emotionalität und Affekt bekämpfen, er kämpft gegen Emanzipation und Minderheitenrechte, weil er eine normierte homogene Gesellschaftsordnung will. Aber Trump macht sich damit auch geschickt ein Gefühl des Ausschlusses zunutze – da die Elite, die euch verachtet, hier ich bei euch.

Tatsächlich stehen solche Abkürzungen ja für eine kalte, technokratische Sprache, und es spricht eine gewisse Arroganz, mindestens Überheblichkeit daraus, wenn man ständig in Abkürzungen redet, in der Erwartung, alle anderen müssten sie verstehen. Diese Form der verklausulierten Fachsprache macht die Welt eng, und doof ist der, der keinen Platz darin findet.

Natürlich gibt es eine Sprache, die für die jeweilige Fachwelt richtig ist und die gelernt werden muss. Als ich in meiner Anfangszeit als Minister mit den Kolleg*innen der Atomaufsicht sprach und Abkürzungen wie KFÜ oder LasmA (Kraftwerksfernüberwachung und Lager für schwach- und mittelradioaktive Abfälle) nur so durch den Raum flogen, musste ich im Kopf erst einmal übersetzen. Und die Mitarbeiter*innen von der Atomaufsicht runzelten fragend die Stirn, wenn die Naturschutzabteilung von »Wolfsentnahme« sprach.

Eine demokratische Politik ist aber keine abgeschlossene Fachwelt oder sollte es zumindest nicht sein. Sonst wird Politik zum Selbstgespräch der Techniker*innen der Macht. Wir sollten den Anspruch haben, eben nicht nur zu uns zu sprechen, sondern zu und mit denjenigen, die wir repräsentieren. Ich nehme an, die meisten Politiker*innen wissen das abstrakt. Vor jedem Radiointerview am Morgen nehme ich mir jedenfalls vor, ohne Fachsprache zu sprechen. Und dann sage ich doch andauernd »BIP« und »Zweite Säule« und »Verhältniswahlrecht« und »Recovery Fund«.

Spätestens an dieser Stelle erreicht das Paradox der Moderne die politische Repräsentation, also die staatlichen Institutionen, die Parteien.

Es gibt inzwischen eine stete Aufmerksamkeit, was die Anzahl von Frauen in Kabinetten und Fraktionen betrifft. Der Frauenanteil im Deutschen Bundestag stieg von 6,8 Prozent 1949 auf über 30 Prozent heute – wobei zur Wahrheit gehört, dass er in den Fraktionen von CDU, FDP und AfD wesentlich geringer ist und sogar wieder sinkt. (Während SPD, Linke und Grüne mit ihren Quoten das Verhältnis wieder nach oben ziehen.) Ganze Männervereine wie noch vor wenigen Jahren kann sich aber inzwischen keine Regierungschefin und kein Regierungschef mehr leisten. Und allein dass es Regierungschefinnen gibt, ist natürlich ein riesiger gesellschaftlicher Fortschritt. War Heide Simonis 1993 als erste weibliche Ministerpräsidentin in Deutschland noch eine Sensation, sind

Frauen an der Spitze von Regierungen heute normal – wenn auch zahlenmäßig immer noch deutlich unterrepräsentiert. Ähnliche Aufmerksamkeit bekommt inzwischen die Frage, ob Menschen mit sogenanntem Migrationshintergrund genügend Zugang zur Repräsentanz haben. Wie »weiß« eine Regierung, ein Parlament, ein Parteivorstand ist, wird zunehmend zu einem Kriterium.

Der Fokus der Identitätspolitik hat sich dabei nahezu vollständig auf das Geschlecht und die kulturelle Achse konzentriert. Die Homogenisierung der Parlamente in Sachen Bildung und Berufen wird interessanterweise weit weniger kritisiert oder thematisiert. Es gibt inzwischen vergleichsweise wenige Politiker*innen, die kein Abitur oder kein Studium haben. Rechnet man die Abgeordneten heraus, die zwar studiert, aber das Studium nicht abgeschlossen haben, weil sie Politiker*innen wurden, haben knapp 82 Prozent der Abgeordneten einen akademischen Grad. Nur 2 Prozent sind zum Beispiel Handwerksmeister und nur 0,4 Prozent haben mittlere Reife. Hauptschulabsolvent*innen sind im Bundestag gar nicht vertreten. Der Anteil von Akademiker*innen im Bundestag hat in der Geschichte der Bundesrepublik stetig zugenommen. Im ersten Deutschen Bundestag 1949 hatten 45 Prozent der Abgeordneten studiert. Schon das war ein hoher Prozentsatz gemessen an der damals noch sehr niedrigen Studienrate. Dieser Anteil stieg auf 70 Prozent in den 1970er-Jahren und auf über 80 Prozent in den 1990er-Jahren, dann zwischenzeitlich sogar auf über 90 Prozent. Von 15 Ministerpräsident*innen hat nur einer keinen Hochschulabschluss. Zwar ist der Anteil von Menschen mit akademischen Abschlüssen insgesamt in den letzten Jahrzehnten auf 18 Prozent gestiegen, dennoch bleibt der Unterschied gewaltig. Der

Paternostereffekt der Bildungspolitik wiederholt sich hier als Repräsentanzproblem.

Zwar muss Repräsentanz nicht unbedingt spiegelbildlich erfolgen, nicht nur Frauen können für Geschlechtergerechtigkeit einstehen, nicht nur Junge für die Interessen der Jugend, nicht nur Homosexuelle für die Rechte von Schwulen und Lesben. Es ist ja gerade das Versprechen von demokratischer Solidarität und Gemeinwohlpolitik, dass Menschen auch für andere Stimme und Einfluss ausüben können. Dieses Versprechen nicht mehr ernst zu nehmen kann durchaus gefährlich werden.

Im Herbst 2020 war ich im Kommunalwahlkampf in NRW unterwegs. In Havixbeck, westlich von Münster, knapp 12 000 Einwohner*innen, attackierte zum Beispiel die dortige CDU den grünen Kandidaten, Jörn Möltgen, äußerst bissig. Und zwar mit dem Argument, er sei ja gar nicht »von hier«. Stimmt, er lebt auf einem Hof drei Kilometer jenseits der Gemeindegrenze. Man könnte sich jetzt damit begnügen, sich darüber lustig zu machen. Man kann es aber auch einmal ernst nehmen und sich fragen, welcher Geist in einem solchen Kirchturmdenken deutlich wird. Es ist ein Geist der Engstirnigkeit.

Wenn nur Havixbecker*innen für Havixbeck Verantwortung übernehmen können, dann nur Norddeutsche für Norddeutschland, nur Junge für Junge, Alte für Alte, Ostdeutsche für Ostdeutsche, Westdeutsche für Westdeutsche, Menschen mit Behinderung für Menschen mit Behinderung, Frauen für Frauen und Männer für Männer. Selbstverständlich ist es wichtig, die jeweils besonderen Erfahrungen einzubeziehen und ihnen Raum zu geben, selbstverständlich müssen wir an mehr Repräsentanz arbeiten, zumal – wie schon öfter erwähnt – die Macht blinder Flecken im Denken nicht zu unterschätzen ist. Aber wenn jede Gruppe, jedes Geschlecht, jeder Ort, jede soziale Schicht nur für sich kämpft, wenn jede und jeder nur an sich denkt, dann ist noch lange nicht an alle gedacht. Eine Gesellschaft lebt davon, dass Menschen unterschiedlichen Einkommens, Alters, Geschlechts, unterschiedlicher Herkunft sich füreinander interessieren und füreinander einsetzen (zumal wir ja alle ohnehin aus mehr bestehen als nur einem Merkmal).

Dass dieser Einsatz über die eigenen unmittelbaren Interessen hinaus nicht immer funktioniert, ist zugegeben. Aber daraus kann nicht folgen, dass man Gemeinsinn deshalb lassen soll. Das wäre dann ungefähr so, als ob jemand, der nicht helfen will, einem anderen die Hilfsbereitschaft verbietet – wie die Große Koalition mit ihrem Innenminister es den Bundesländern im Sommer 2020 untersagt hat, Moria-Flüchtlinge aufzunehmen. Ist das eine schon falsch, ist das andere das Ende von Gemeinsinn und Solidarität.

Wenn wir uns einreden lassen, es gäbe unüberbrückbare politische Unterschiede der Biologie, des Geburts- oder Wohnortes, der Abstammung, dann sind die Frontlinien falsch gezogen. Nein, eine aufgeklärte Gesellschaft hat die Kraft, aus den Unterschieden in Geschlecht, Glaube und Abstammung eine gemeinsame Kultur zu entwickeln. Eine Gesellschaft der vielen, die zusammenhält, die weltoffen, aufgeschlossen, vorurteilsfrei ist – sozusagen weitstirnig.

Die US-amerikanische Politikwissenschaftlerin Hanna F. Pitkin behauptete in ihrem einflussreichen Buch »The Concept of Representation«, dass nicht das Wer, sondern das Wie für die Qualität der Repräsentation entscheidend ist. Das ist einerseits richtig, denn wenn nur diejenigen für sich sprechen können, die zum Beispiel Repressionserfahrungen gemacht haben, dann wäre irgendwann keine Politik mehr möglich und übrigens auch keinerlei Wissenschaft, dann würde am Ende jeder nur noch sich selbst repräsentieren können bzw. präsentieren. Dennoch scheint es mir ein Problem, dass der Bundestag eben keine »ziemlich repräsentative Mischung von Herkunft, Alter, Berufen, Begabungen, Temperamenten, Erfahrungen, Stärken und Schwächen« ist, wie der damalige Parlamentspräsident Norbert Lammert in seiner Eröffnungsrede 2013 behauptete.

Einer der Gründe scheint klar. Sprache ist das Medium der Politik. Wer gut sprechen kann, ist im Vorteil. Wer zu argumentieren geübt hat, gewinnt leichter ein Rededuell auf einem Parteitag. Wer juristische Kenntnisse hat und zum Beispiel als Verwaltungsbeamter gearbeitet hat, hat es leichter, ein Ministerium zu führen. Da diskutiert der Bauer, der Fischer mit Politiker*innen über Landwirtschaft oder Fischerei auf großer Bühne oder im Fernsehen, und obwohl deren Fachwissen groß ist, wahrscheinlich größer als das der Minister*innen, Staatssekretär*innen oder Abgeordneten, hat er es schwerer, in diesen Diskussionen zu bestehen, weil Politiker*innen beigebracht wurde, Zusammenhänge darzustellen, in weiteren Horizonten zu argumentieren. In einer Diskussion sind akademisch geschulte Redner*innen immer im Vorteil. Sie bewegen sich auf ihrem Feld. Und Menschen, deren Alltag und Arbeit nicht unbedingt daraus besteht, ständig zu reden und zu argumentieren, geraten in solchen Diskussionen oft ins Hintertreffen.

Je professioneller Politik also wird und je mehr gesellschaftliche Gruppen sie repräsentieren soll, desto größer wird die Gefahr, das Gegenteil zu erreichen. Eine professionellere und vielfältigere Repräsentation kann paradoxerweise zu einer geringeren Repräsentativität führen. Je höher der Status gesellschaftlicher Positionen ist, desto kleiner wird der Personenkreis, aus denen sich das Führungspersonal rekrutiert. Für die Wahrnehmung, ob man was zu sagen hat, ob die Repräsentanten einen repräsentieren, ist das jedoch fatal. Und sosehr es meine Überzeugung, ja gleichsam die Grundlage meiner politischen Arbeit ist, dass ich als 50-jähriger heterosexueller weißer Mann und Familienvater mit akademischer Ausbildung auch für Handwerker, Frauen, Homosexuelle, Kinder, Alleinerziehende, Menschen mit sogenanntem Migrationshintergrund, Hartz-IV-Empfänger kämpfen kann – sonst müssten ich und viele andere ja morgen zurücktreten, weil wir unseren eigenen Ansprüchen selbst im Weg stehen würden –, sosehr ich also grundsätzlich die These vertrete, dass nicht automatisch das Wer über das Wie und damit über die Qualität von Politik entscheidet, sosehr bedeutet eine Verengung der Repräsentation auf die immer gleichen Repräsentanten immer auch eine Verengung des Blickwinkels. Die US-amerikanische Soziologin und Feministin Anne Phillips hat in ihren Arbeiten immer wieder gezeigt, dass volle Partizipation gleiche Zugangsvoraussetzungen braucht und diese, wo sie nicht gegeben sind, durch formale Mechanismen wie Quoten geschaffen werden müssen. Ein Mann kann auch für Frauen sprechen, Akademiker*innen auch für Handwerksmeister*innen, ja, aber nur männliche Akademiker können es eben doch nicht. Frauen und Handwerksmeister*innen müssen auch für sich selbst sprechen – und für Männer und Akademiker*innen …

Repräsentanten und Repräsentierte müssen sich vor allem austauschen können. Ich bin darauf angewiesen, dass mir Menschen die Erfahrungen vermitteln, die ich selbst nicht sammeln kann. Das ist einer der Gründe, warum ich in den letzten Jahren so viel unterwegs war, die Republik kreuz und quer bereiste. Menschen erzählen Menschen ihre Geschichten. Dazu muss man sie treffen, ihnen begegnen, ihnen zuhören. Je homogener das Parlament, eine Partei, eine Regierung, je einheitlicher der Bildungs- und berufliche Hintergrund, desto schwieriger ist das. Desto mehr droht eine Entfremdung, mindestens die Wahrnehmung, dass »die Politik« von den Alltagssorgen und Nöten abgekoppelt ist. Verräterisch ist in dieser Hinsicht, wenn Politiker*innen von »den Menschen da draußen« reden – eine verbreitete Formulierung im Politikkauderwelsch.

In einer Gesellschaft, in der 50 Prozent eines Jahrgangs Abitur oder Fachabitur machen, aber in der gerade einmal drei Menschen mit mittlerer Reife im Bundestag sitzen, schleicht sich jedenfalls eine Gefahr ein: die Gefahr, dass die anderen 50 Prozent sich nicht repräsentiert fühlen bzw. tatsächlich nicht repräsentiert werden. Weil sie merken, sei es auch nur intuitiv, dass sie sozial nicht dahin kommen werden, wo die anderen schon sind, dass sie es nicht schaffen, sich politisch Gehör zu verschaffen, vielleicht auch, dass ihre Kinder den Bildungsaufstieg nicht meistern werden – oder nur um den Preis der Entkoppelung von ihnen. Weil sie merken, dass zum Beispiel auch auf vielen Demonstrationen der Zivilgesellschaft fast immer nur Leute mit Abitur reden, dass Wohnungen nicht an Menschen mit türkischen oder arabischen Namen vermietet werden, dass der sächsische Dialekt als Makel gilt, dass ihr Beruf kein gesellschaftliches Ansehen genießt.

Ich selbst habe den Verlust an Ansehen am deutlichsten bei meinen Besuchen beim Handwerk erlebt. »Meister« war jahrhundertelang nicht nur ein Berufsabschluss, sondern eine Auszeichnung, ein Zeichen gesellschaftlicher Wertschätzung. Im Jahr 2004 kam dann der Abbau der Meisterpflicht. Sie wurde von der damaligen rot-grünen Regierung für 50 Gewerke abgeschafft, um den zu der Zeit lahmenden Arbeitsmarkt zu stimulieren. Ich war damals frisch gewählter Landesvorsitzender in Schleswig-Holstein, hatte von der Sache halb viel Ahnung, verteidigte aber wacker die Entscheidung bei Handwerkskammern und Besuchen in Betrieben. Ich erinnere mich noch gut an die Souveränität, das Selbstbewusstsein und den Stolz, mit dem die Handwerksmeister mich in den Senkel stellten. Sie verwiesen auf die Qualität der Ausbildung, auf die Kunden, die Arbeit »von Meisterhand« ausgeführt haben wollten.

15 Jahre später besuche ich immer noch Handwerksbetriebe und treffe mich mit Kammerpräsident*innen. Das stolze Aufbäumen ist einer professionellen Nüchternheit gewichen – sicherlich auch, weil das Meister-Problem durch die Teilrücknahme der Regelungen befriedet ist. Wir reden über fehlende Fachkräfte, über den Lohndruck, der sich aus dem europäischen Binnenmarkt ergibt, über öffentliche Vergaberichtlinien, die die Regionalität nicht berücksichtigen, sondern im Zweifelsfall das günstigste Angebot auswählen. Mein Eindruck ist, der Stolz ist inzwischen etwas ungleich verteilt. Viele Handwerker*innen und Meister*innen strotzen immer noch vor Selbstbewusstsein, die Geschäfte laufen gut, die Auftragsbücher sind voll. Sie suchen Auszubildende, die anpacken. Die meisten sagen mir, Noten seien für sie nicht wichtig, Hauptsache, die Menschen wollten was. Ich habe Bauarbeiter

getroffen, die vor drei Jahren verunsichert eine Lehre begonnen hatten, weil sie in der Schule schlecht waren, und heute stolz sagen, dass sie Maurer sind. Eine junge Tischlerin zeigte mir die Treppe, die sie gerade eingebaut hatte. Sie hatte kein Geländer, war breit, schwebte fast an der Wand – eine Treppe wie eine Bühne. Sie war zu Recht stolz. Ich habe bei einer Friseur*innen-Klasse zugeschaut und Mechatroniker*innen besucht. Es war wirklich beeindruckend, mit welcher Leidenschaft die jungen Leute ihre Ausbildung absolvierten. Immer da, wo die Arbeit und die Menschen in der Arbeit wichtiger sind als die Schulnote und der Bildungsabschluss, da habe ich selbstzufriedene und selbstbewusste Handwerker*innen getroffen. Immer da, wo das Wissen den Zugang zur Lehre erschwerte, wo in Prüfungen Dinge abgefragt werden, die in der Schule gar nicht gelehrt wurden, die man also gar nicht wissen konnte, da war auch die Stimmung gedrückter. Was ich festhalten will: Die Wertschätzung der händischen Arbeit – Handwerk im buchstäblichen Sinn – und gute Löhne sowie faire Rentenregelungen können neben dem Bildungspaternoster eine Treppe bauen, so beeindruckend wie die der jungen Tischlerin.

Auch die Parteien müssen versuchen, die sozialen gläsernen Decken einzureißen. Es beginnt mit Kleinigkeiten. So finden Kreismitgliederversammlungen häufig in Gaststätten statt, wo ganz selbstverständlich erwartet wird, dass man etwas verzehrt. Wenn man aber bei jeder politischen Veranstaltung erst mal 20 Euro für Essen und Trinken bezahlen muss, dann ist das für viele zu viel. Und es endet damit, dass man Menschen aktiv ermutigen und fördern muss, sich für ein Mandat zu bewerben, auch wenn sie sich das zuerst nicht zutrauen.

Für die urbane Gesellschaft hat der US-amerikanische Ökonom Richard Florida bereits 2005 in »Cities and the Creative
Class« beschrieben, wie sogenannte postmaterielle Werte –
Kreativität, Attraktivität, Offenheit, Liberalität – schnell zu
materiellen Standortvorteilen werden und einer Gentrifi-
zierung, also der Aufwertung eines Stadtteils beispielsweise
durch Sanierung oder Umbau, Vorschub leisten und damit
die ursprünglich dort ansässige Bevölkerung durch Wohlha-
bendere verdrängen. Der britische Journalist David Goodhart
brachte angesichts des Brexits den Konflikt zwischen einer
eher konservativen, eher alten und eher auf dem Land lebenden Bevölkerung und den jungen, gut ausgebildeten Städtern
auf den Nenner der »Somewheres« und »Anywheres«. Die
einen leben da, wo es sie hinverschlagen hat oder wo sie es
sich leisten können zu wohnen, auf dem Land, in den ärmeren Stadtteilen oder Kleinstädten, und ihr Horizont ist auf
diese Nahumgebung ausgerichtet. Die anderen sind die Gewinner der Globalisierung und diejenigen, die universalisti-
sche Werte und die Insignien dieser Kultur – Fremdsprachen-
kenntnisse, Reiselust, Kulturoffenheit – herausstellen und die
sich nicht zuletzt auch oft politisch engagieren.

Wahrscheinlich unnötig zu sagen, dass diejenigen, die
Florida als »kreative Klasse« bezeichnet, die Goodhart den
Namen »Anywheres« gibt, die Andreas Reckwitz in »Die
Gesellschaft der Singularitäten« die »neue Mitte« nennt,
das Kernmilieu der Grünen ausmachen. Nun könnte man behaupten, na ja, es gibt eben persönliche Vorlieben, die einen
haben in Englisch aufgepasst und sprechen es heute fließend,
andere nicht. Einige sind reiselustig, andere nicht. Aber da
hinter den vermeintlich so persönlichen Lebensstilen eine
strukturelle Logik steckt, handelt es sich um ein politisches

Problem. Ob und wie genau sich das derzeit in Deutschland abbildet, ist schwer zu sagen. Aber eine Ahnung kann man inzwischen doch davon bekommen, dass auch in Deutschland – getrieben durch die genannten Faktoren – eine Drift wirksam ist, eine in der Struktur und Ökonomie der Gesellschaft verankerte Fliehkraft, die die Gesellschaft auseinandertreibt.

Nach einer Umfrage des Meinungsforschungsinstituts Pew, die im April 2019 veröffentlicht wurde, sind 43 Prozent der Deutschen unzufrieden damit, wie die Demokratie funktioniert. 43 Prozent! In einer Studie des Allensbachs-Instituts aus dem Oktober 2019 behaupteten 58 Prozent der Deutschen, man müsse heutzutage vorsichtig sein, zu sagen, was man denke. Als der türkische Präsident Erdoğan im Februar 2020 13 000 Geflüchtete an die griechische Grenze brachte und es eine Umfrage gab, ob Deutschland diese Menschen, die zwischen Wasserwerfern und Panzern im Niemandsland verloren waren, aufnehmen sollte, war die Gesellschaft fast genau in der Hälfte gespalten. Eine Bertelsmann-Studie aus dem Jahr 2019 förderte zutage, dass 52 Prozent der Deutschen den Islam als »bedrohlich« wahrnehmen. Dem Satz »Durch die vielen Muslime hier fühle ich mich manchmal wie ein Fremder im eigenen Land« stimmten nach Aussage der Universität Leipzig 2018 knapp mehr als die Hälfte der Befragten zu. Umgekehrt berichtete das Bundesministerium für Familie, Senioren, Frauen und Jugend, dass 55 Prozent der Bevölkerung Geflüchteten seit 2015 auf verschiedene Arten geholfen haben. Fast alle Umfragen, die Fragen von Migration, Europa, einer sogenannten Leitkultur betreffen, münden in einer Patt-Situation.

Ich habe diese Studien und Umfragen hier ohne Anspruch auf Systematik und Vollständigkeit zitiert. Über alle Studien gibt es Debatten zur Methodik, Fragestellung, Wissenschaftlichkeit, oft sind es Momentaufnahmen, abhängig von der konkreten Fragestellung, dominanten Themen und vielem mehr. Sie zu zitieren ist entsprechend nur ein Ansatzpunkt, eine Beobachtung: nämlich dass bei kulturellen und gesellschaftspolitischen Fragen oft Antworten gegeben wurden, die die Gesellschaft in zwei gleich große Hälften teilt.

Diese Spaltung ist in anderen Ländern schon sehr viel drastischer. Wenn man sich zum Beispiel die Wahlergebnisse der USA anschaut oder die Abstimmung zum Brexit – dann spiegeln diese eine Teilung der Gesellschaft wider und laufen oft entlang einer Fifty-fifty-Linie. Dass das in Deutschland nicht so ausgeprägt ist, liegt sicher auch an unserem Verhältniswahlrecht, durch das es eine größere Vielfalt an Parteien gibt, nicht nur Republikaner oder Demokraten, nicht nur Labour oder Tories. Aber man sollte die Tendenz ernst nehmen. Wenn 5, 10 oder auch 15 Prozent sich nicht mehr von der Mehrheit gesehen und sich von Politik nicht mehr repräsentiert fühlen, so kann eine Demokratie damit vielleicht noch umgehen. Wenn es aber ein Drittel oder gar die Hälfte werden, dann verlieren wir das politische Zentrum. Dann bilden sich wohl noch knappe Mehrheiten, aber diese bilden dann vor allem ein Lager gegen ein anderes ab.

Die Frage ist allerdings: Ist das überhaupt schlimm, wenn eine Gesellschaft sich tribalistisch organisiert, wenn sie keine gemeinsame Normalität hat? Reicht es in einer Demokratie nicht, wenn es eine Mehrheit gibt? Wozu brauchen wir eine gesellschaftliche Mitte?

V. Neue Zeiten brauchen neue Macht

Eine neue Kultur der Gemeinsamkeit

Vor dem Hintergrund der Erfahrungen mit der ersten Phase der Corona-Krise ist klar, dass große politische Entscheidungen vor allem dann möglich sind, wenn sie von einer großen gesellschaftlichen Mehrheit getragen werden. Eine Gesellschaft, die ein starkes Zentrum hat, die sich selbst vertraut, ist nicht so leicht einzuschüchtern. Mit Blick auf das Jahr 2019 und die Wucht der Fridays-for-Future-Demonstrationen wird man sicher sagen können, dass erst diese breite gesellschaftliche Mobilisierung für mehr Klimaschutz die Große Koalition dazu brachte, erste Schritte zur Reduktion des CO_2-Ausstoßes zu veranlassen. Umgekehrt ist es so, dass zum Beispiel die Republikanische Partei in den USA Donald Trump Ende 2016 zwar mit der Mehrheit der Wahlpersonen zum Präsidenten wählen konnte (allerdings hatte er keine Mehrheit an Wählerstimmen, was das Wahlrecht der USA in einem schlechten Licht erscheinen lässt) und dass Trump auch politisch handeln konnte, aber fast jede seiner Handlungen hat die gesellschaftliche und politische Spaltung verschärft. Trumps Rücksichtslosigkeit, die jede Kooperation verweigert und jeden Konflikt auf die Spitze treibt, droht dabei das ganze amerikanische Politiksystem zu unterminieren. Und in dem Moment, in dem die Republikaner das Weiße Haus verlieren, werden seine politischen Entscheidungen vermutlich wieder rückabgewickelt – so wie er diejenigen seines Vorgängers Obama versuchte zu kassieren.

Ich selbst habe beides mehrfach politisch erlebt: dass Dinge, die einmal beschlossen waren, nach einem Regierungswechsel wieder abgeräumt wurden und dass es politische Entscheidungen gab, die über den Tag hinaus Bestand hatten. 2011 zum Beispiel kündigte die schwarz-gelbe Bundesregierung den Atomausstieg der rot-grünen Vorgängerregierung auf, nur um Monate später nach dem Reaktorunfall in Fukushima einen neuen zu beschließen – zu hohen Kosten für die deutschen Steuerzahler*innen. Umgekehrt gelang es mit einem überparteilichen Konsens, die Suche nach einem Atommüllendlager neu zu eröffnen, und nahezu allen Politiker*innen ist klar, dass diese Konsensfindung so kompliziert war und so viel Kraft gekostet hat, dass er erhalten bleiben muss. Wenn man an der Macht ist, tut man also gut daran, die politisch unterlegene Seite miteinzubeziehen, sofern man ein Interesse daran hat, dass die Beschlüsse länger als nur eine Legislaturperiode halten und auch die eigene Abwahl überdauern.

Während meiner Ministerzeit in Schleswig-Holstein haben mein Stab und ich nach der intern ausgegebenen Parole gehandelt, dass wir in jedem relevanten Punkt stets eine gesellschaftliche Mehrheit hinter uns haben wollten. Eine gesellschaftliche Mehrheit und eine politische Mehrheit sind nicht dasselbe. Angela Merkel musste den Ausstieg vom Atomausstieg wieder korrigieren, weil sie – spätestens nach Fukushima – keine gesellschaftliche Mehrheit für diesen Schritt hatte. Es ist die gesellschaftliche Mehrheit, die dafür sorgt, dass Politik wirklich erfolgreich ist. Für die Klimapolitik beispielsweise bedeutet das, dass wenig bis nichts gewonnen ist, wenn die nächste Regierung zum Beispiel das Ende der Zulassung des Verbrennungsmotors bis 2030 beschließt und die übernächste Regierung diesen Beschluss wieder rückgängig macht. Ambitionierte Klimapolitik muss von einer breiten gesellschaftlichen Mehrheit getragen werden, in dem Sinne muss Klimapolitik normal werden, Teil des Selbstverständnisses einer Gesellschaft.

In einer gewissen Hinsicht ist die Frage nach der politischen Mitte aber auch eine sehr deutsche Frage und geprägt durch die deutsche Geschichte. Als Hitler 1933 an die Macht kam, hatte die NSDAP 43,9 Prozent – also keine Mehrheit. Aber die Parteien aus dem konservativen Spektrum verhalfen ihr zur Macht. Es gab kein gemeinsames Werteverständnis gegen die, die die Republik zerstören wollten. Nicht zuletzt daraus folgerten die Mütter und Väter des Grundgesetzes, dass sie eine sogenannte Konsensdemokratie schaffen mussten, ein System, in dem man aufeinander angewiesen ist, in dem die Verfassungsorgane – Bundestag, Bundesrat, Bundesregierung und Bundesgerichte – sich gegenseitig begrenzen.

Die Weimarer Republik ist nicht am Verdruss der Menschen mit ihr gescheitert, sondern daran, dass es zu wenige gab, die sich für sie in die Bresche warfen. Auch heute sitzen Verfassungsfeinde und Faschisten in unseren demokratisch gewählten Parlamenten. Dass sie da sind, heißt nicht, dass sie auch Demokraten sind.

Wir sind es gewohnt, »liberale Demokratie« in einem Atemzug zu sagen. Auch ich habe das in diesem Buch immer wieder getan. Es suggeriert, dass die Demokratie zwingend auf eine freie Gesellschaft angewiesen ist. Aber aus der gelernten Selbstverständlichkeit, mit der wir Demokratie und Liberalität gleichsetzen, darf keine Gedankenlosigkeit oder politische Trägheit werden. Die liberale Demokratie ist eben keine Selbstverständlichkeit. Sie ist historisch gesehen eher die Ausnahme. Und sie ist voraussetzungsreich. Sie braucht Demokrat*innen, die für sie eintreten, einen Konsens, der auf einer zumindest ähnlichen gesellschaftlichen Erfahrung beruht, auf einer stabilen ökonomischen Basis, einer relativen Gleichheit, auch auf einer kulturellen Gerechtigkeit und dem Vertrauen in Institutionen. Sie braucht eben eine gesellschaftliche Mitte. Und wenn es richtig ist, dass die gemeinsamen Erfahrungen weniger werden, genauer: dass sie zersplittern, dass ein gemeinsames Narrativ unter den Bedingungen der Spätmoderne nicht mehr aus sich selbst heraus einfach da ist, dann droht sich dieser Konsens aufzulösen, wenn man nicht politisch energisch dafür arbeitet.

Mit dem Erstarken der autoritären Regime reift langsam die Erkenntnis, dass »liberale Demokratie« zwei Wörter sind und dass Liberalismus und Demokratie nicht das Gleiche meinen und sind. Jarosław Kaczyński, der Chef der polnischen PiS-Partei, und Viktor Orbán, der ungarische Ministerpräsident, Donald Trump, der brasilianische Präsident Jair Bolsonaro und andere spalten den Liberalismus von der Demokratie. Sie setzen der »liberalen Demokratie« eine »illiberale Demokratie« entgegen, wie Viktor Orbán sie programmatisch 2014 entwickelte, und erklären die liberale Idee für überholt.

Ich glaube, viele – auch ich – haben solche Entwicklungen zu lange nicht ernst genommen. Irgendwie haben wir gedacht, »liberale Demokratie«, das ist ja selbstverständlich. Illiberale Demokratien, die kann es doch gar nicht geben.

Das war ein Fehler. Einer, der sich jetzt rächt. In vielen Ländern der Welt werden Freiheitsrechte und das Recht auf Selbstbestimmung mit den Mitteln der Demokratie wieder abgebaut. Demokratie bedeutet streng genommen zunächst einmal nur, dass eine politische Mehrheit gebildet wird und diese Mehrheit die Macht übernimmt und bestimmt. Liberalismus wiederum ist eine politische Philosophie, die eine gesellschaftliche Qualität beschreibt, ein Wertesystem von Rechten und Regeln wie die unabhängige Presse, das Recht auf freie Meinungsäußerung und auf freie Religionsausübung, die Trennung von Staat und Partei, von Regierung und Justiz und – nicht zuletzt – den Schutz von Minderheiten. In einer liberalen Demokratie ist das Private Privatsache. Der Staat hält sich raus. Man kann leben und lieben, wie und wen man will. Nur die demokratisch beschlossene Herrschaft des Rechts grenzt die Freiheit ein.

In einem gewissen Sinn sind Liberalismus und Demokratie Spannungspole, zwischen denen sich Freiheit und Sicherheit entfalten. In einer liberalen, offenen, freiheitlichen Gesellschaft ist alles erlaubt, was nicht verboten ist. Umgekehrt ist es bei geschlossenen, engen, totalitären Gesellschaften. Dort ist alles verboten, was nicht explizit erlaubt bzw. vorgeschrieben ist. Deshalb ist ein gewisses Maß an Unsicherheit und Infragestellung der jeweiligen Normalität das Wesen jeder offenen demokratischen Gesellschaft. Zugespitzt könnte man sagen, dass die liberale Demokratie strukturierte Unsicherheit ist. Das zeichnet sie aus.

Politische Liberalität wird insbesondere heute daran gemessen werden müssen, ob man sich auch mit seinen eigenen Vorurteilen auseinandersetzt, ob man sich traut, die Überzeugungen, die einen bis hierhin gebracht haben, mit anderen Überzeugungen zu messen. Es ist für jemanden wie mich leicht zu sagen, dass ich gegen die AfD bin und folglich auch gegen ihre Wähler. Das kostet mich gar nichts. Aber es ist schwer, mich zu fragen, was in bestimmten Regionen ein Viertel der Menschen dazu treibt, die AfD zu wählen, mich mit den Existenznöten von konventionellen Schweinebauern zu beschäftigen oder die Frustration von Drogenfahndern hinter rassistischen Sprüchen zu sehen. Bringe ich die Kraft auf, manchmal auch mit meiner eigenen Interessengruppe nicht übereinzustimmen?

Nonkonformismus bedeutet nicht Konformismus mit der eigenen Filterblase. Im Gegenteil, es bedeutet, den Mut aufzubringen, auch mal nonkonform mit der eigenen Partei, den eigenen Followern bei Instagram zu sein, wenn es darauf ankommt. Bei wütenden Kohlekumpeln, zornigen Angestellten von Autozulieferbetrieben, empörten Windkraftgegnern oder konventionell arbeitenden Landwirten sich deren Interessen, deren Enttäuschungen, deren Sichtweise zuzumuten. Das muss nicht dazu führen, dass man das, was man für richtig und wichtig erachtet, aufgibt oder über Bord wirft. Aber es kann dazu führen, dass man die eigenen Vorschläge nochmals überprüft, dass man sie besser erläutert oder politische Konzepte anpasst.

Ein kleines, aber für mich sehr lehrhaftes Beispiel war der Schutz von Schweinswalen in der Ostsee. Regelmäßig ertranken Schweinswale in den Stellnetzen (eigentlich eine sehr umweltfreundliche Form der Fischerei) der Dorschfischer. Um das Problem zu lösen, wollte ich Schweinswal-Schutzgebiete vor den Küstenabschnitten einrichten lassen, in denen am meisten Schweinswale ertranken. Da Schweinswale vergleichsweise weit schwimmen, mussten diese Gebiete entsprechend groß sein. Die Fischer waren wütend, sahen sich ihrer Existenzgrundlage beraubt. Es gab Demos und Protestplakate. Und dann traf ich mich mit ihnen und ließ mir deren

Fahrtrouten zeigen. Und sie erläuterten mir, dass die geplanten Sperrgebiete zu groß seien, dass sie mit ihren kleinen, leistungsschwachen und langsamen Kuttern zu lange brauchen würden, um überhaupt die befischbaren Gründe zu erreichen. Ich sah in diesen Wochen viele Fischerwohnstuben von innen und wir fanden eine Lösung: keine Sperrgebiete, aber eine Verkürzung der Netzlänge in den Sommermonaten, in denen die Schweinswale kalben, sodass die Schweinswale insgesamt besser geschützt wurden und die Fischer – wenn auch reduziert – weiter fischen konnten.

Die freiheitliche Demokratie lebt vom Zuhören und Hinterfragen. Davon, dass der andere recht haben könnte. Dass die Dinge auch anders sein könnten. Sie lebt vom Aushandeln, vom Verhandeln. Demokratie braucht die Zwischentöne. Sie braucht die Debatte – kein Aussperren, kein Niederbrüllen und entsprechend auch andere Räume als nur Tweets und Posts.

Fundamentalistisches Denken hingegen zerstört die Demokratie. Es will keine Aushandlungsprozesse, keine Kompromisse. Es hat einen Absolutheitsanspruch – der demokratische Diskurs jedoch per Definition einen Relativitätsanspruch. Es kann immer sein, dass jemand anders recht bekommt. Dass etwas ein eigenes Wesen, also eine Art Eigenleben und eigenes Recht hat außer dem des Streits um das beste Argument, ist dem demokratischen Diskurs fremd. Er hinterfragt alles, sogar sich selbst. Das Offene der liberalen Demokratie, die Ungewissheit, die ihr innewohnt, das Unfertige, das Immer-weiter-streiten-Müssen ist anstrengend, ja. Und die Tatsache, dass die liberale Demokratie auf Bedingungen beruht, die sie selbst nicht schützen können.

Indem die rechten Populisten den gesellschaftlichen Liberalismus von der Demokratie trennen, können sie die

Demokratie für sich reklamieren, ohne die liberalen Rechte und Errungenschaften achten zu müssen. Deshalb ist es so notwendig, sich klarzumachen, dass Liberalität und Demokratie nicht automatisch ein und dasselbe ist. Dass eine demokratisch errungene Mehrheit genau dies, die Rechte der Freiheit, zerstören und abschaffen kann.

Anfang Februar 2020 saß ich in London Heathrow und wartete auf meinen Rückflug von besagtem Symposium bei der London School of Economics. Drei Tage lang hatte ich britische Politiker*innen, CEOs von deutschen Unternehmen in Großbritannien und britischen Unternehmen mit Geschäftsinteressen in Deutschland und Kontinentaleuropa getroffen. So viele Gespräche – und es gab nur ein Thema: den Brexit und seine Auswirkungen auf Europa, auf die Stellung Europas in der Welt, den Frieden in Irland, die drohende Abspaltung Schottlands. Und immer wieder wurde ich beglückwünscht, dass ich aus einem Land käme, das gegen den Populismus einigermaßen immun sei. Ich saß in der sterilen Atmosphäre am Flughafen, scrollte an meinem Handy durch die Nachrichten und plötzlich hagelte es SMS und Push-Nachrichten. In Thüringen war Thomas Kemmerich mit den Stimmen der FDP, CDU und der AfD zum Ministerpräsidenten von Thüringen gewählt worden. Immer wieder mal hatte es eine Zusammenarbeit von CDU und AfD gegeben, aber das war eine neue Dimension. Hier war plötzlich eine Tür zu etwas aufgestoßen, was undenkbar schien. Und während ich an Bord ging und in ersten Telefonkonferenzen steckte, erlebte ich ganz unmittelbar das Erschrecken, wie wenig es auch in Deutschland braucht, um dem Populismus an die Macht zu verhelfen.

Da die liberale Demokratie eben nie sicher ist, lebt sie vom

Vertrauen der Menschen in die Menschen, die in ihr und für sie arbeiten. Sie ist faktisch eine Wette, dass sie die beste Möglichkeit bietet, sich auszuprobieren, sich einzubringen, und dass sie dadurch zu den besten politischen Entscheidungen kommen wird. Sie ist eine immerwährende Einladung, keine Gästeliste, die, einmal geschrieben, unverändert bleibt. Und das Beste, was den illiberalen Kräften passieren kann, ist, dass Menschen nicht mehr daran glauben, sich einmischen zu können, und dass diese Einmischung einen Unterschied machen wird.

Widersprüche auszuhalten, nicht jede Frage gleich mit einer Antwort niederzumachen, selbstkritisch zu sein, Fehler auch mal einzuräumen ist schwer. Für jeden. Und im politischen Raum, wo jede Abweichung sofort kommentiert wird, ist es allemal so. Dennoch liegt hier, auf der grundlegenden Ebene, der Schlüssel für eine neue Kultur der Gemeinsamkeit, für die Macht eines neuen gesellschaftlichen Zentrums. Das mag bescheiden klingen, weil man versucht, seine eigene Sicht und Überzeugung nicht zu verabsolutieren, sondern Konflikte zu lösen, Verletzungen zu vermeiden oder zu heilen, den gesellschaftlichen Diskurs zu verbessern. Aber gerade diese Bescheidenheit ist anspruchsvoll. Denn sie nutzt die Selbstkritik und Selbstreflexion, um Selbstkritik und Selbstreflexion durchzusetzen. Sie ist nicht werteneutral, weil sie die demokratischen Tugenden, die Aushandlung, die Achtung von Minderheiten, das permanente Gespräch vor die Verabsolutierung stellt, vor das Ausgrenzen und Abweisen. Dieses Verständnis beschreibt eine Politik, die nie fertig ist, die um das relativ Beste ringt, weil sie weiß, dass das Absolute das Ende von Widerstreit und Widerspruch und damit das Ende von liberaler Demokratie ist.

Es gibt keine einheitliche Definition, was politische Mitte bedeutet. Am einfachsten ist es natürlich, die Definition von politischer Mitte einfach auf das Wahlverhalten zu beziehen. Diese Theorie lautet auf den Namen »Hufeisen« und sie ist falsch. Sie ist von einem politischen Weltbild abgeleitet, das die Ränder rechts und links parallel und in gleicher Distanz zueinander und zu der CDU betrachtet. In diesem Weltbild besetzt diese die Mitte des Hufeisens und definiert sich so selbst als gesellschaftliches Zentrum. Die Schwäche dieser Theorie ist offenkundig. Es ist ein absurder Relativismus, der es einerseits nicht erlaubt, die AfD von der Linkspartei zu unterscheiden, und vor allem andererseits die CDU immer ins Zentrum setzt – egal wie rechts sie sich auch gebärdet.

Ökonomische Definitionen der Mitte bewerten die Einkommenssituation der Menschen. Die Formel im Armuts- und Reichtumsbericht der Bundesregierung weist die Personen der Mittelschicht als diejenigen aus, die mehr als 60 Prozent, aber weniger als das Doppelte des mittleren Einkommens – des sogenannten Medianeinkommens – verdienen. Das ist das Einkommen, das genau in der Mitte zwischen den reichsten und den ärmsten 50 Prozent liegt. Wirtschaftsinstitute wie das Deutsche Institut für Wirtschaftsforschung (DIW) errechnen ein sogenanntes Äquivalenzeinkommen, das jedem Mitglied eines Haushalts angeblich den gleichen

Lebensstandard ermöglichen würde, wenn es erwachsen wäre. Dieses liegt ungefähr bei 2100 Euro in Deutschland. Das Medianeinkommen wiederum, also das Einkommen, das Deutschland exakt in eine reichere und eine ärmere Hälfte teilt, liegt zurzeit bei ca. 2500 Euro brutto im Monat. Die OECD kommt für Deutschland sogar nur auf ein Äquivalenzeinkommen von 1900 Euro und ein Durchschnittseinkommen von 2150. Das DIW errechnete 2018, dass der Anteil am Gesamteinkommen der unteren 50 Prozent nur bei 17 Prozent liegt und der der obersten 10 Prozent bei 40 Prozent. Und der des obersten Prozents bei 13 Prozent.

Entscheidender als die Frage, wie man genau die Mitte ökonomisch bestimmt, ist die Beobachtung, dass die Mittelschicht nach jeder der angeführten Definitionen in den letzten Jahren kleiner geworden ist. Das heißt, dass Menschen in Deutschland sowohl ärmer als auch reicher werden. Das DIW hat errechnet, dass in den 1980er-Jahren etwa zwei Drittel der Deutschen zur Mittelschicht gehörten, 2005 waren es nur noch knapp über die Hälfte. Folgt man der Hans-Böckler-Stiftung, lebten 1991 11 Prozent aller Deutschen unterhalb der Armutsgrenze von 60 Prozent des Medianeinkommens. 2018 waren es schon knapp 17 Prozent, nach dem DIW sind es 15,5. Bemerkenswert an diesen Zahlen ist, dass die Armut sogar in den Jahren mit guter Konjunktur weiter gestiegen ist.

Wenig verwunderlich also, dass sich mit der Corona-Krise die Abstiegsangst in der Mitte der Gesellschaft ausbreitet wie seit der Finanzkrise 2008 nicht. Drei Viertel der Bundesbürger erwarten nach einer Civey-Umfrage vom Juli 2020, dass die ökonomische Ungleichheit zunehmen wird. Ein Drittel der Deutschen befürchtet in den nächsten zwei Jahren Einkommens- und Vermögenseinbußen. Die Hälfte der Selbstständigen und Angestellten erwartet geringere Einkommen. Und besonders diejenigen, die gerade in der sensiblen Phase ihres Lebens stehen, die 30- bis 40-Jährigen, fühlen sich am wenigsten geschützt, denn sie haben während des ersten Shutdowns erlebt, wie schwer es sein kann, Beruf und Familie zu vereinbaren.

Die gesellschaftliche Mitte anhand des Einkommens zu definieren führt dazu, dass Personen gleich betrachtet werden, die oft wenig miteinander zu tun haben. Soloselbstständige, Sprachtherapeut*innen, frühverrentete Handwerker*innen und auf Lebenszeit beschäftigte Beamt*innen werden so zur selben gesellschaftlichen Gruppe gezählt. Sie leben und denken aber oft völlig unterschiedlich. Eine dritte Möglichkeit, die politische Mitte zu definieren, ist daher, die Verflechtung der ökonomischen mit der kulturellen Dimension ernst zu nehmen und auch die Wertebasis der Menschen und deren Veränderung in den Blick zu nehmen. Die »Krise der Mitte« ist eben nicht allein eine ökonomische, sondern auch eine kulturell-normative.

Nicht nur die ökonomische Mitte, auch die normative Mitte, also die Selbstverständlichkeit von gesellschaftlichen und lebenswirklichen Einstellungen, eine unhinterfragte kollektive Identität, gerät durch die Dynamiken der Veränderungsprozesse unter Druck, auch sie wird kleiner bzw. vervielfältigt sich. Diese kulturell-normative Betrachtung ist insofern eine notwendige Ergänzung, als sie deutlich macht, dass »Mitte« niemals nur ein beschreibender Begriff ist, sondern immer auch ein wertender. Die Einstellungen der Mitte sind gesellschaftlich akzeptierte Einstellungen. Was nicht zu diesen Einstellungen passt, gilt als extrem. Aber die Werte und Normen der Mitte sind nicht starr und unveränderbar, vielleicht träge, aber nicht in Stein gemeißelt. Der alltägliche Rassismus der Mitte zum Beispiel ist lange achselzuckend hingenommen worden, solange er nicht rechtsextrem wurde – inzwischen regt sich deutlicher Widerstand. Die Bedeutung von Ökologie, die Selbstverständlichkeit eines gleichberechtigten Lebens für alle Geschlechter sind schon zu Mitte-Einstellungen geworden – und ändern das normative Grundgerüst der Gesellschaft.

Insgesamt hat sich die Gesellschaft in den letzten Jahren und Jahrzehnten geöffnet, ist vielfältiger und diverser geworden. Das ist wie gesagt gut und problematisch zugleich. Es hat vielen Menschen mehr Gleichberechtigung und Freiheit und mehr Glück gebracht. Aber der Erfolg der Mitte löst die Mitte tendenziell auch auf. Eine offene Gesellschaft ist voraussetzungsvoller und konfliktreicher als eine geschlossene. Solange die meisten Menschen mehr oder weniger das Gleiche erlebt haben, war es leicht, sich gegenseitig Anerkennung und Respekt zukommen zu lassen. Solange sich alle an die gleichen gesellschaftlichen Regeln halten mussten, war der Alltag entsprechend konform. Solange es außerdem noch eine Identität in der Religions- wie der Berufsausübung, ein ähnliches Familien-, Kinder-, Frauen- und Männerbild und ein ähnliches Arbeitsethos in Industrie und Handwerk gab, so lange war der identitäre Kern der Gesellschaft unhinterfragt und unhinterfragbar. Und diejenigen, die sich heute gegen weitere gesellschaftliche Öffnungen, gegen die Aufnahme von Flüchtlingen, gegen den »Gender-Wahn«, gegen eine Ökologisierung unseres Wirtschaftens wenden, sind häufig genau die Menschen, die diese Homogenität nicht aufgeben wollen – ganz unabhängig davon, wie gut sie ökonomisch situiert sind.

Aber diese Herausforderungen bedeuten nicht, dass eine geschlossene, formatierte Gesellschaft besser ist. Im Gegenteil, so konfliktreich und voller Zumutungen offene Gesellschaften sind, sie sind auch stabiler und widerstandsfähiger. Denn Menschen können sich in offenen Gesellschaften verändern, sie können verschiedene Gruppenzugehörigkeiten haben, können sich neue Anerkennungsräume schaffen. In einer geschlossenen Gesellschaft ist man drinnen oder draußen. Sie steht als Ganzes oder geht als Ganzes unter. Eine offene Gesellschaft ist flüssig. Ja, sie hinterlässt Gekränkte und Verlorene, aber sie selbst kann immer überleben.

An dieser Stelle wird überdeutlich, warum ein Lagerdenken, das nur auf den Gewinn einer rein rechnerischen Mehrheit fixiert ist, den Raum der gesellschaftlichen Mitte dabei aber nicht in den Blick nimmt, politisch nichts erreichen wird: Eine nur rechnerische Mehrheit im kulturell-normativen Raum wird ein Land spalten. Denn anders als bei ökonomischen Prozessen, wo auch die sogenannten Verlierer sich neben höheren Löhnen Respekt und Würde erkämpfen können, nimmt die kulturelle Hegemonie der einen Seite der anderen Seite gleichsam die Daseinsberechtigung. Wenn es aber richtig ist, dass die individualisierte, offene Gesellschaft stetig im Wandel ist, dass es keine kulturellen Codes mehr gibt, die für alle gelten, dann sind kulturelle Hegemonien in ihr sehr viel temporärer, fast schon modisch. Es ist nachgerade unwahrscheinlich, dass überhaupt noch »eine« Kultur hegemonial werden kann. Und so deutet sich die Lösung nicht in dem Abschied von der Individualisierung an, nicht in einer falschen Romantik des Früher, einer schichtbezogenen oder gar völkischen, sondern in dem bewussten Nutzen der Freiheitsformen für eine neue Form gesellschaftlicher Bündnisse.

Die ökonomischen Verteilungskämpfe sind letztlich darauf angewiesen, dass das System der Marktwirtschaft einigermaßen funktioniert. Letztlich brauchen auch Unternehmer mit den neoliberalsten Ansichten Arbeiter und Angestellte, und die schlaueren Unternehmer wissen, dass diese auch Kunden sind. Im kulturell-normativen Raum ist das nicht so. Da kann man ein Land ohne »Schwule« fordern, wie es Putin in Russland und die PiS-Partei in Polen tun, ein Land ohne »Migranten«, wie Viktor Orbán in Ungarn – ohne dass das Auswirkungen hätte auf die wirtschaftliche Basis. Und deshalb versuchen die Illiberalen auch immer wieder, den Kampf gegen die Erderhitzung auf eine Lebensstilfrage zu reduzieren. Denn ökonomisch spricht längst alles dafür, die Industrie, den Konsum, die Mobilität klimaneutral zu machen. Die Schäden durch Dürre, Hitze, Waldbrände und Krankheiten werden so immens sein und sind es teilweise schon jetzt, dass jede kühle ökonomische Betrachtung sofort den Ausstieg aus der Nutzung fossiler Energien verlangen würde.

Das letzte Mal, dass der CO_2-Anteil in der Atmosphäre so hoch war wie heute, ist drei Millionen Jahre her. Damals war die Erde zwei bis drei Grad heißer, der Meeresspiegel 20 Meter höher, die Pole weitgehend eisfrei, die Meeresströmungen anders. Vor diesem Hintergrund ist der Begriff »Klimaschutz« eigentlich falsch. Das Klima ist, wie es ist. Viel präziser wäre es, von Menschheitsschutz zu reden. Und das ganz buchstäblich. Die Weltbank rechnet mit bis zu 140 Millionen Klimaflüchtlingen bis 2050, Greenpeace sogar mit bis zu 200 Millionen und der Weltklimarat mit bis zu 280 Millionen bis 2100 – die Hälfte der Einwohnerzahl Europas –, mit den entsprechenden Konflikten und Kriegen um Wasser und ums Überleben. Das ist die Welt, die auf uns wartet, wenn wir politisch nicht energisch und schnell umsteuern.

Die Klimabewegung sollte also sehr achtsam sein, wenn Politiker*innen versuchen, dem oder der Einzelnen die Verantwortung für ihr Tun aufzubürden, die Politik selbst aber nicht handelt. Damit verdrängt sie den Kampf um das Klima aus dem Raum des Politischen und degradiert ihn zu einer Lebensstilfrage, zu einer kulturellen Frage.

Wenn man diese Art kultureller Verteilungskämpfe nicht will, muss man darum kämpfen, ein neues politisches Paradigma zu schaffen, eines, das die Gemeinsamkeit sucht und herstellt, ohne die Vielfältigkeit aufzugeben. Eines, das das Mitte-Versprechen nicht verächtlich macht, sondern der Mehrheit der Menschen ein Gefühl von Sicherheit vermittelt. Sich unter den Bedingungen der Gegenwart auf eine Mitte zu beziehen bedeutet, dass jenes individualistische, liberale, kosmopolitische, auf Selbstverwirklichung und das gute Leben ausgerichtete Milieu, das in den letzten Jahrzehnten die kulturelle Hegemonie errungen hat, dringend beginnen muss, sich um das gesellschaftliche Ganze zu kümmern.

Ja, dieses Milieu – gut gebildet, jung, global denkend und lokal handelnd, für Klimaschutz und für Diversität und Vielfalt streitend – neigt ganz maßgeblich meiner Partei, den Grünen, zu. Auch für mich selbst ist es gewöhnungsbedürftig und ein bisschen überraschend, dass ich nun nicht nur begrifflich in der »Mitte« angekommen bin. »Mitte« – das war lange das, was ich abgelehnt habe. Es klang nach Status quo, fehlender Veränderungsbereitschaft und mangelndem Fortschritt. Aber heute, in einer Zeit, in der sich die Handlungsfähigkeit von demokratischer Politik so dringend beweisen muss, sehe ich das anders. Ich, meine Partei, wir alle müssen kämpfen um eine neue Gemeinsamkeit in der Gesellschaft, um ein neues politisches Zentrum.

Das ist übrigens ein ganz anderer Kampf als der um die politische Mitte, wie sie immer wieder in der politischen Berichterstattung beschrieben wird. Letzterer setzt eine gegebene statische Mitte voraus. Genau das scheint mir aber der Fehler bzw. die Schwäche zu sein. Da sich die politische Mitte in normativer, wertegebender Hinsicht seit ein paar Jahrzehnten zunehmend auflöst bzw. auffächert, braucht es ein neues Zentrum.

Wenn man eine Politik der Polarisierung überwinden oder zumindest eindämmen will, muss man einen Raum öffnen, in dem unterschiedliche Erfahrungen und widerstreitende Interessen gegenseitig erlebbar werden. Dieser Begriff des Raums ist einerseits eine Metapher für einen politischen Diskurs, der die jeweils andere Sicht und Seite nicht verdammt, sondern sieht, andererseits ist er auch buchstäblich zu nehmen. Wir brauchen neue Räume der geteilten Erfahrungen und des Austauschs, die oben definierten öffentlichen Räume, in denen man zusammen Lebenswirklichkeit teilt, Schule, Sportverein, Marktplatz – auch das Internet, wenn es nicht nach Algorithmen der Isolierung und Polarisierung funktioniert.

»Mitte« ist vor diesem Hintergrund eigentlich ein verbrauchter, ein technokratischer Begriff. Er hat nichts Lebendiges. Er pulsiert nicht. Eigentlich rede ich, wenn ich von »Mitte« rede, vom Herzen der Gesellschaft, von einem Muskel, der schlägt, der den Körper insgesamt mit Blut versorgt, genauer: der sauerstoffarmes Blut mit sauerstoffreichem tauscht, mitten im Brustkorb, leicht links …

Und ja, die Erkenntnis, dass die Grünen sich nicht, wie es ihnen klassischerweise zugeschrieben wurde und wie sie es lange Zeit auch sich selbst zugeschrieben haben, mit dem Rollenverständnis der Avantgarde zufriedengeben können, sondern dass sie eine andere Verantwortung für die Breite der Gesellschaft wahrnehmen müssen, hat sich inzwischen durchgesetzt und meine politische Arbeit der vergangenen Jahre geprägt. Um die Bilder der Soziologen heranzuziehen: Sie zeichnen die aktuelle gesellschaftliche Situation stets so, dass die »alte« Mitte grafisch in der Mitte steht, während die Gewinner der Wissensgesellschaft, die kosmopolitische und individualistische »neue Mitte«, oben und das Dienstleistungsprekariat unten angesiedelt wird. Was aber, wenn es der Selbstanspruch der »neuen Mitte« wäre, nicht oben, sondern eben in der Mitte zu stehen und sich verantwortlich zu zeigen für die gesamte Gesellschaft? Was, wenn die, die an Selbstverwirklichung und individuellem Lebensstil besonders interessiert sind, es schaffen würden, für das Prekariat wie für die »alte Mitte« nicht nur Empathie aufzubringen, sondern auch politische Verantwortung zu übernehmen? Wenn sich progressive, das heißt für mich vor allem veränderungsbereite Kräfte, Parteien und Gruppen in dieser Pflicht sehen, kann eine Politik für die Breite der Gesellschaft gelingen. Das setzt aber voraus, dass Individualisten die gesellschaftlichen Zusammenhänge entdecken und anerkennen. Dass diejenigen, die um mehr Repräsentation kämpfen, die Repräsentativität von Entscheidungen in den Blick nehmen. Dass diejenigen, die stolz darauf waren, Avantgarde oder gesellschaftliches Außen zu sein, in der Mitte der Gesellschaft sein wollen.

Wenn das gelingt, kann Deutschland der gesellschaftlichen Spaltung wie in den USA oder Großbritannien entgehen, ohne im gleichen Trott und im Weiter-so zu verharren. Dann können wir als Gesellschaft über uns hinauswachsen. Und unsere Politik von der Verlustangst befreien. Dann kann es gelingen, nicht nur über die Reparaturmaßnahmen an einer brüchig gewordenen Normalität zu streiten und politisch im Dauerkrisenmodus zu agieren, sondern vorausschauend und vorsorgend die Dinge anders zu machen.

Isolde Charim fasst die Sehnsucht danach und die Schwierigkeit dieser Aufgabe in »Ich und die Anderen« zusammen. Sie argumentiert, dass die Pluralisierung und Individualisierung nicht – wie so oft behauptet – zu weniger politischem Engagement bzw. Sehnsucht nach Partizipation führt, sondern umgekehrt das Bedürfnis nach Partizipation eher größer wird. Aber dass es heute ein anderes Teilhabebedürfnis gibt, nämlich das »subjektive Gefühl, gehört zu werden, anerkannt zu werden, sich gemeint zu fühlen«. Und zwar als absolut Einzelner, nicht als Repräsentant einer Gruppe. Dieser Anspruch führt zum Vorwurf, nur noch eine Simulation von Politik zu wollen und dass das in Parteien eigentlich nicht gehe. Aber ich erkenne darin präzise die Beschreibung des heutigen Anerkennungsproblems. Es muss neue Resonanzräume geben, in denen man gehört wird, es müssen neue Orte geschaffen werden.

Charim macht diese Entwicklung an der Occupy-Bewegung des letzten Jahrzehnts fest, aber es ließe sich auch auf die bunten Demonstrationen von Unteilbar oder Fridays for Future übertragen. Charim schreibt zu Occupy: »So einzeln war man noch nie, so individualisiert war noch keine politische Bewegung. Es verbindet sie noch nicht mal ein Lebensstil. Denn ein solcher würde ja einheitliche Identitäten erfordern oder erzeugen.«

Die Grünen waren immer mehr als nur eine Partei, die vernachlässigte oder verdrängte Themen gesellschaftlich durchkämpfte (Ökologie, Frauenrechte, Ehe für alle, Tierschutz). Sie waren von ihrer Gründung an auch immer eine Partei, die neue Formen der politischen Willensbildung entwickelte. Das Misstrauen gegen Macht führte zu Doppelspitzen und der Trennung von Amt und Mandat. Die breite Basisbeteiligung, die aufwendige Personalstruktur, die Arbeitsgruppen und Landesarbeitsgemeinschaften, nicht zuletzt die Streitkultur selbst – so anstrengend sie sind, sie sind Mittel, unterschiedliche Menschen in ihrer Unterschiedlichkeit zu achten und trotzdem Wege zu finden, ein gemeinsames politisches Mandat zu formulieren. Diese Erfahrung könnte jetzt die Basis für eine zeitgemäße politische Antwort auf die demokratischen Herausforderungen unserer Zeit werden. Was wir erarbeitet haben, können wir jetzt in den Dienst der Gesellschaft stellen.

Um für Freiheit, Demokratie und Bürgerrechte zu kämpfen, gründeten sich vor über 30 Jahren in der ehemaligen DDR Bürgerrechtsgruppen wie das »Neue Forum«, der »Demokratische Aufbruch« etc. Bündnis 90 hat eine andere Tradition als die der Grünen. Es hat die Gesellschaft immer aus dem Zentrum heraus gedacht. Der Ansatz von Bündnis 90 war immer der, eine Bürgerbewegung für die Breite der Gesellschaft zu sein. Das ist der tiefere Grund, warum es diese ostdeutsche Bündnistradition so schwer hatte in meiner Partei. Heute sehen wir, dass der Bündnis-Gedanke ein Pfund ist, das wir durch das Zusammengehen unserer Parteien geerbt haben, aber erst in den letzten Jahren so richtig heben konnten. »Bündnis« meint dabei per Definition, dass Menschen unterschiedlicher Ansichten, Herkunft, Milieus zusammenarbeiten. Ein Bündnis unter Gleichen ist keines. Eine Koalition oder Allianz meint, dass Menschen, die nicht natürlich zusammengehören, sich politisch verbünden und für die gemeinsame Sache streiten. Jedenfalls temporär. Bündnisse sind liquide, dynamisch, sie verändern sich und formen sich neu.

Das ist für die politische Kommunikation oft eine Herausforderung und für die politischen Kommentator*innen eine Zumutung. Aber es ist die zeitgemäße Antwort auf die mangelnde Bindekraft der Volksparteien. Es ist eine eigenständige politische Tradition, die exakt die Position besetzt, die heute besetzt werden muss: für die Gesellschaft ein politisches Angebot zu formulieren, das nicht voraussetzt, dass erst einmal alle habituell gleich sein müssen, die gleichen Lieder singen, die gleichen Klamotten tragen, das gleiche Essen essen. Ja noch nicht mal die Motivation muss gleich sein. Ob jemand das Klima schützen will, weil er das aus seinem Glauben ableitet oder weil sie ein Geschäftsmodell hat, ob jemand Fridays-for-Future-Aktivist ist und für seine eigene Zukunft kämpft oder Großvater, der sich für die Zukunft seiner Enkel engagiert – sie sollen in ihrer Vielfalt unterschiedlich sein und bleiben können, sich aber dennoch auf ein politisches Mandat einigen.

Ein Bild, wie sich eine so vielfältige Gesellschaft verbinden kann und zu einer machtvollen Demonstration werden kann, fand ich auf der großen Demonstration in Berlin im Spätsommer 2018, bei denen Menschen auf die Straße gingen, um für das einzutreten, was sie eint: nämlich die gemeinsamen Grundwerte, die Freiheit und Würde des Einzelnen in einer offenen Gesellschaft zu schützen, also das, was von den illiberalen Kräften in Deutschland, in Europa infrage gestellt wird. Da lief die katholische Großmutter, die noch nie in ihrem Leben auf einer Demonstration war, neben der jungen Feministin mit gefärbten Haaren, der IG-Metall-Gewerkschafter neben der Schriftstellerin, der Raver neben der Mutter im Blazer. Sie hatten sich wahrscheinlich noch nie in ihrem Leben gesehen, sie führen wahrscheinlich völlig unterschiedliche Leben. Eigentlich würde man denken, sie haben miteinander nicht viel gemein. Aber der Moment, an dem sie aufeinandertrafen, zeigte, dass Gemeinsamkeit möglich ist. Für mich war es ein politischer Schlüsselmoment. Er zeigte, welche Kraft und Macht sich entwickelt, wenn wir das Gemeinsame nicht bis ins letzte Ästchen suchen, sondern in gemeinsamen Zielen und auf einem gemeinsamen Grund. Und was passiert, wenn Menschen aus den unterschiedlichsten Milieus Bündnisse schmieden und »eine Meinung, auf die sich viele öffentlich geeinigt haben«, wie die Philosophin Hannah Arendt schreibt. Das wäre die neue Interpretation des alten Mitte-Begriffs, das neue Herz einer pulsierenden Demokratie.

Macht als Beruf

Voraussetzung, dass ein solch gesellschaftliches Herz kräftig schlagen kann, ist allerdings, neu zu durchdenken, wie Macht funktioniert und ausgeübt wird. Vor allem die Machtfrage scheint mir manchmal der blinde Fleck progressiver Politik. Während Konservative und erst recht die Rechtspopulisten faktisch nichts anderes tun, als über Strategien der Macht nachzudenken und sie anzuwenden, ist Macht in meinem Milieu immer noch ein verpöntes Wort. Es klingt nach Herrschaft, Korruption, Unterdrückung, Verrat von Idealen. Aber wenn es auch nur halbwegs stimmt, dass die alten demokratischen Institutionen an Legitimation eingebüßt haben, dass in einer vielfältigeren Gesellschaft mit einem unsicheren Wertefundament das Zentrum kleiner und poröser wird, dann ist die vermeintlich vornehme Zurückhaltung gegenüber der Machtfrage falsch.

Irgendwer hat nämlich immer Macht.

In einem fundamentalen Sinn ist Macht der Sinn von Wahlen: Die Verabredung der repräsentativen Demokratie ist, die Macht zu übertragen. Und die Krise der Repräsentation ist in diesem Sinn eine Krise dieser Verabredung. Es ist eine Krise der Macht. Wenn die Klimakrise als die Bedrohung unseres Jahrhunderts nur in Trippelschritten angegangen wird, wenn Amazon, Google und Facebook immer noch kaum Steuern zahlen, wenn über Cum-Ex- und Cum-Cum-Geschäfte Milliarden am Fiskus vorbeigeschleust wurden, wenn DAX-Konzerne betrügen – auch ihre Anleger –, aber die staatliche Aufsicht jene Investigativjournalist*innen anzeigt, die den Betrug aufdecken, wenn umgekehrt die soziale Ungleichheit immer mehr zunimmt, wenn zu viel Nitrat auf den Feldern ausgebracht wird, obwohl die europäischen Vorgaben und das Urteil des höchsten europäischen Gerichts längst das Gegenteil verlangen, wenn Mieten trotz sogenannter Mietpreisbremse explodieren, wenn man seit Jahren weiß, dass es trotz einer Gesundheitsreform nach der nächsten zu wenig Pflegekräfte gibt und die wenigen zu schlecht bezahlt sind, dann erscheint unsere demokratische Politik tatsächlich machtlos. Es wächst das Misstrauen, dass sich eine ehrgeizig gestaltende Politik in einer Demokratie mit ihren komplizierten Aushandlungsprozessen nicht mehr durchsetzen kann. Dieses schwelende Misstrauen frisst sich in das Herz der Gesellschaft und kulminiert im schlimmsten Fall in dem Wunsch nach dem starken Führer, dem autoritären Mann, Typen wie Trump oder Putin.

Wie gesagt: Die wachsende und beklemmend große Zahl an Zweiflern, ob unsere liberale, repräsentative politische Ordnung die richtige ist, um die Probleme zu bewältigen, ist ein Alarmzeichen. Die Politik soll die Dinge klären, die größer oder komplizierter sind als unser Alltag. Und in einer Demokratie geben wir Politiker*innen das Mandat, für uns Entscheidungen zu treffen, die wir dann nicht mehr selbst zu treffen brauchen. Sie sollen Regeln aufstellen, die uns entlasten, damit wir in unserem Alltag nicht permanent über alles und jedes nachdenken müssen. Politik ist Macht als Beruf. So wie Macht aus dem alltäglichen Tun erwächst, so sind die Handlungen in der Politik immer auch Werkzeuge des Machterwerbs, der Machtausübung oder des Machterhalts. Und demokratische

Politik ist eine besondere Form der Aufgabenteilung, denn sie setzt Macht in formale, institutionalisierte Prozesse um.

Der Begriff »Macht« geht im Deutschen tatsächlich auf das Verb »machen« zurück. Man kann »machen« synonym mit »können, bilden, fähig sein« verwenden. Im Verb bildet sich sowohl ein unmittelbarer Bezug zu Dingen als auch zu sozialen Beziehungen ab. Man kann »sich zum Gespött machen« oder »sich Feinde machen« oder »Abendessen machen«. Beiden gemein ist, dass damit eine Fähigkeit verbunden ist. Durch das Machen bildet sich eine Beziehung. Und zwar eine Beziehung, die einer Fähigkeit Ausdruck verleiht. Wer kocht, wird Koch. Wer kellnert, ist Kellner.

Macht entsteht also aus dem Alltag und durch das Tun bzw. der Bereitschaft und der Fähigkeit, etwas zu tun, Verantwortung zu übernehmen. Das Tun erzeugt allerdings eine Hierarchie, sie etabliert einen Unterschied. Es ist eben der Koch, der kocht, und nicht der Kellner. Der kellnert ja.

Machtfreie Räume gibt es nicht. Auch wenn man nicht sieht, wie Macht ausgeübt wird, sie ist stets da. Das heißt, der Wunsch, Macht *nicht* auszuüben, führt nicht dazu, dass sie nicht ausgeübt wird, sondern nur dazu, dass sie von jemand anderem ausgeübt wird.

Macht gehört deshalb wieder verstärkt in die Hände von Politik. Das verlorene Primat der Politik gegenüber der Wirtschaft, insbesondere der Finanzwirtschaft, war ja gerade ein Punkt für den Frust, der sowohl die Occupy-Bewegung antrieb als auch dem Brexit Auftrieb gab. Das Primat muss zurückerkämpft werden. Gerade progressive Kräfte müssen Macht wollen, Macht auch können und dabei Institutionen respektieren. Sie müssen es besser machen wollen, statt sich in vornehmer Abstinenz von der Macht fernzuhalten. Durch machtvolle Ausübung des politischen Mandats kommt auch Vertrauen zurück. Solange Macht von den Bürger*innen verliehen wird, solange Politik rechenschaftspflichtig ist, auf Zeit und nicht auf eine oder wenige Personen konzentriert ist, ist sie elementar für Demokratie.

Akzeptiert man, dass Macht zu jeder Gesellschaft gehört, ist die wichtige politische Frage nicht mehr, was das Wesen von Macht ist oder ob sie überhaupt ein Wesen hat, sondern wie sie funktioniert. Kann Macht auf verschiedene Weise ausgeübt werden und hat das unterschiedliche Effekte auf Menschen?

Der erste Denker der Macht, der nach dem Wie gefragt hat, war der Florentiner Niccolò Machiavelli, der in seinem 1513 veröffentlichten so berühmten wie berüchtigten Traktat »Der Fürst« verschiedene Herrschaftsformen miteinander vergleicht und damit der Machtausübung die Selbstverständlichkeit des Gottgegebenen nimmt. Wenn man Macht besser oder schlechter gebrauchen kann, dann heißt das auch, dass man sie auf legitime (oder illegitime) Weise gewinnen oder verlieren kann. Es gibt keinen natürlichen Anspruch auf Macht. Sie wird erworben und muss sich legitimieren. Macht wird so bezweifelbar, ja zweifelhaft. Gegen die Annahme, alles tun zu können, weil man im Besitz einer höheren Moral ist, formuliert Machiavelli die These, dass ein höchstes Gut nur durch die richtige Ausübung der Macht erfolgreich und legitimiert sein kann, dass es nicht aus sich selbst heraus überlegen ist. Die Frage ist nicht, ob Macht gut oder schlecht ist, sondern wie sie richtig angewandt werden kann, um möglichst erfolgreich politischen Zwecken zu dienen.

Was wie kalter Zynismus klingt, ist bei Licht betrachtet

eine Philosophie der Selbstbescheidung, mindestens könnte sie den Grundstock dafür legen. Bei einem guten Gebrauch der Macht heiligt der Zweck eben nicht die Mittel. Bei einem schlechten Gebrauch ist es genau andersherum: Das Mittel wird zum Zweck, Macht zum Selbstzweck. Der Sinn von Regieren ist nicht mehr gestalten, sondern in der Regierung zu bleiben. Wer so regiert, droht die Wirklichkeit zu beugen und Menschenleben zu opfern.

Diejenige Denkerin, die sich in der jüngeren Vergangenheit vielleicht am intensivsten mit dem ambivalenten Charakter von Macht und Machtausübung auseinandergesetzt hat, ist die deutsch-amerikanische Philosophin Hannah Arendt. Arendt unterscheidet in ihrem Buch »On Violence«, das 1970 vor dem Hintergrund des Vietnamkriegs, der Studierendenproteste und der Konflikte zwischen Schwarzen und Weißen entstand, zwischen »Macht« und »Gewalt«. Macht, schreibt sie, ist eine Notwendigkeit, wenn Menschen miteinander interagieren. Macht schließt Freiheit nicht aus, im Gegenteil: Sie ist nur da, wo Freiheit ist.

Auch der Soziologe Niklas Luhmann definiert Macht in seinem Aufsatz »Gesellschaftliche Grundlagen der Macht« als »eine soziale Beziehung, in der auf beiden Seiten anders gehandelt werden könnte«. Politische Macht ist demnach per Definition immer eine Ausübung von Einfluss auf freie Menschen. Wo Menschen nicht frei sind, ist die Rede von Macht sinnlos.

Wie genau Macht ausgeübt wird, ist dabei erst einmal völlig egal. Einfluss kann natürlich auch mit Geld erkauft werden, durch Erpressung oder Korruption entstehen, wie es bei Parteispenden von Firmen oder beim Wechsel von Politikern in die private Wirtschaft immer wieder der Fall ist und wie man es zum Beispiel im amerikanischen Wahlkampf beobachten kann, wo es keine staatliche Parteienfinanzierung gibt und alle Kandidaten Millionenbeträge bei Spendern einwerben müssen. Dennoch: Das meiste Geld führt nicht automatisch zum Wahlsieg. Die Menschen können sich noch immer gegen den Kandidaten entscheiden. »Sowohl für den Machthaber als den Machtunterworfenen muss die Beziehung so definiert sein, dass beide anders handeln können«, schreibt Niklas Luhmann.

Gegen diese Macht, die immer Freiheit voraussetzt, stellt Arendt den Begriff der Gewalt. Wenn Menschen nicht mehr frei sind, zu entscheiden, endet Macht, und Gewalt beginnt. Gewalt ist für Arendt das Scheitern von Macht. Da, wo Macht versagt, entstehe Machtmissbrauch – und Gewalt. »Gewalt« sei eine pervertierte Macht, bei der man eben über keine Autorität mehr verfüge. »Wo die Gewalt in die Politik selbst eindringt, ist es um die Politik geschehen«, stellt Arendt fest. Gewalt ist nicht die Fortsetzung von Politik mit anderen Mitteln, wie der preußische General Clausewitz über den Krieg schrieb, sondern die Zerstörung von Politik. Gewalt dokumentiert in dem Sinn Machtlosigkeit. Sie ist ein Indikator dafür, dass man die Macht eigentlich verloren hat. Wenn Präsident Lukaschenko in Belarus mit brutaler Gewalt gegen Demonstrierende vorgeht und Jugendliche in Gefängnisse stecken lässt, dann beweist das, dass er die Wahl eigentlich verloren hat.

Um auf den Koch und den Kellner zurückzukommen: Ja, der Koch übernimmt Verantwortung für die Mahlzeit, weil er es kann und will. Aber ohne den Kellner läuft in der Gaststätte ja auch nichts, da bleibt die Mahlzeit in der Küche stehen und bezahlt wird auch nicht. Macht ist eine schaffende, die Gesellschaft konstituierende und formende Kraft. Sie strukturiert eine Gesellschaft, indem sie Aufgaben und Arbeiten aufteilt. Eine soziale Beziehung, die ordnet und die Komplexität unseres Alltags reduziert. Ohne Macht kein Miteinander. Macht entlastet uns. Unsere Welt wäre noch komplizierter, als sie eh schon ist, wenn wir jedes Mal neu aushandeln müssten, wer was tut und tun darf und wer was zu sagen hat. Der Philosoph und Anthropologe Arnold Gehlen begründet das Entstehen von Machtstrukturen mit einem »Entlastungsbedürfnis« von Menschen. Bestimmt zu werden, Entscheidungen nicht treffen zu müssen kann erleichternd sein. Jeder weiß, wie gut es sich anfühlen kann, wenn einem jemand eine Entscheidung abnimmt. Machtverhältnisse sorgen für klare Verhältnisse, reduzieren Konflikte und sorgen für eine bessere Aufgabenteilung. Womöglich findet sich hier ein Grund für die Verführbarkeit von Menschen durch starke Führer: Die eigene Verantwortung wird abgegeben und im Extremfall aufgegeben. Demokratie dagegen ist anstrengend, weil die Verantwortung der Machtübertragung immer wieder zu jedem Einzelnen zurückkehrt.

Aber auch die Demokratie funktioniert nicht ohne eine gewisse Stabilität von Macht, sonst wäre es die Aufgabe jeder gesellschaftlichen Ordnung, sprich eine Anarchie. Auch wenn wir es uns nicht immer klarmachen, führt Aufgabenteilung immer zu hierarchischen Verhältnissen. Anarchie oder eine machtfreie Gesellschaft kann es deshalb nur ohne Arbeitsteilung geben, also ohne Spezialisierung von Berufen oder Expertentum. Eine machtfreie Gesellschaft ist folglich keine moderne, sondern eine archaische.

Dennoch muss sich die Ausübung von demokratischer Macht heute unterscheiden von der von vor 30 Jahren, wenn man die gesellschaftlichen Fliehkräfte einbremsen will. Sie muss reflektieren, dass es einen wachsenden Zweifel an dem Repräsentationsversprechen gibt, und bedenken, dass falsch angewandte Macht zur Machenschaft werden kann. Denn sosehr die repräsentative Demokratie angewiesen ist auf die Akzeptanz von Macht, so richtig ist auch, dass Macht aus sich selbst heraus zur Formalisierung neigt, zur Statik, auch zur Rechthaberei. Die Kraft des Aufbruchs verknöchert, wenn Macht sich etabliert. Was erfolgreich ist, trägt in sich bereits den Kern des Misserfolgs, denn durch den Erfolg bildet sich Macht und mit Macht Hierarchie und mit Hierarchie ein Ausgrenzen von denen, die nicht Teil des Machtgefüges sind. Auch demokratisch legitimierte Macht hat eine innere Dynamik, sich immun zu machen, sich als überlegen abzuschirmen und Menschen immer weniger teilnehmen zu lassen an demokratischen Prozessen. Macht braucht Kooperation, aber sie treibt aus sich heraus in die Konfrontation. Sie ist eben niemals unschuldig. Es ist Zeit, ein neues Machtverständnis zu entwickeln. Eine Macht des Miteinander.

Im Einvernehmen

Die meisten politischen Theorien von Denker*innen der Freiheit haben versucht, Macht einzugrenzen. Für Hannah Arendt dagegen ist Macht nicht reine Selbstbehauptung und Durchsetzung der eigenen Interessen, sondern »übereinstimmendes Handeln« (acting in concert). Macht beruht auf der Legitimierung und Zustimmung von denen, die sie nicht haben. Es ist eben nicht nur so, dass die Mehrheit der Bevölkerung darauf angewiesen ist, dass eine Minderheit, etwa die Regierung oder die Volksvertreter*innen, für sie die Prozesse organisiert. Sondern diese Minderheit ist auch darauf angewiesen, immer wieder bestätigt zu werden, das tatsächlich auch tun zu dürfen. Und es wäre ein sehr falsches Verständnis von politischer Macht, wenn man glauben würde, es reiche, diese Legitimierung nur alle vier oder fünf Jahre bei den Wahlen einzuholen.

Ich hatte als Minister in Schleswig-Holstein einen gesellschaftlichen Konflikt nach dem nächsten an der Backe. Stromnetze sollten gebaut und Windkraftanlagen errichtet werden, Atomkraftwerke zurückgebaut und Platz für den Bauschutt gefunden werden. Aber wo? Die Landwirtschaft sollte mehr für den Schutz von Tieren und Natur tun, aber mehr Platz für die Natur hieß weniger Ertrag für die Landwirt*innen. Die Fischer sollten weniger fischen, waren aber eh schon von der Pleite bedroht. So ging das in einem fort.

Und immer, wenn der Interessenkonflikt zu einem klassischen Machtkonflikt wurde, wenn die Landwirte zum Beispiel lautstark demonstrierten, weil ich einen Gesetzesentwurf zum Naturschutz durchs Kabinett oder den Landtag bringen wollte, wurde es schwierig, gemeinsam getragene Lösungen zu finden. Das ist nicht so verwunderlich. Denn wenn ein Bauernpräsident vom Hänger herunter erst einmal eine wütende öffentliche Rede gegen mich gehalten hatte, war es schwer für ihn, das Gesagte wieder einzuholen. Immer wenn ein Gemeinderat beschlossen hatte, keinen Deponieschutt aus Atomkraftwerken aufzunehmen, war es nur um den Preis des Gesichtsverlusts möglich, das am Ende doch zu tun. Und genauso galt es für mich: Wenn man einen Vorschlag ändert, entscheidet, eine Verordnung doch nicht zu erlassen oder auf eine Regelung zu verzichten, gilt man schnell als der »Umfaller«. Aber wenn man aus Angst vor diesem Urteil dann nach dem Motto »Macht ist Recht« doch agiert, gibt es der anderen Seite kaum noch Möglichkeiten, einem vielleicht irgendwann recht zu geben.

Mir hat die Arbeit in diesem Ministerium, in dem ich ständig Konflikte zu lösen hatte, beigebracht, dass Macht sehr viel besser funktioniert, wenn man Menschen vorher fragt, wie – nicht ob – sie es denn machen würden, wenn man sie ernst nimmt, auch ihre Gefühle und Ängste. Die Dinge, die gut gelaufen sind, als ich Minister in Schleswig-Holstein war, waren die, bei denen ich frühzeitig den Austausch gesucht habe und die Betroffenen sich beteiligen konnten.

Der Stromnetzausbau ist dafür ein gutes Beispiel. Mein Land, das Land zwischen den Meeren, produziert viel Windstrom, hatte aber lange Zeit den Stromnetzausbau Richtung Süden vernachlässigt. Das ist nachvollziehbar, denn niemand findet Stromleitungen in seiner Nähe gut. Aber ohne diese ist es nicht möglich, dass wir ohne Atom- und Kohlekraft genug und verlässlich Strom haben. Also beriefen wir Bürgerkonvente ein, mit einem klaren Ziel: Irgendwie muss der Strom von A nach B kommen, nicht irgendwann, sondern schnell. Wir verkürzten die formale Beteiligung, indem wir die sogenannten Raumordnungs- und Planfeststellungsverfahren zusammenlegten, schufen dafür aber informelle Möglichkeiten der direkten Einflussnahme auf die Planungen. Die Turnhallen waren voll, und zwar durchaus voller empörter Menschen. Aber wir kamen miteinander ins Gespräch. Wir gingen Umwege, indem wir die Ideen für Alternativen zum Netzausbau öffentlich berieten. Die Bürgerinitiativen konnten sich Gutachter suchen, Konvente veranstalten und die Presse konnte darüber berichten. So entstand erst eine andere Atmosphäre, dann entstanden neue konstruktive Ideen.

Am Ende übernahmen die Menschen Verantwortung. Ich werde nie vergessen, wie vier Bürgermeister, zwei Männer, zwei Frauen, einvernehmlich vorschlugen, die Planungen zu verändern, und zwar so, dass eine Gemeinde stärker als die drei anderen betroffen sein würde. Diese trug die Entscheidung mit, weil sie selbst fand, dass es auf ihrem Gemeindegebiet weniger Wälder, wertvolle Natur oder Besiedlung gab. Die Leitung wurde in Rekordzeit genehmigt und ist im Bau, es gab so gut wie keine Klagen, auch die Naturschutzverbände trugen das Ergebnis mit. Meine Erfahrung: Da, wo tatsächliche Fortschritte bei hochumstrittenen, umkämpften Themen gelangen – beim Konflikt zwischen Naturschutz und Landwirtschaft, Landwirtschaft und Tierschutz, Fischerei und Meeresschutz, Küstenschutz und Nationalpark, Energiewende und dem Schutz von Anwohnern und Natur, Waldnutzung und

Wiedervernässung von Mooren –, gelangen sie durch runde Tische, weil wir als Politik Verbände, Bürgerinnen und Bürger fragten, weil wir flexibel genug waren, neue Wege zu gehen. Wenn man nicht gefragt und eingebunden wird, dann kann man nur im Dagegen enden. Erst diese Form von Ermächtigung gibt Menschen die Fähigkeit, auch Ja zu sagen.

Arendt beschreibt das so: »Was den Institutionen und Gesetzen eines Landes Macht verleiht, ist die Unterstützung des Volkes, die wiederum nur die Fortsetzung jenes ursprünglichen Konsenses ist, welcher Institutionen und Gesetze ins Leben gerufen hat.« Macht entsteht also durch soziales Miteinander, sie »entspricht der menschlichen Fähigkeit, nicht nur zu handeln oder etwas zu tun, sondern sich mit anderen zusammenzuschließen und im Einvernehmen mit ihnen zu handeln«.

Hier, denke ich, ist zumindest eine Spur gelegt, wie man politische Macht heutzutage so einsetzen kann, dass sie wieder eine stärkere Akzeptanz erhält. Wenn es richtig ist, dass es eine Krise der Repräsentation gibt, wenn die Verbindung zu zerreißen droht zwischen Politik und Wählern, und deshalb die Demokratie in Rechtfertigungsnot gerät, dann sind neue Formen der Beteiligung ein Weg, Spannungen nicht zu Rissen werden zu lassen. Macht verlangt, sich auf etwas gemeinsam zu verabreden. Die entscheidende Formulierung dafür ist »im Einvernehmen«.

Im Einvernehmen zu handeln bedeutet nicht, dass alle Menschen der gleichen Meinung sind. Es bedeutet nicht Einstimmigkeit, aber eine Übereinstimmung, die auf gegenseitigem Verstehen, auf einer Verständigungsbereitschaft beruht. Dass man also grundsätzlich bereit ist, Konflikte auf einer gemeinsamen Grundlage auszuhandeln, und am Ende sagen kann, das ist fair zugegangen. Durch diese Erfahrungen wird im Idealfall ein neues gesellschaftliches Zentrum geschaffen. Die Zahl derjenigen, die grundsätzlich bereit sind, mitzuziehen bei den Veränderungen, werden durch solche Prozesse mehr.

Beim Stromnetzausbau waren am Ende die Leute, die eine Stromleitung in die Nähe ihrer Häuser gesetzt bekamen, natürlich nicht glücklich. Niemand freut sich über 70 Meter hohe Masten. Das politische Ziel aber war, dass sie zumindest sagen konnten, ihre Argumente seien gehört, gewogen und begründet und nachvollziehbar verworfen (oder auch übernommen) worden. Dadurch ergab sich eine gemeinsam getragene Entscheidung. Im Einvernehmen bedeutet, dass man eine Entscheidung mitträgt, auch wenn man anderer Meinung ist. Im Einvernehmen bedeutet gerade nicht, dass die Mehrheit über die Minderheit obsiegt, sondern dass auch diejenigen, die für ihre Position keine Mehrheit gewonnen haben, die gefundene Lösung akzeptieren oder zumindest ihr Zustandekommen für gut erachten. Es bedeutet respektvollen Umgang und Anerkennung Andersdenkender. Es ist das Leitwort einer neuen Machtkultur.

Der Begriff des Einvernehmens bringt für mich auf den Punkt, wie Macht ausgeübt werden sollte, wenn Politik unter den Bedingungen unserer Zeit handlungsfähig sein will. Beim Einvernehmen ist niemand gezwungen, aber man fühlt sich ihm verpflichtet. Entscheidend ist der Dialog, das Gespräch, das Zuhören und Hören der anderen Seite. Wenn die gesellschaftliche Würde des Einzelnen davon abhängt, dass die, die Macht haben, ihn sehen und hören, dann muss Macht kleiner werden, wenn sie groß sein will. Wer gehört werden will, der hört zu. Denn Stärke ist nicht gleich Lautstärke. Wer angreifen will, muss angreifbar sein. Es ist der Gebrauch von Macht, der darüber entscheidet, welche Gesellschaft wir sind. Die zeitgenössische Grammatik der Macht spricht eine andere Sprache als die autoritäre, dominante und rechthaberische. Manchmal beweist sich die eigentliche Stärke am ehesten, wenn man anderen den Vortritt lässt. Und Einvernehmen ist der stillschweigende oder manchmal auch ausgesprochene Konsens, dass es fair zugeht.

Fair wiederum meint hier etwas anderes als gerecht. »Gerechtigkeit« als Begriff ist eine objektive Kategorie, die sich letztlich auch in Daten, Zahlen und Fakten messen lassen kann. Es ist umstritten, wie man Gerechtigkeit definiert, mit welchen Daten, Zahlen und Fakten, aber dass man sie definieren kann, ist es nicht. Fairness wiederum braucht die subjektive Zustimmung. Ob es fair zugeht, hängt maßgeblich davon ab, ob die Menschen das so empfinden. Fairness setzt eine bestimmte Form von Akzeptanz voraus, dass Entscheidungen formal richtig getroffen und die Folgen und Konsequenzen angemessen bedacht wurden. Der US-amerikanische Philosoph John Rawls beschreibt in seinem letzten Buch »Gerechtigkeit als Fairness« Fairness als »Überlegungsgleichgewicht« (reflective equilibrium) und »übergreifenden Konsens« (overlapping consensus). Auch wenn Bürgerinnen und Bürger nicht einer Meinung sind, ja auch wenn sie erhebliche Meinungsunterschiede haben, was im Einzelfall gerecht ist und wie genau sich Gerechtigkeit realisieren kann, gibt es in einer Gesellschaft, die sich als fair betrachtet, doch einen »überschneidenden Konsens über die Grundsätze der Gerechtigkeit«.

Unterschiedliche Weltsichten, politische Einstellungen, gegensätzliche politische Werte sind in einer Demokratie nichts

Schlechtes. Im Gegenteil. Sie sind das Elixier einer freiheitlichen Demokratie. Aber sie sind darauf angewiesen, dass es eine Gemeinsamkeit gibt, ein Grundverständnis darüber, dass die Prinzipien der Meinungs- und Mehrheitsbildung gute Prinzipien sind.

Zeitgemäß verstanden ist Macht also dialogisch, nicht monologisch, sie ist informell und subtil, nicht starr und autoritär. Zeitgemäß verstanden zeigt sich Macht nicht darin, dass man Gehorsam oder Unterwürfigkeit verlangt, nicht darin, dass Machthabende wie Potentaten auftreten, sondern dass sich Gruppen formieren und Menschen sich untereinander verabreden, Dinge zu tun, zu handeln. So formt die Ausübung von Macht eine Gesellschaft. Der US-amerikanische Soziologe und Systemtheoretiker Talcott Parsons schreibt in »On the Concept of Political Power«, dass Macht die allgemeine Fähigkeit eines sozialen Systems ist, »die Dinge im Sinne eines kollektiven Ziels« zu erledigen. Macht steht also einem Gemeinsinn nicht entgegen, sie ermöglicht geradezu, kollektive Ziele umzusetzen. Und damit erst schafft sie das Kollektiv, denn ohne Arbeit an gesellschaftlichen Zielen und entsprechenden Handlungen wäre es sinnlos, von einer Gesellschaft zu sprechen.

Macht schafft also politische Gemeinschaften. An ihr und durch sie bildet sich Politik als System erst heraus. So verstanden muss man als Demokrat immer um Macht kämpfen – nicht nur in Wahlkämpfen. Durch Macht finden Gruppen zu einer Gemeinsamkeit zusammen. Und umgekehrt: Macht ist zwingend darauf angewiesen, dass es eine Gesellschaft gibt, die zuhört und der man als Machthabender zuhört. Wer alleine ist, mag glauben, dass er etwas zu sagen hat. Aber in Wahrheit ist er nur im Selbstgespräch.

Verwaltung, Lobbyismus und Bürgerräte

Im Denken Hannah Arendts steht mit »Einvernehmen« ein Begriff bereit, der für mich eine zeitgemäße Haltung bei der Ausübung von politischer Macht zusammenfasst. Er ist ein Wegweiser für die richtige, respektvolle Haltung und Kommunikation.

Aber politische Macht bildet sich wesentlich auch durch Institutionen ab, durch Parlamente, Gerichte, die Verwaltung. Politische Macht ohne Institutionenmacht ist eine willkürliche. Erst die Institutionalisierung macht sie berechenbar und begrenzt sie. Das Vertrauen, dass die Verwaltung allein auf der Grundlage des Gesetzes und nicht abhängig von den jeweiligen politisch Machthabenden entscheidet, ist ein Pfund der liberalen Demokratie – auch wenn immer die Gefahr droht, dass die Verwaltung »Dienstwissen in Geheimwissen« umwandelt, um sich »immun« zu machen gegen Kontrolle, wie Max Weber in »Wirtschaft und Gesellschaft« schon 1922 schrieb. Aber er schrieb auch, dass der moderne Staat zwingend auf eine funktionierende Verwaltung angewiesen ist.

Wir müssen uns darauf verlassen können, dass die Institutionen funktionieren, wenn wir dem Staat vertrauen wollen. Deshalb sind zum Beispiel rechtsradikale Tendenzen in der Polizei oder bei der Bundeswehr besonders schlimm, weil sie das Vertrauen in die verfasste Staatlichkeit zerstören. Und dieses Vertrauen ist nach all den Skandalen allein der jüngsten Vergangenheit sowieso schon schwer angekratzt. Die Manipulation der Dieselmotoren durch VW und die lasche Aufsicht des Kraftfahrt-Bundesamtes, das Maut-Desaster, die Finanzskandale um Immobiliengesellschaften, Banken und Finanzdienstleister wie WireCard, der sich über ausgediente Politiker Termine und offensichtlich auch das Wohlwollen bei der Bundesregierung erschlich, die ungeheuer teuren Aufträge der Bundeswehr für neue Waffensysteme und Schiffe – sie alle schaden dem Vertrauen in die richtige politische Machtausübung.

Zwar bedeutet Lobbyismus erst einmal nichts anderes als den Versuch, seine Interessen zu vertreten und Politik zu beeinflussen. Das ist das legitime Recht von jeder und jedem in der Demokratie. Deshalb ist Lobbyismus nicht an sich schlecht. Ich erwarte geradezu, dass die chemische Industrie lobbyiert, wenn es um neue Chemikalienrichtwerte geht, oder die Naturschutzverbände zugunsten des Naturschutzes.

Aber Einfluss braucht klare Grenzen. Die Macht der Lobbyisten darf nicht über funktionierender Staatlichkeit stehen. Und ein Lobbyismus, der Abgeordnete mit teuren Reisen oder Aktienoptionen versorgt, damit der Abgeordnete sich für ein Unternehmen, eine Branche einsetzt, oder mit Aufsichtsratsposten oder lukrativen Beratertätigkeiten für die Zeit nach der Politik ködert, muss geächtet werden. Das Mindeste ist, dass transparent wird, welche Bestandteile eines Gesetzes von wem geschrieben wurden.

Aber mit der Transparenz ist Lobbyismus natürlich noch nicht gebannt. Er wird nur erkannt. Bei der Kontrolle des Finanzmarkts ist es schlicht so, dass diejenigen, die Anlageformen so strukturieren, dass Steuerschlupflöcher ausgenutzt werden können, gegenüber denen, die diese finden sollen, x-fach besser bezahlt sind. Die Wirtschaft, gerade die Finanzwirtschaft, ist der staatlichen Kontrolle und Aufsicht an Schlagkraft und Know-how oft überlegen. Die private Wirtschaft wirbt gute Mitarbeiter*innen ab. Auch juristische Expertisen müssen oft von privaten Anbietern eingekauft werden, was nicht nur teuer ist, sondern auch das Tor für Einflussnahme öffnet.

So verfällt man immer häufiger darauf, Entscheidungen von sogenannten Expertenkommissionen vorbereiten zu lassen. Diese Kommissionen sollen das Regierungs- oder Parlamentshandeln auf ein höheres fachliches Niveau heben. Die bekannteste Kommission in Deutschland war wahrscheinlich die Hartz-Kommission, die die Agenda-Reformen der Regierung Schröder vorbereitete. Aber die Experten, die in diesen Kommissionen sitzen, sind nie gewählt worden. Sie können auch nicht abgewählt werden. In einem gewissen Sinn holt sich die Politik mit diesen Experten den Lobbyismus direkt ins Haus. Das kann so nicht bleiben. Wenn man Lobbyismus eindämmen will und den Versuch abwehren, das Parlament zu manipulieren, dann müssen die öffentlichen Institutionen sehr viel besser ausgestattet werden, damit sie fachlich mithalten können.

Aber es gibt natürlich auch einen Lobbyismus direkt aus der Verwaltung und den Parlamenten. Wenn zum Beispiel Steuerberater*innen im Parlament sitzen, sind diese nicht nur Experten in Sachen Steuerrecht, sondern oft auch Freiberufler, die einen privaten Vorteil haben, wenn dieses Recht Steuersparmodelle zulässt. Wenn Landwirt*innen in den Parlamenten über die Agrarsubventionen abstimmen, dann stimmen sie in der Regel über ihre eigenen Einkünfte ab. Das Problem der impliziten oder expliziten Einflussnahme wird immer größer.

Am Ende aber hängt der Kampf gegen den Lobbyismus auch am Politikverständnis selbst. Wer glaubt, Politik sei das Mikromanagement von Detailfragen und die großen gesellschaftlichen Grundsatzfragen seien nicht so wichtig, seien nur »Philosophie« und Gelaber, der schwächt eine wertegeleitete Politik, reduziert sie auf besseres Verwaltungshandeln, verkennt, was die staatliche Grundordnung eigentlich vorgibt: Die Politik entscheidet über die Richtlinien, die Verwaltung setzt sie um. Nicht umgekehrt. Werte beschreiben unsere Welt. Und wer das bewusst verdreht, entwertet Politik und sollte bei der nächsten Wahl als Unterabteilungsleiter und nicht für den Bundestag oder gar die Regierung kandidieren.

Leider muss man feststellen, dass genau diese Tendenz Einzug hält. Sie führt aber am Ende dazu, dass man den Wald vor lauter Bäumen nicht mehr sieht, dass man vor lauter Spiegelstrichen und Fußnoten nicht mehr weiß, was oben und unten ist und wofür man eigentlich kämpft. Es ist eben nicht richtig, dass jemand selbst Landwirt*in sein muss, um Landwirtschaftsminister*in zu sein. Es hat lange genug gedauert, dieses Mantra zu brechen. Renate Künast war die Erste, der das gelang.

Politiker*innen sind in erster Linie Vertreter*innen der Bevölkerung und sollen ihre Interessen wahrnehmen. Das heißt, dass sie sich im Zweifel eben gegen das »Haben wir immer so gemacht« oder gegen das »Geht nicht, weil ...« durchsetzen müssen. Sie müssen das Fachwissen mit den gesellschaftlichen Ansprüchen, Hoffnungen, Ängsten und Erwartungen konfrontieren. Selbstverständlich sollte man nicht aufgrund von Vorurteilen und Uninformiertheit entscheiden. Am Ende aber ist die Aufgabe der Politik nicht allein und nicht zuallererst, Fachwissen zu sammeln, sondern Werte und Normen gegeneinander abzuwägen, die systemischen Probleme unserer Zeit zu begreifen und so dem Land Richtung und Orientierung zu geben. Als Minister – oder auch als Parteivorsitzender – kann man nie der bessere Biologe, Geologe, Ingenieur, Energie- oder Steuerfachmann, Gesundheits- oder Geheimdienstexperte sein. Aber man kann wissen, auf wen man sich verlassen kann, und erkennen, ob ein Vorschlag oder Argument der guten Sache dient oder der Verteidigung eines schlechten Status quo.

Für eine breitere demokratische Beteiligung galten lange Zeit Elemente der direkten Demokratie als Mittel der Wahl, bei der über verschiedene Quoren Anträge aus der Mitte der Zivilgesellschaft gestellt werden können. Mein Bundesland war eines der ersten Länder, das diese Möglichkeit schuf. Prompt stimmte die Mehrheit der Schleswig-Holsteiner 1998 gegen die Einführung der damals neuen Rechtschreibreform. Und so wurde in meinem Bundesland eine Zeit lang anders geschrieben als im Rest der Republik. Das war, wenn man sich nochmals die menschliche Neigung zum Festhalten an der Vergangenheit vor Augen führt, wahrscheinlich wenig überraschend – und dennoch nicht der Weisheit letzter Schluss. So hob der Landtag den Beschluss ein Jahr später wieder auf – und alle Seiten blieben beschädigt zurück. Ich war trotzdem immer ein Vertreter für mehr direktdemokratische Elemente in der Politik. Aber meine Erfahrungen mit direkter Demokratie haben Spuren hinterlassen. Und die Frage nach der Repräsentation von Unterrepräsentierten wird durch sie auch nicht automatisch zufriedenstellend beantwortet.

Wie schaffen wir es also besser, dass sich Menschen aus der Breite der Gesellschaft beteiligen? Eine Beteiligung, die in Rechnung stellt, dass wir nie eine uns einige Gesellschaft sind, sondern als Individuen streiten und streitbar sind, dass wir ängstlich sind, verführbar und manipulierbar? Dass es lauter Influencer*innen und Lobbyist*innen gibt, Interessengruppen und Geschäftsmodelle, die verführen wollen? Und dass die sozialen Medien ihr Übriges tun?

Ich halte dafür die Idee der Bürgerräte für besonders geeignet. Sie entsprechen im Prinzip einer Schöffengerichtsbarkeit. Es werden zufällig Menschen aus der Bevölkerung gelost, bekommen den Auftrag, zu einer politischen Frage Stellung zu nehmen, und werden für die Dauer ihrer Arbeit finanziell entschädigt. In einem gewissen Sinn könnten solche Bürgerräte das Gegengewicht sein zu den inflationären Expertenkommissionen, die Regierungen und Parlament fachlich unterstützen sollen. Denn die Bürgerräte sind bewusst keine Fachgremien, sondern Gremien, in denen die Fachlichkeit gesellschaftlich übersetzt werden muss. Die Bundesregierung erprobt nun solche Bürgerräte, und Wolfgang Schäuble als aktueller Bundestagspräsident macht sich für sie stark. Allerdings sind sie bis jetzt nur mit der Klärung sehr allgemeiner Fragen beauftragt, etwa zur »Zukunft der Demokratie«. Das ist nicht schlecht, vermutlich aber viel zu allgemein, als dass aus ihnen eine eigene demokratische Kraft werden kann.

Es gibt heute schon Staaten, die interessante Formen solcher Beteiligungen als Ergänzung der repräsentativen Demokratie eingeführt haben. Überraschenderweise ist es zum

Beispiel die Mongolei, in der jede Verfassungsänderung zuvor von einem Gremium von 800 Mongol*innen geprüft und für gut befunden werden muss. Dieses Gremium besteht aus lauter Laien, die zufällig ausgelost werden. Zwei Tage lang diskutieren die so gelosten Mongol*innen die Verfassungsänderung und geben eine Empfehlung ab. In Irland war es eine ähnliche Bürgerversammlung, die über das Für und Wider von Abtreibungen gestritten hat, zu einem Ergebnis kam und dieses Ergebnis wiederum allen Ir*innen in einer Volksabstimmung vorlegte. Und diese akzeptierten den Vorschlag, weil die gelosten Repräsentant*innen eine hohe Autorität hatten. Weil es bei solchen Gremien nicht nur darum geht, Gesetze besser zu machen, sondern Menschen eine Stimme zu geben, eine Bedeutung. Das Land Baden-Württemberg setzte solch einen Bürgerrat ein, um die Frage der Abgeordnetenbezüge im Landtag zu klären. Diese Frage hatte viel Unfrieden gestiftet wie jede Debatte darüber, wie viel Politiker*innen verdienen sollen und dürfen. Daraufhin setzte die Regierung eine sogenannte »Unabhängige Kommission zur Altersversorgung der Abgeordneten« ein und legte ihr die Sache zur Entscheidung vor. Nach acht Monaten präsentierte die Kommission vier verschiedene Modelle, darunter das von ihr favorisierte Versorgungswerk für Abgeordnete, das dann auch beschlossen wurde.

Übertragen auf die politische Situation in der Republik hieße das, dass die Gruppen groß genug sein müssen, um einigermaßen repräsentativ zu sein, und klein genug, um fachlich arbeiten zu können. Entsprechend sollten die Fragen hinreichend konkret sein. Beispiele aus der jüngsten Vergangenheit könnten zum Beispiel sein: »Wie viele Wahlkreise soll es in Deutschland geben, damit der Bundestag nicht zu groß wird, aber die Bevölkerung gut abgebildet wird?« Oder: »Wie hoch soll der Mindestlohn sein, damit Armut verhindert wird, aber die Leistungen/Produkte nicht zu teuer werden?«, »Wie hoch soll der Einstiegspreis für die CO_2-Steuer sein, damit sie wirksam und sozial gerecht ist?«.

Solche Räte würden nur Stellungnahmen abgeben. Sie würden nicht das Parlament ersetzen, aber zu dem Ergebnis ihrer Beratungen müssten sich das Parlament und die Regierung verhalten. Die repräsentative Demokratie würde repräsentativer, da Menschen mit geringerem Bildungsniveau, marginalisierte Gruppen und vor allem auch Jüngere auf diese Weise direkt am demokratischen Verfahren beteiligt würden, also jene, die in Parlamenten oft unzureichend repräsentiert sind (woran natürlich auch zu arbeiten ist).

Die Erfahrungen zeigen, dass Menschen, wenn sie informiert entscheiden, gut entscheiden. In einem gewissen Sinn wären solche Bürgerräte nicht nur ein Gegenbild zu den Expertenkommissionen, sondern auch zu den sogenannten sozialen Medien, die Menschen scheinbar zusammenführen, faktisch aber oft genug eine Gesellschaft zersplittern, manchmal spalten, weil die Auseinandersetzungen zu keinem Ergebnis führen müssen. Menschen in Bürgerräten müssten anders agieren. Sie würden wissen, dass sie eine Aufgabe und eine Verantwortung haben, sehr konkret, sehr real. Sie müssten sich auf die Argumente des Gegenübers einlassen, sie ernst nehmen. Sie müssten sich gegenseitig zuhören. Sie würden sich über gesellschaftliche Gräben hinweg begegnen und Gemeinsamkeiten wie Unterschiede feststellen, die sie respektieren lernten. Im Bürgerrat wäre deshalb wenig Platz für Lügen, Hass und Hetze. Das Argument stünde wieder im Mittelpunkt.

Am Ende würden Bürgerräte nicht nur einen Streit lösen, sie würden eine neue Form des institutionellen Einvernehmens schaffen. Es entstünde eine neue Form von Autorität, bei der Politik Macht abgibt, indem sie sich Rat holt. Patrizia Nanz und Claus Leggewie nennen diese Form der Demokratisierung der Demokratie »die Konsultative«, also eine weitere, beratende Gewalt.

Die sichtbare Teilhabe von verschiedenen, durchschnittlichen Bürger*innen würde zu einem hohen Maß an Vertrauen in diese Gremien führen. Ihre Entscheidungen hätten eine hohe Legitimität, ohne dass sie unmittelbare Macht gehabt hätten. Ihre Macht würde auf dem Einvernehmen der Repräsentanz beruhen. Und dieses neu erzeugte Einvernehmen könnte ein neues Unterpfand für das Gelingen der Demokratie und das erfüllte Leben von Bürger*innen in der Demokratie werden. So findet sich hier möglicherweise auch eine Antwort auf die individualistische und zugleich solidarische Sehnsucht nach Anerkennung.

Des Glückes Unterpfand

Für das, was ich als Minister konkret erlebt und erarbeitet habe und was zum Kern meiner politischen Identität wurde, eine Machtausübung, die versucht, Einvernehmen herzustellen, musste ich beim Wechsel vom Ministeramt zum Bundesvorsitzenden eine allgemeinere Form finden. Das war durchaus eine Herausforderung.

Als Annalena Baerbock und ich gerade ein halbes Jahr Bundesvorsitzende von Bündnis 90/Die Grünen waren, machten wir eine Sommerreise, die wir unter das Motto »Des Glückes Unterpfand« stellten. Zwei grüne Bundesvorsitzende bezogen sich im Titel ihrer politischen Sommerreise auf die deutsche Nationalhymne – obwohl bzw. gerade weil sich Linke oder Grüne mit den Symbolen der Nation schwertaten oder -tun, der Fahne, der Hymne, den Orten. Oft sind sie historisch belastet, von Nationalisten vereinnahmt, politisch desavouiert und im Namen eines falsch verstandenen Patriotismus missbraucht worden. Nazischlägertruppen bezeichnen sich als »Heimatschutz«, manchmal ist der Weg von fröhlichen Länderspielen mit Fahnenschwenken zu Hooliganhetzjagden auf andere Menschen ein sehr kurzer. Nationalistische Republikfeinde pilgerten nach dem Ersten Weltkrieg zum Hermannsdenkmal. Die AfD trifft sich am Hambacher Schloss, Pegida schwenkt deutsche Fahnen am Lutherdenkmal vor der Frauenkirche in Dresden. Die Rechten kapern nach und nach all die Symbole Deutschlands und machen sie zu ihrem Eigentum. Und mit der Macht der Geschichte im Rücken treiben sie ihre Agenda von Ausgrenzung, Illiberalität und Europafeindlichkeit voran.

Genau deshalb wählten wir damals den Titel »Des Glückes Unterpfand«. Um dem etwas entgegenzusetzen, um unsere Geschichte und die Erinnerung an sie zu verteidigen und in eine Zukunft zu wenden, die Gemeinsamkeit verspricht – in Einigkeit, Recht und Freiheit.

»Des Glückes Unterpfand« klingt etwas sperrig und altmodisch. Aber wenn man sich anschaut, was »Unterpfand« bedeutet, entdeckt man etwas Grundlegendes und Überraschendes: Denn ein Unterpfand ist – der Gesellschaft für Deutsche Sprache zufolge – eine Garantie. Das individuelle Glück kann sich nur entfalten, wenn Einigkeit und Recht und Freiheit garantiert sind. Was für eine Ansage! Was für ein Versprechen! Freiheitsrechte und die Nation als eine Form der Staatlichkeit sind eben nicht Selbstzweck, sondern sie sind Bedingung für das Lebensglück der Menschen. In gewisser Weise ist das die Umkehrung dessen, was der Nationalismus verlangt. Im nationalistischen Denken haben sich die Menschen bedingungslos in den Dienst der Nation oder des Volkes als etwas Höheres zu stellen, für das es zu leben und am Ende sogar zu sterben gilt. Des Glückes Unterpfand meint das genaue Gegenteil: Das Gemeinsame steht im Dienst jedes Einzelnen.

Der Nationalstaat und Deutschland als Nation sind geschaffen worden. Sie sind keine natürliche ahistorische Gegebenheit, sondern eine politische Erfindung, die eine Gesellschaft konstituiert hat. Als Gesellschaft konstituieren wir uns über die Interpretation geteilter Erfahrung, über Geschichten. Geschichten geben nicht nur Gedanken, sondern vor allem Gefühlen eine Struktur. Sie können nicht einfach nicht erzählt werden. Aber sie können anders erzählt werden. Und ich bin fest davon überzeugt, dass gerade diejenigen, die mit einem überhöhten nationalen Pathos fremdeln, die Nationalismus ablehnen, die deutsche Geschichte erzählen müssen, ihre Hintergründe aufzeigen, ihre Tradition ausleuchten. Die Demokraten dürfen nicht den Populisten die Deutungshoheit über dieses Land, darüber, wer wir sind, überlassen. Gerade diejenigen, die eine identitäre, völkische Geschichtsschreibung verabscheuen, müssen die Auseinandersetzung mit unserer Geschichte, unseren Symbolen und (oft ja auch erfundenen) Traditionen suchen und lebendig halten.

Schwarz-Rot-Gold war nicht immer die Fahne von Pegida und betrunkenen Hooligans, sondern die Fahne der Demokratie, der vom Adel bekriegten bürgerlichen Freiheitsbewegung, der von Rechten und Nazis verhassten ersten deutschen Republik. Dass sie Ende der 1920er-Jahre von Konservativen und Nationalsozialisten als »Weimarer Republik« diffamiert wurde, zeigt dabei in nuce, wie wichtig der Kampf und die Auseinandersetzung um Begriffe und Symbole ist. Wer die deutsche Geschichte und die Tradition dieses Landes ehrt, sollte nicht nur – und vielleicht noch nicht einmal in erster Linie – von Stolz und Herrlichkeit reden, sondern von den Opfern und Entbehrungen und Tragödien. Die Bedeutung des Friedens und die Tatsache, dass er nicht selbstverständlich ist, erkennt man, wenn man an die Kriege erinnert. Was gut ist an unserer jetzigen Zeit und unserer Republik, erkennt man, indem man über die Mängel redet. Das ist nicht Nestbeschmutzung, sondern eine linke Form des Patriotismus. Über die eigenen Unzulänglichkeiten reden und daraus die Aufträge für die Zukunft abzuleiten, ist besser, als im Status quo den letztgültigen Zustand zu behaupten.

Auf dem alten Friedhof im Weimar gibt es ein Mahnmal, das für die gefallenen Arbeiter errichtet wurde, die beim Kapp-Putsch 1922 die Stadt und die Verfassung gegen rechte Nationalisten mit ihrem Leben verteidigt hatten. Immer wieder stieß ich im Laufe meines Lebens auf den Kieler Matrosenaufstand, der das Ende des Ersten Weltkriegs einleitete. Und je mehr ich mich damit beschäftigte, umso unfassbarer schien mir der Mut der jungen Männer, die ja faktisch meuterten und riskierten, standrechtlich erschossen zu werden. Einer, der erschossen wurde, war der Matrose Max Reichpietsch, der bereits 1917 als sogenannter Hauprädelsführer eines Aufstandes zum Tode verurteilt und hingerichtet wurde. Sein letzter Brief lautet so: »Geliebte Eltern! Ich hätte Euch schon lange geschrieben, was mit mir los ist, aber ich wollte erst mein Urteil abwarten. Nun ist dieser Tag gewesen, und er ist noch schlimmer ausgefallen, als ich gedacht habe. Es ist ein Todesurteil geworden. Ob es vollstreckt wird, oder ob es durch die Gnade des Kaisers verhindert wird, liegt in Gottes Hand. Ich habe keine Hoffnung mehr und habe mit dem Leben abgeschlossen. Das hatte wohl keiner gedacht, als wir im Juni Abschied nahmen, daß es das letzte Mal sein sollte. Nun bitte ich Euch, liebe Eltern, verzeiht mir diese letzten Vergehen, damit ich ruhig in die andere Welt hinübergehen kann, wo wir uns alle einmal wiedersehen. Auch danke ich Euch für all das Gute, was Ihr an mir getan habt. [...] Nun entschuldigt, daß ich nicht mehr schreibe; aber mir ist das Herz so schwer, daß es mir unmöglich ist, noch weiter zu schreiben. Denn es ist traurig, als junger Mensch in der Blüte der Jahre, mit einem Herzen voll Hoffen und Sehnen, schon sterben zu müssen, sterben durch harten Richterspruch. Grüßt Willy und Gertrud, und Euch selbst umarmt und küßt zum letzten Male, Euer Sohn Max.«

In Berlin jogge ich manchmal am Reichpietschufer entlang. Der Brief fällt mir jedes Mal ein.

Am Hambacher Schloss in der Pfalz wurden 1832 neben Deutschlands Einheit Bürgerrechte, Pressefreiheit, Rechtsstaatlichkeit und ja, auch schon die Gleichheit von Mann und Frau gefordert. Der deutsche Nationalstaat wurde nicht als Voraussetzung für Bürgerrechte entworfen, sondern umgekehrt: Freiheit und Bürgerrechte waren die Prinzipien, die sich im deutschen Staat verwirklichen sollten. Und diese Freiheit und Souveränität und Gleichheit der Menschen sollte nicht nur in Deutschland verwirklicht werden, sondern überall. In einem einigen Europa …

Wenn man sich all dieser Traditionen nicht mehr bewusst ist, verliert man auch das historische Bewusstsein dafür, was Nationalismus eigentlich ist. Und dann kommt es zu wirklich schrägen Verdrehungen der Zusammenhänge.

Im Zusammenhang mit der Debatte um das Klimapaket wurde denjenigen, die für einen engagierten Klimaschutz in Deutschland stritten, die den früheren Ausstieg aus der Braunkohle und den verstärkten Ausbau der erneuerbaren Energie wollten, vonseiten der FDP »Klimanationalismus« vorgeworfen. Und als kurz vor Weihnachten 2019 eine Debatte entbrannte, ob man zumindest unbegleitete Kinder aus den völlig überfüllten Flüchtlingslagern in Griechenland in Deutschland aufnehmen solle, wurde gegen die, die das forderten – Kirchen, Flüchtlingsorganisationen, Ärzte ohne Grenzen –, der Vorwurf des »Gesinnungsnationalismus« erhoben.

Die Erfindung solcher Begriffe wie »Klimanationalismus« oder »Gesinnungsnationalismus« zeugen von einer erstaunlichen Verwilderung des Denkens. Nationalismus ist als unsolidarische, den Nutzen für die eigene Nation vor alles andere stellende politische Weltsicht definiert. Wer diesen Begriff nutzt, um das Gegenteil davon zu diffamieren, nämlich Hilfsbereitschaft, Veränderungsmut, Solidarität und Menschlichkeit, setzt Humanität und ehrgeizigen Klimaschutz mit den schlechtesten politischen Traditionen eines Landes gleich: mit Militarismus, Chauvinismus, Egoismus. Damit wird der Begriff des Nationalismus entkernt. Wenn alles Nationalismus ist, ist nichts Nationalismus. Das ist genau die sprachliche Grenzaufhebung, auf die die eigentlichen Nationalisten hinarbeiten. Vermutlich ist denen, die so reden, nicht bewusst, wessen Spiel sie betreiben. Aber sie tun es. Und auch diese Beispiele zeigen, wie wichtig es ist, dass der Demokratie verpflichtete Politiker*innen und eine am Gemeinwohl interessierte Zivilgesellschaft den Kampf aufnehmen um das, was wir unter Deutschland verstehen.

Wer die Vergangenheit deutet, deutet immer auch die Gegenwart. Deshalb ist die Interpretation von Geschichte umkämpft. Erinnerung wird gemacht, geformt, manipuliert. Und der Kampf ist mit dem Erstarken des Rechtspopulismus dringlicher denn je. Er muss aufgenommen werden. Und für die Mehrheit gilt: Nicht »Deutschland, Deutschland über alles« für wenige, sondern »Einigkeit und Recht und Freiheit« für alle in diesem Land – egal, wo jemand herkommt, wie sie aussieht, wen er liebt, was sie glaubt. Dieses Land ist heute das beste und freieste, das es bisher auf deutschem Boden gab. Trotz all der Paradoxien und Widersprüche, trotz des Hasses und der Tendenz zur Spaltung: Keine Zeit war besser. Und sogar die Corona-Krise, die zu Eingriffen geführt hat, wie wir sie – im westlichen Teil der Republik – noch nie nach 1945 erlebt haben, macht uns deutlich, was gut und schützenswert ist an unserer Gesellschaft.

Die politische Aufgabe unserer Zeit besteht nach meiner Überzeugung nicht darin, eine Revolution anzuzetteln, mit dem Vorschlaghammer alles zu zerschlagen und neu aufzubauen, sondern die Fundamente des Vertrauens zu erneuern. Eine Politik zu entwerfen, die durch Veränderung neuen Halt und neues Vertrauen gibt, die die Widersprüche aushält und kleiner macht – im Wissen, das man nie fertig sein wird und sich immer wieder selbst hinterfragen muss.

So tief die Corona-Krise auch einschnitt, sie ist nicht die einzige und nicht die erste Krise, und sie wird nicht die letzte sein. Im Gegenteil, sie steht gleichsam archetypisch dafür, dass etwas Unvorhergesehenes, etwas bis dahin Ausgeschlossenes, gänzlich Überraschendes plötzlich in unseren Alltag eintritt. Wir Menschen projizieren unsere Erfahrungen auf die Zukunft. Wir kennen ja nur die Vergangenheit; was alles passieren könnte, belegen wir mit einem Status des Irrealen. Deshalb unterschätzen wir permanent die Zukunft. Wir wissen ja nicht, was wir nicht wissen. Die Tatsache, dass Entscheidungen oder Ereignisse ganz wesentlich von nicht planbaren Momenten abhängen, von Unerwartetem, Jähem, schafft immer wieder neue historische Situationen. Ein Freund, mit dem ich über diese Momente des Jähen und Unerwarteten sprach, sagte mir: »Aus meiner Erfahrung mit Schafen, die ich zum Schlachter gebracht habe: Sie fühlen es in dem Moment, wenn du zu ihnen gehst, um sie abzuholen.« So ist es auch mit uns Menschen: Wir spüren, dass etwas passiert, aber wissen nicht genau, was. So fühlt sich das Leben im 21. Jahrhundert gerade an.

Und oft sind es ja diese Momente, die die Politik erst wirklich testen. Weder der Fall der Berliner Mauer und die deutsche Einheit noch das Reaktorunglück von Fukushima und der zweite Atomausstieg Deutschlands, auch nicht das Platzen der US-amerikanischen Kreditblase, das die Bankenkrise auslöste, standen in irgendeinem Koalitionsvertrag, so wenig wie die Anschläge des 11. September. Weder die deutsche noch die britische bzw. amerikanische Politik glaubte, dass die Bürger*innen Großbritanniens 2016 für den Brexit stimmen und die der USA Donald Trump wählen würden. Und schon gar nicht vorhersehbar war ein Virus, das vermutlich auf einem chinesischen Wildtiermarkt vom Tier auf den Menschen übersprang. Corona führt uns eindringlich vor, wie angreifbar und verletzlich auch eine hochindustrialisierte und technisch aufgerüstete Gesellschaft ist, wenn die grundlegenden Bedürfnisse von Menschen beeinträchtigt werden: Gesundheit und Nahrung. Etwas Archaisches brach plötzlich ein, etwas, das wir überwunden zu haben glaubten. Die Natur. Nicht als bedrohtes Wesen, sondern als tödliche Macht.

Aber die Geschichte zeigt eben auch, dass Demokratien lernfähig sind, dass wir besser werden können und manchmal auch besser geworden sind. Um nur ein paar Beispiele zu nennen:

Auf ökologische Krisen wie das Loch in der Ozonschicht, die die Menschen vor gefährlichen ultravioletten Strahlungen schützt, hat die Weltgemeinschaft reagiert und FCKW aus Spraydosen und Kühlschränken verbannt. Das Ozonloch wird seitdem wieder kleiner.

Es wurde eine internationale Regelung dafür gefunden,

dass Medikamente gegen Aids auch Menschen in Armut zur Verfügung stehen und nicht mehr 10 000 Dollar pro Person kosten – Regeln, an die angeknüpft werden kann, sollte ein teures Medikament gegen Covid-19 entwickelt werden.

Wir könnten Solarenergie heute im Grunde in unbegrenzten Mengen zur Verfügung stellen, wenn wir dafür eine weltweite Infrastruktur aufbauen.

Solarzellen sind heute 90 Prozent günstiger als vor zehn Jahren. Wind produziert Strom weltweit günstiger als Kohle- oder Atomkraftwerke. Als die Energiewende in Deutschland begann, schaltete RWE ganzseitige Zeitungsanzeigen, dass das deutsche Energiesystem mehr als 4 Prozent erneuerbare Energie wegen zu großer Schwankungen nicht verkraften würde. Heute haben wir 40 Prozent.

So dramatisch die Erfahrung von Unsicherheit, Krise und Verlust von Normalität ist, so sehr sollten wir nicht verzagen. Ich habe vor ein paar Jahren den Kernfusionsreaktor in Greifswald besucht, eine riesige, scheinbar willkürlich verformte Röhre mit riesigen Magnetspulen, der Wendelstein 7-X. Dort ist gelungen, was jahrzehntelang fehlgeschlagen war: ein Proton auf ein Heliumelektron prallen zu lassen, wodurch – neben fest, flüssig und gasförmig – der vierte Aggregatzustand, das Plasma, erzeugt und eine ungeheure Energie, die Energie der Sonne, freigesetzt wurde.

Ein vierter Aggregatzustand – das ist etwas, das ich mir nicht vorstellen kann. Es ist etwas Neues, etwas, das die Dimension des Denkens erweitert. Und seitdem ich den Reaktor besichtigt habe, frage ich mich manchmal, ob nicht auch unsere politische Zeit so etwas wie ein neuer demokratischer Aggregatzustand ist.

Die Gesellschaft mag es in diesem neuen Aggregatzustand

nicht geben, aber den Wunsch, an Gesellschaft teilzuhaben, schon. Und wahrscheinlich wird er umso größer, je weniger es *die* Gesellschaft gibt. Dieser Wunsch ist nicht konservativ, sondern menschlich.

Schaffen wir also eine Politik, die Freiheit und Weltoffenheit und die Schonung von Natur und Umwelt und die Solidarität miteinander als Chance begreift. Die nicht Selbstverwirklichung mit Selbstoptimierung und Selbstverwöhnung verwechselt und dabei selbst gewöhnlich wird. Jetzt ist nicht die Stunde der nationalistischen Geier. Jetzt ist der Moment, aus der wirtschaftlichen Einheit unseres Kontinents eine politische zu machen. Uns wurde die prekäre Lage unseres Wohlstands vorgeführt, jetzt ist der Moment, durch Veränderung ein neues Fundament zu schaffen, auf dem wir bauen können.

P. S.

Ich beende die Arbeit an diesem Buch am Morgen der US-amerikanischen Wahlnacht 2020. Noch ist unklar, wer in den nächsten vier Jahren amerikanischer Präsident sein wird. Aber festzuhalten ist dreierlei: Erstens haben sich der Trumpismus und der rechte Populismus als robust erwiesen und werden so schnell nicht verschwinden, ob mit oder ohne Trump. Die Macht hat Donald Trump nicht entzaubert. Vielmehr hat Trumps Regierung es geschafft, den Populismus tief in der US-amerikanischen Gesellschaft zu verankern, Verunsicherung, Wut und Gebrüll zu einem Grundelement von Politik zu machen. Zweitens haben die Covid-19-Pandemie und der katastrophale Umgang mit ihr durch die Trump-

Regierung die Wahl anders beeinflusst als vermutet. Sie führte nicht zu dem angenommenen breit getragenen Stimmungsumschwung gegen Trump, sondern wirkte wie ein Katalysator für gesellschaftliche Dynamiken, die schon vorher da waren – identitätspolitische, wirtschaftspolitische, institutionelle.

Drittens hat sich gezeigt, dass eine Gesellschaft auf ein Minimum an gemeinsamen, geteilten Werten angewiesen ist – und dass sie Vertrauen in die unabhängigen rechtsstaatlichen Institutionen braucht. Wenn sich ein Kandidat, der noch amtierender Präsident ist, vorzeitig zum Sieger erklärt und gleichzeitig von Wahlbetrug spricht (was an sich schon ein Paradox ist, und wäre es nicht so ernst, in seiner Absurdität zum Totlachen wäre), dann wird beides am Ende zerstört. Dann entsteht eine Parallelwelt jenseits des liberalen, demokratischen Rechtsstaats, die ihren Bewohnern als Wahrheit erscheint. Das Paradox ist dann, dass ein versöhnendes Sprechen, der Versuch einer die Pole überwindenden Zusammenarbeit als Angriff wahrgenommen wird. Wenn man aber gar keine gemeinsame Grundlage mehr findet, miteinander über das gleiche Problem zu reden, dann hat man nicht mehr eine Gesellschaft, sondern zwei, nicht mehr eine Nation, sondern zwei.

Nachwort:
Aus Hoffnungen Wirklichkeit machen

Dies ist ein persönliches Buch über ein politisches Problem. Und daher ende ich auch persönlich.

Von 2012 bis 2018 war ich in Schleswig-Holstein verantwortlich für Energie, Umwelt, Landwirtschaft, ländliche Räume, Digitalisierung, Atomkraft, Küstenschutz, Meeresschutz, Fischerei, Verbraucherschutz, Wälder, Moore, Strände, Jagd, Tierschutz, Artenschutz. Alles war konkret. Mit jeder Unterschrift, die ich unter ein Gesetz oder eine Verordnung setzte, veränderte sich die Wirklichkeit, entstanden Windkraftanlagen, wurden Stromleitungen gebaut, wurden Moore wiedervernässt, durfte Grünland nicht umgebrochen werden, ging das AKW Brokdorf nicht wieder ans Netz, wurde Fracking verboten. Wenn Menschen mich ansprachen, hatten sie konkrete Anliegen, und oft hatte ich die Mittel, konkret einzugreifen. Als stellvertretender Ministerpräsident verhandelte und stimmte ich im Bundesrat über Asylpakete, das Erneuerbare-Energien-Gesetz und Steuern ab. Ich lernte, was Verantwortung bedeutet. Und mir bedeutete sie viel.

2018 gab ich meinen Ministerposten auf, weil ich Bundesvorsitzender der Grünen wurde. Es fiel mir schwer, diese konkrete Form von Verantwortung abzugeben. So spannend und gut meine Arbeit als Co-Vorsitzender auch ist, so blind inzwischen das Zusammenspiel mit Annalena Baerbock: Manchmal schien es mir, als hätte ich Bekanntheit gegen Gestaltung getauscht. Manchmal ertappte ich mich bei dem Gedanken, dass es eigentlich ein Rückschritt ist, in Talkshows zu sein, aber nicht in Kuhställen, auf großen Bühnen zu reden, aber sich um die konkreten Dinge nicht mehr kümmern zu können. Und politische Mitbewerber*innen, die mir das vorhielten, hatten ja recht. Weder konnte ich den Polizist*innen eine Gehaltserhöhung noch dem Weinbauern eine Regionalförderung oder eine Pestizidsteuer versprechen. Und immer wieder wurde und werde ich gefragt, was die Regierung falsch mache, aber eben nicht, warum ich so oder so entschieden habe. Manchmal dachte ich, ich genüge meinen Erwartungen nicht. Nicht mehr so, wie ich früher Erwartungen genügen konnte.

Aber sosehr die Verantwortung für das Konkrete mich geprägt hat – nicht ausweichen zu können vor einer Entscheidung –, sosehr weiß ich inzwischen, dass der Job, den ich seit Anfang 2018 mache, auf eine andere Art verantwortungsvoll ist. Die Hoffnung, ja die Erwartung zu schüren auf eine Politik, die sich zutraut, auf die großen Fragen der Zeit auch Antworten zu geben, die groß genug sind, die Leidenschaft zu wecken, an der Geschichte dieser Jahre selbst mitschreiben zu können, die Komplexität der Probleme einerseits zu verstehen und sich andererseits nicht von ihnen bange machen zu lassen, auch das birgt eine besondere Form der Verantwortung. Sie muss sich jetzt einlösen. Hoffnung ist Bedingung für Handlungsfähigkeit. Mit der Annahme zu leben, dass man die Realität sowieso nicht ändern kann, ist nicht nur fantasielos, es ist gefährlich. Nur eine Gesellschaft, die Hoffnungen hat, ist eine Gesellschaft, die auch handeln kann.

Alles, was ich in den letzten fast drei Jahren als Parteivorsitzender erlebt habe, erschien mir lange wie eine Ansammlung vieler Einzelbilder. Vielleicht, weil man das Gesamtbild erst sieht, wenn man Abstand gewinnt, und erst der Beginn der Corona-Krise mir diesen Abstand ermöglichte. Er warf nicht nur manch lange Sichergeglaubtes über den Haufen, auch das Suchen nach neuen Sicherheiten begann in dieser Zeit. Und wahrscheinlich wollen die Menschen, denen ich begegne, die mich auf Veranstaltungen anschreien oder auch freundlich nachfragen, vor allem gesehen und ernst genommen werden, mit ihren Hoffnungen, mit ihren Erfahrungen, ihren Träumen und Ängsten. Vielleicht ist es das, was meine Arbeit als Parteivorsitzender ausmacht: gesellschaftliche Hoffnungen, Träume, Ängste entdecken und mit der politischen Wirklichkeit abgleichen.

In einem gewissen Sinn habe ich in den letzten Jahren ein Paradoxon am eigenen Leib erlebt. Je mehr ich öffentliche Person wurde, je sichtbarer ich wurde, desto mehr musste ich darum kämpfen, in dieser Öffentlichkeit nicht zu verschwinden, nicht unsichtbar zu werden. Es war für mich an der Zeit, meine Zeit besser zu verstehen, um all die Konflikte und auch Anwürfe gegen mich und die Grünen einordnen zu können, unser Politikangebot zu überprüfen und über all die Begegnungen – die schönen, aber eben auch die heftigen Konfrontationen seit 2018 – nachzudenken, im besten Fall, sie in einen Zusammenhang zu bringen. Es ist – wenig erstaunlich nach allem, was ich geschrieben habe – ein widersprüchlicher. Aber Widersprüche sind – das dürfte deutlich geworden sein – unvermeidlich. Und so kann es auch nicht darum gehen, sie gänzlich zu überwinden, sondern sie als Ansporn zu begreifen. Hoffnung zu haben bedeutet nicht, keine Zweifel zu haben, sondern seinen Zweifeln in die Augen zu schauen.

Ich weiß natürlich nicht mehr genau, was die Menschen in dem Zug damals sagten, als sie mich gegen meinen ungebetenen Nachbarn verteidigten. Aber ich weiß, wie ich mich gefühlt habe, geborgen in Solidarität. Die Landwirte, mit denen ich im Dezember 2019 im Kreis Lüchow-Dannenberg diskutierte und die mich am Ende nicht ausbuhten oder auspfiffen, sondern mit freundlichem Applaus verabschiedeten, sie werden vergessen haben, wie genau mein Konzept zur Qualifizierung der ersten Säule der gemeinsamen europäischen Agrarpolitik aussah, aber mit etwas Glück werden sie nicht vergessen, wie im Laufe eines Vormittags aus Gegnerschaft Gemeinsamkeit wurde, wie wir einen Raum aufsperrten, der zeigte, wie es gehen könnte.

Mir fällt in dem Moment, in dem ich dies hier schreibe, ein Streifengang mit einer jungen Polizistin und einem jungen Polizisten im Frankfurter Rotlichtmilieu ein. Sie wurden in einen U-Bahn-Gang gerufen und fanden dort einen Mann, aus dessen Hosenbein Blut lief. Man roch auf einige Meter, dass er seit Wochen nicht mehr geduscht hatte. Seine Klamotten standen vor Dreck. Die beiden jungen Polizisten ließen sich ihren Ekel, wenn sie ihn denn empfanden, nicht anmerken. Sie zogen sich Einmalhandschuhe über und sprachen den Mann freundlich an. Der Mann sprach kein Deutsch, es war ohnehin schwer, ihn zu verstehen, weil ihm alle Zähne fehlten, aber nach einigem Kauderwelsch war klar, dass er Portugiese war. Portugiesisch sprach nun keiner von den beiden und ich auch nicht. Aber mit Zeichensprache fragten sie, ob es okay sei, wenn sie ihn untersuchten. Der Mann nickte bereitwillig, fast erleichtert. Inzwischen waren Schaulustige stehen geblieben. Die junge Polizistin bat sie höflich weiterzugehen. Dann rief sie ihre Kollegen vom Notdienst an. Inzwischen hatte ihr

Kollege mit einem Skalpell oder einem scharfen Messer das Hosenbein aufgeschnitten. Was zum Vorschein kam, traue ich mich hier nicht zu beschreiben. Es hatte aber nur noch entfernt mit einem Bein und Haut zu tun. Eine der eitrigen Wunden hatte sich geöffnet. Daher das Blut. Die beiden Polizisten machten eine Art Erstversorgung mit Gaze, dann warteten sie, bis der Arbeiter-Samariter-Bund kam und den Mann übernahm. Auch wenn es ihr Job war – die Abgeklärtheit und Menschlichkeit, mit denen die Polizistin und der Polizist ihn versorgten, berührten mich zutiefst.

Und ich erinnere mich an meinen Besuch bei einem Weinbauern in Freiburg, der sich vor 30 Jahren einen halben Hektar Weinhang gekauft hatte und auf jedweden Einsatz von Pestiziden verzichtete und stattdessen alte, längst vergessene Sorten anpflanzte, die viel widerstandsfähiger gegen Trockenheit sind als die Hochleistungsweinreben, die man heute kultiviert. Er produziert inzwischen preisgekrönte Weine und nennt das einzige Stadtweingut Freiburgs sein Eigen.

Und dann gab es diese Begegnung in Ilmenau in Thüringen, die das Getöse des Wahlkampfs mit einem Moment der Stille unterbrach und mich daran erinnert hat, dass Menschen einen Unterschied machen. Die AfD hatte zu einer Großkundgebung mobilisiert. Die Zivilgesellschaft hielt mit einem bunten Volksfest dagegen. In der Kirche, vor der die Bühne stand, auf der ich später reden sollte, wurde ein Friedensgebet gehalten. Ich war einer der Letzten, der sich noch in die Kirche zwängte, und drückte mich auf einen Platz am Rand ganz hinten.

Plötzlich stupste mich die alte Dame an, die auf der Kirchenbank neben mir saß. Sie raunte mir zu, dass sie auf den Tag genau vor 30 Jahren hier für das Neue Forum die Erklärung für Freiheit und Demokratie verlesen hatte. Sie wusste damals nicht, ob sie ihre Kinder wiedersehen würde oder ob sie verhaftet werden und in einem DDR-Knast für immer verschwinden würde. Aber sie wollte für die Freiheit einstehen. Sie hatte alles riskiert, ihre Freiheit, ihr Leben, ihre Familie. »Und jetzt«, sagte sie zu mir, »jetzt sitze ich wieder hier, weil Politiker aus dem Westen, die Höckes, Gaulands, Kalbitzens, die damals nichts riskiert haben, mir meine Geschichte rauben. Meine politische Identität, meine Sprache. Die Wende, die Einheit, die Freiheit werden von ihnen entwendet. Im Zeichen einer Gesellschaft, die unfrei, gespalten und völkisch sein soll. Sie nehmen mir meine politische Biografie. Also muss ich wieder auf die Straße – mit über achtzig.«

Wir sorgen uns um Angehörige und das Auskommen, wir ärgern uns über Behörden, sind genervt, wenn die neue Geschirrspülmaschine nicht funktioniert, nehmen uns zum Jahreswechsel Gutes vor und schaffen es meist doch nicht, die Dinge zu ändern. Aber wir hoffen auf mehr. All die ehrenamtlich Engagierten, die Kommunalpolitiker*innen, die freiwilligen Feuerwehren, Sportvereine, Kirchengruppen – dass es sie gibt, lässt sich kaum erklären ohne die Sehnsucht nach einem Bürgersinn, einem politischen Hunger nach Hoffnung. Und seit Corona gilt das umso mehr. Wir wissen, dass nichts mehr sicher ist, dass sich alles ändern kann und auch wird.

Aber diese Erfahrung und die Sorge aufgrund von Veränderungen, so berechtigt sie ist, darf uns eines nicht übersehen lassen: Wir können es in die Hand nehmen. Was Zukunft wird, hängt ganz wesentlich davon ab, was wir wollen, was Zukunft wird. Sie wird nichts sein, was wir schon kennen. Sie wird die Vergangenheit als Lehre und vielleicht als Zitat in sich tragen, aber sie wird völlig anders sein als alles, was wir kannten. Und das ist auch ein Versprechen. Unsere Gegenwart baut auf den Erfahrungen und oft genug auf den Trümmern der Vergangenheit auf. Umso mehr braucht sie einen Zukunftshorizont, sonst erdrückt uns die Gegenwart. Diese Zukunft ist eine Aufgabe. Wir sollten nicht zurückwollen zu dem, was als Normalität galt, wir sollten gar nicht *zurück*wollen. Zukunft ist etwas, was erstritten und erarbeitet werden kann und muss. Das gilt immer, aber vor allem in Zeiten, die Epochenübergänge markieren. Und in einer solchen Zeit leben wir.

Es ist nicht immer leicht zuzuhören, wenn man redet. Und ich muss viel reden. Aber wenn man sich Zeit nimmt und die Ohren spitzt, dann flüstert es überall, dass es von hier an anders werden muss. Dass der alte Spruch »Das, was nichts kostet, ist nichts wert« nicht mehr gilt und wir einem Denken, das alles durchökonomisiert und nach Profitchancen berechnet, eine andere Kultur entgegensetzen müssen. Dass das, was wir bei Corona vermisst haben, Freiheiten und soziale Interaktion, unser Leben reicher macht. Dass Improvisationskunst und Kreativität und damit nicht zuletzt eine Fehlertoleranz gut sind und auch politische Vorhaben und Ideen sich diesem Offenen stärker verpflichten müssen. Dass Machen dementsprechend oft, ja sogar meistens, wichtiger ist als Haben, dass die Hast nach noch mehr uns nicht glücklicher macht. Dass wir das globalisierte Wirtschaften neu erfinden müssen und neben Effizienzsteigerung die Resilienz und Nachhaltigkeit von Waren und Wirtschaftsbeziehungen treten muss, um die Krisenanfälligkeit zu mindern. Dass wir Vorsorge und Nachhalt nicht allein den Marktkräften überlassen können, nicht bei der Gesundheit und nicht beim Klima. Dass wir gegen die Erregtheit und Verunsicherung eine Hoffnung finden und aus dieser eine Wirklichkeit machen können. Dass es einen

starken Begriff von Politik braucht und eine politische Kraft-
anstrengung, um die Systeme umzubauen. Dass wir – schließlich und endlich – nicht nur anders, sondern bewusster leben.

Dieses Buch markiert für mich auch einen Übergang. Es fasst
zusammen, was die letzten Jahre für mich bedeuteten und
waren. Und es läutet eine weitere Phase ein, in der uns hoffentlich wieder Regierungsmacht anvertraut wird. Um diese
Macht zu kämpfen, wird die Aufgabe der nächsten Monate
sein. Der lange Weg zurück und nach vorn hat mir noch einmal vor Augen geführt, worum es dabei geht: dass Politik kein
Spiel um Mehrheiten ist, sondern das Privileg, in seiner Zeit
einen Unterschied machen zu können.

In einer Demokratie ist eine Gesellschaft das, was sie beschließt zu sein. Eine demokratische Gemeinschaft definiert
sich durch das, was sie entscheidet und tut. Wir sind frei zu
entscheiden, an welche Werte wir glauben wollen, frei zu bestimmen, welche Geschichte von uns und unserer Zeit einmal
erzählt werden soll. Welche Vorstellung wir von uns haben.
Wir können entscheiden, wie und was wir sein wollen. Wenn
wir der Erosion der Demokratie, dem Vertrauensverlust in
Politik, dem Auseinanderfallen Europas, der Erderhitzung
entgegenwirken wollen, dann können wir das machen. Wir
müssen uns nur dafür entscheiden.

Dank

Der Titel dieses Buches stand zuerst in einem Vorwort für das neue Grundsatzprogramm meiner Partei. Vieles, was ich hier geschrieben habe, ist beeinflusst und bereichert durch die unzähligen und intensiven politischen Debatten, die ich in den letzten Jahren führen durfte: mit dem Bundesvorstand, mit Annalena, vor allen mit dem Team der Bundesgeschäftsstelle von Bündnis 90/Die Grünen. Bei allen, die mit ihrem Widerspruch und ihrem Wissen, ihrer Klugheit und ihrer Kreativität mich immer wieder gefordert und damit dieses Buch erst möglich gemacht haben, möchte ich mich von ganzem Herzen bedanken.

Besonderer Dank gilt denen, die als erste Leser*innen dem Text den letzten Schliff und wertvolle Hinweise gegeben haben: Robert Heinrich, Nicola Kabel, David Simon, Melanie Haas, Klaus Seipp, Denise Bentele, Christoph Busch, Christine Spannagel, Britta Jacob, Claudia Striffer.

Wissenschaftler*innen, von denen ich besonders lernte, habe ich im Text zitiert. Aber natürlich waren das persönliche Gespräch und die Debatte oft viel entscheidender und prägender. Ich verdanke diesen Gesprächen viel. Besonders viel denen mit Anke Erdmann und Aladin El-Mafaalani.

Besonders danken möchte ich meiner Lektorin vom Verlag Kiepenheuer & Witsch, Stephanie Kratz. Wie bei den Büchern zuvor habe ich von ihrem geduldigen, profunden und präzisen politischen Lesen ungeheuer profitiert.

Literatur

Arendt, Hannah: Macht und Gewalt, München 1970

Beck, Ulrich: Der anthropologische Schock. Tschernobyl und die Konturen der Risikogesellschaft. In: Merkur 450, August 1986

Beck, Ulrich: Risikogesellschaft. Auf dem Weg in eine andere Moderne, Frankfurt a. M. 1986

Braungart, Michael; McDonough, William: Cradle to Cradle. Einfach intelligent produzieren, München 2014

Bücker, Teresa: Ist es radikal, alle Care-Arbeit selbst zu erledigen? In: Süddeutsche-Magazin, 15. Januar 2020, https://sz-magazin.sueddeutsche.de/freie-radikale-die-ideenkolumne/gleichberechtigung-haushalt-pflege-88262

Charim, Isolde: Ich und die Anderen. Wie die neue Pluralisierung uns alle verändert, München/Wien 2018

Dahrendorf, Ralf: Gesellschaft und Demokratie in Deutschland, München/Zürich 1965

Dworkin, Ronald: Was ist Gleichheit?, Berlin 2011

Eisenstein, Charles: The Coronation, März 2020, https://charleseisenstein.org/essays/the-coronation

El-Mafaalani, Aladin: Mythos Bildung. Die ungerechte Gesellschaft, ihr Bildungssystem und seine Zukunft, Köln 2020

Florida, Richard: Cities and the Creative Class, London 2004

Foroutan, Naika; Hensel, Jana: Die Gesellschaft der Anderen, Berlin 2020

Fukuyama, Francis: Das Ende der Geschichte. Wo stehen wir?, München 1992

Fukuyama, Francis: Identität. Wie der Verlust der Würde unsere Demokratie gefährdet, Hamburg 2019

Gehlen, Arnold: Soziologie der Macht. In: Handbuch der Sozialwissenschaften, hg. v. Erwin v. Beckrath u.a., Bd. 7, Göttingen 1961

Goodhart, David: The Road to Somewhere: Wir wir Arbeit, Familie und Gesellschaft neu denken müssen, München 2020

Goos, Maarten; Manning, Alan: Lousy and Lovely Jobs. The Rising Polari-
zation of Work in Britain. In: Review of Economics and Statistics 89 (1),
Februar 2007

Harari, Yuval Noah: Homo Deus. Eine Geschichte von morgen, München
2017

Harari, Yuval Noah: The world after Coronavirus. In: Financial Times,
20. März 2020

Heidegger, Martin: Die Frage der Technik. In: Gesamtausgabe, Bd. 7: Vor-
träge und Aufsätze, Frankfurt a. M. 2000

Hensel, Jana: Wie alles anders bleibt. Geschichten aus Ostdeutschland, Berlin 2019

Herrmann, Ulrike: Der Sieg des Kapitals. Wie der Reichtum in die Welt kam.
Die Geschichte von Wachstum, Geld und Krisen, Frankfurt a. M. 2013

Herrmann, Ulrike: Kein Kapitalismus ist auch keine Lösung. Die Krise der
heutigen Ökonomie oder Was wir von Smith, Marx und Keynes lernen
können, Frankfurt a. M. 2016

Illouz, Eva: Warum Liebe weh tut. Eine soziologische Erklärung, Frankfurt
a. M. 2012

Krastev, Ivan; Holmes, Stephen: Das Licht, das erlosch. Eine Abrechnung,
Berlin 2019

Kucklick, Christoph: Die granulare Gesellschaft. Wie das Digitale unsere
Wirklichkeit auflöst, Berlin 2014

Kuhn, Thomas S.: Die Struktur wissenschaftlicher Revolutionen, Frankfurt
a. M. 2001

Lendvai, Paul: Antisemitismus ohne Juden, Wien 1972

Luhmann, Niklas: Gesellschaftliche Grundlagen der Macht. In: ders., Soziologische Aufklärung 4, Opladen 1987

Manow, Philip: Die Politische Ökonomie des Populismus, Frankfurt a. M.
2018

Mazzucato, Mariana: Das Kapital des Staates. Eine andere Geschichte von
Innovation und Wachstum, München 2014

Misik, Robert: Die falschen Freunde der einfachen Leute, Frankfurt a. M. 2019

Nachtwey, Oliver: Die Abstiegsgesellschaft. Über das Aufbegehren in der re-
gressiven Moderne, Frankfurt a. M. 2016

Nanz, Patrizia; Leggewie, Claus: Die Konsultative – Mehr Demokratie durch
Bürgerbeteiligung, Berlin 2018

Nassehi, Armin: Muster: Theorie der digitalen Gesellschaft, München 2019

Nocun, Katharina; Lamberty, Pia: Fake Facts: Wie Verschwörungstheorien
unser Denken bestimmen, Köln 2020

Parsons, Talcott: On the Concept of Political Power. In: Proceedings of the
American Philosophical Society, Vol 107, No 3, Cambridge, USA 1963

Phillips, Anne: Which equalities matter?, Cambridge 1999

Pitkin, Hanna F.: The Concept of Representation, Berkeley/Los Angeles 1967

Rawls, John: Gerechtigkeit als Fairness. Ein Neuentwurf, Frankfurt a. M.
2006

Reckwitz, Andreas: Gesellschaft der Singularitäten, Berlin 2017

Reckwitz, Andreas: Das Ende der Illusionen. Politik, Ökonomie und Kultur
in der Spätmoderne, Frankfurt a. M. 2019

Rhodes, Ben: Im Weißen Haus. Die Jahre mit Barack Obama, München 2019

Rifkin, Jeremy: Die Null-Grenzkosten-Gesellschaft: Das Internet der Dinge,
kollaboratives Gemeingut und der Rückzug des Kapitalismus, Frankfurt
a. M. 2014

Rodrik, Dani: Populism and the economics of globalization. In: Journal of
International Business Policy, Cambridge, Massachusetts 2018

Rosanvallon, Pierre: Die Gesellschaft der Gleichen, Berlin 2017

Schott, Heinzgerd: Die Formierte Gesellschaft und das deutsche Gemein-
schaftswerk. In: Die politische Meinung 218, 1985

Schumpeter, Joseph: Kapitalismus, Sozialismus und Demokratie, Stuttgart
2010

Sennett, Richard; Cobb, Jonathan: The Hidden Injuries of Class, New York
1972

Thompson, Edward Palmer: Die Entstehung der englischen Arbeiterklasse,
Frankfurt a. M. 1987

Todd, Selina: The People. The Rise and Fall of the Working Class 1910–2010,
London 2014

Watzlawick, Paul: Anleitung zum Unglücklichsein, München 1983

Weber, Max: Grundriss der verstehenden Soziologie, Tübingen 1922 (VA: 5.
Aufl., hrsg. von Johannes Winckelmann, Tübingen 1980)

Williams, Joan C.: White Working Class. Overcoming Class Cluelessness in
America, Boston 2017

»Wie wir sprechen, entscheidet darüber, wer wir sind – auch und gerade in der Politik.«

Mit viel Leidenschaft erinnert Robert Habeck daran, dass die Frage, wie wir sprechen, entscheidend ist für die Gestaltungskraft unserer Demokratie. Und er entwirft die Skizze eines politischen Sprechens, das offen und vielfältig genug ist, um Menschen in all ihrer Verschiedenheit zusammenzubringen und in ein Gespräch darüber zu verwickeln, wer wir sein könnten, wer wir sein wollen. Dieses kluge Buch ist Teil dieses Gesprächs.

Robert Habeck
Wer wagt, beginnt
Die Politik und ich

Kiepenheuer
&Witsch

Ein Buch wie eine frische Brise durch die Hinterzimmer der Politik – und ein leidenschaftliches Plädoyer für politisches Engagement. Denn, so Habeck: Nichts ist durch Weggucken je besser geworden. Vielmehr müssen wir angesichts der Herausforderungen wie Klimawandel, Digitalisierung, Neo-Nationalismus wieder gemeinsam Antworten finden auf die ganz großen Fragen: Welche Gesellschaft wollen wir sein? In welcher Zukunft wollen wir leben?

Leseproben und mehr unter www.kiwi-verlag.de

Kiepenheuer
&Witsch